HARRIET B. BRAIKER

# LA ENFERMEDAD
# DE COMPLACER
# A LOS DEMÁS

## Cúrese del síndrome
## de complacer a los demás

www.edaf.net

MADRID - MÉXICO - BUENOS AIRES - SAN JUAN - SANTIAGO - MIAMI
2012

Título original: THE DISEASE TO PLEASE

© 2001. Harriet B. Braiker
© 2001. De la traducción: Julia Fernández Treviño
© 2000. De esta edición, Editorial EDAF, S.L.U., por acuerdo con McGraw-Hill a Division of The McGraw-Hill Companies, New York, NY 10121 (USA).

Diseño de cubierta: Gerardo Domínguez

EDAF, S. L. U.
Jorge Juan, 68. 28009 Madrid
http://www.edaf.net
edaf@edaf.net

Algaba Ediciones, S.A. de C.V.
Calle 21, Poniente 3323 - Colonia Belisario Domínguez
Puebla 72180, México
Teléfono: 52 22 22 11 13 87
edafmexicoclien@yahoo.com.mx

Edaf del Plata, S. A.
Chile, 2222
1227 Buenos Aires (Argentina)
edafdelplata@edaf.net

Edaf Antillas, Inc.
Local 30, A 2, Zona portuaria Puerto Nuevo
San Juan, Puerto Rico
edafantillas@edaf.net

Edaf Chile, S. A.
Coyancura, 2270, oficina 914. Providencia
Santiago, Chile
edafchile@edaf.net

3.ª reimpresión, mayo 2015

ISBN: 978-84-414-3162-1
Depósito legal: M-15.770-2012

IMPRESO EN ESPAÑA                                                    PRINTED IN SPAIN
Impreso por Creative

*A la memoria de mis queridos padres.*
*Para Amanda, mi adorada bendición,*
*y*
*para Steven, por darme su apoyo.*

*Espero haberos complacido.*

# Índice

# Prefacio

EN JULIO DE 1999 fui invitada como experta al programa de televisión *Oprah* para hablar de «La enfermedad de complacer a los demás». Oprah comunicó a su audiencia que esta «enfermedad» —el síndrome de complacer a las personas— era un tema muy importante y personal, pues había luchado duramente mucho tiempo para superar ese problema. Ambas estábamos convencidas de que hay un gran número de mujeres —y también de hombres— que se imponen a sí mismas la penosa tarea de complacer a los demás arriesgando incluso su propia felicidad.

Mi interés por el tema comenzó muchos años atrás. He trabajado como psicóloga clínica más de 25 años. Durante este tiempo he tratado a cientos de mujeres *y* hombres complacientes cuyas vidas se vieron afectadas por esta compulsión de anteponer las necesidades de los demás, de no decir nunca «NO», de luchar incansablemente por conseguir la aprobación de todo el mundo y de intentar hacer felices a todas las personas.

Mi primer libro, *La mujer de tipo E: cómo superar el estrés que produce ser todo para todo el mundo*, destacó la compulsión de complacer a los demás como la causa principal del estrés en las mujeres. Desde entonces, he escrito otros libros y artículos sobre cuestiones relacionadas con este tema.

Pero mi decisión de escribir este libro se debe a Oprah Winfrey. Dos veces durante la grabación del programa, Oprah se dirigió a mí para decirme: «Harriet, *este* debería ser el tema de tu próximo libro». Le agradezco a Oprah su sugerencia y su estímulo.

*La enfermedad de complacer a los demás* no trata sobre aquellas personas que son habitualmente amables y a veces se exceden al intentar que otros sean felices. La enfermedad de complacer a los demás es en verdad un problema psicológico que debilita a la persona que lo padece y que tiene consecuencias graves y de largo alcance.

He escrito este libro con el afán de ayudar. Espero fervientemente que así sea*.

HARRIET B. BRAIKER, doctora en Psicología
Los Ángeles, California

---

* La doctora Harriet B. Braiker murió en 2004, pero todos sus libros siguen siendo un referente en el ámbito de la psicología y en el trabajo de determinados aspectos como los tratados en este libro. (*N. del E.*)

# Agradecimientos

DURANTE LOS ÚLTIMOS 25 años me he dedicado a la práctica clínica y mis pacientes han sido una fuente constante de conocimiento e inspiración. La gran cantidad de personas complacientes —mujeres y hombres— que he tratado han ampliado enormemente mi comprensión del perjuicio que causa este problema en la salud, las relaciones y la calidad de vida de quienes lo padecen. Mis pacientes siempre han afirmado mi convicción de que, con un esfuerzo concentrado y el *deseo* de cambiar, el espíritu humano es capaz de superar este y muchos otros obstáculos para la felicidad.

Los estudios de casos que se presentan en este libro se basan en las historias clínicas de las personas que he tenido el privilegio de tratar. Naturalmente, los nombres y los detalles particulares se han modificado para proteger la confidencialidad. Estoy convencida de que el libro se ha enriquecido con el color y la profundidad que solo pueden ofrecer las historias de la vida real.

También deseo agradecer a mis pacientes por adaptarse a mi agenda de actividades durante la época en que estaba escribiendo el libro. Estoy profundamente agradecida a mi ayudante personal y a otra «mano derecha», Sonja Simmons. Aprecio de corazón su lealtad, compromiso, buen humor y constante apoyo moral.

Quiero agradecer a mi primera editora en McGraw-Hill, Betsy Brown, que vio el programa de Oprah sobre las personas complacientes y reconoció la necesidad de ayuda que tienen muchas personas que sufren este problema. Le agradezco a ella y a McGraw-Hill que me hayan dado la oportunidad de ofrecer esa ayuda escribiendo este libro.

He tenido gran fortuna al trabajar con Claudia Riemer Boutote, y también ha sido un privilegio. Su entusiasmo, su aguda inteligencia y sus extraordinarios esfuerzos en la talentosa edición del manuscrito ha sido de un gran valor para mí.

Por supuesto, mi agradecimiento a mi agente, Alice Martell, por su aliento, disponibilidad y sabios consejos.

Y, por último, deseo agradecer a mi familia, por quererme tanto y tan bien.

Mi marido, Steven, el editor en jefe en casa y el amor de mi vida, me ofrece sus consejos, su sabiduría, su humor y su fuerza para seguir adelante. Mi pequeña hija y mi mejor amiga, Amanda, me masajeaba la espalda cuando me dolía, y ocasionalmente ha masajeado también mi estado de ánimo lánguido durante el laborioso proceso que supone escribir un libro.

Finalmente, quiero agradecer a Brandy, nuestro más depurado complaciente, por mantener mis pies calientes mientras escribía.

# Introducción

## Una guía del usuario para obtener los mejores beneficios de este libro

E STE LIBRO se basa en pequeños pasos gracias a los que usted se recuperará paulatinamente de la enfermedad de complacer a los demás. Debe comenzar de la siguiente forma:

Primero, no es necesario que lea este libro en su totalidad para beneficiarse de él. Si usted es como la mayoría de las personas complacientes que conozco, probablemente estará demasiado ocupado para hacerlo. Al escribir este libro lo he tenido en cuenta a usted y no me he olvidado de que dispone de poco tiempo.

Lea el primer capítulo y responda al revelador cuestionario «¿Padece usted la enfermedad de complacer a los demás?». Este cuestionario le ayudará a descubrir las causas latentes más importantes de su propio síndrome de la enfermedad de complacer a los demás y, por tanto, en qué tipo o grupo se incluye usted. Específicamente, el cuestionario revelará si su tendencia a complacer a la gente se basa esencialmente en una conducta compulsiva, en pensamientos distorsionados o en la evitación de los sentimientos negativos. (Es muy probable que intervengan los tres componentes —como le sucede a la mayoría de las personas complacientes—, pero con toda certeza uno de los tipos es más dominante que los demás.)

Una vez que descubra cuál es su tipo, si carece de tiempo para leer todo el libro, diríjase simplemente a la sección que le corresponda: esquemas mentales de las personas complacientes, hábitos de las personas complacientes o sentimientos de las personas complacientes. Luego, cuando se sienta preparado, puede consultar directamente el Plan de acción de 21 días para curarse de la enfermedad de complacer a los demás. El enfoque más efectivo para el plan de acción es comenzar con el día 1 y avanzar *de día en día* durante las siguientes tres semanas. Recuerde: realice pequeños pasos —no se apresure.

Es aconsejable leer este libro con un rotulador o un bolígrafo en la mano. Debería señalar las secciones, los pasajes, las historias, las líneas y las «epifanías» que le resulten familiares y tengan un significado personal para usted. Siéntase libre para escribir en su libro. Agregue sus propios pensamientos y sus «amén» en los márgenes. Deje el libro siempre a mano para procurarse seguridad, ayuda y comodidad cuando más lo necesite.

Al leer el libro, busque las pequeñas flechas ▶, recuadros o recordatorios para apartados importantes a los que deberá prestar atención. Haga o marque usted sus propias reflexiones.

Cuando haya comenzado su recuperación y disponga de más tiempo, vuelva al libro para leer las partes que ha omitido la primera vez y lea una vez más las secciones que sean más útiles para usted.

Advierta que no está solo. En el mundo hay millones de personas complacientes como usted. Hable abiertamente con su familia y sus amigos y descubrirá que no está solo. Considere la posibilidad de asistir a grupos de apoyo de su comunidad para que usted y otras personas como usted se puedan ayudar mutuamente. Hablar sobre el problema le ayudará a fortalecer su compromiso con la recuperación.

# CAPÍTULO 1

# El triángulo de la enfermedad de complacer a los demás: el precio de ser amable

## ¿Padece usted la enfermedad de complacer a los demás?

S I ES USTED como la mayoría de las personas complacientes, probablemente ya conoce la respuesta a esta pregunta. Y si usted está afectado por la enfermedad de complacer a los demás, seguramente estará más interesado en la cura que en el diagnóstico.

Pero no se apresure a saltarse este capítulo. El cuestionario que exponemos a continuación le será muy útil. No solo le ayudará a evaluar la relativa profundidad o gravedad de sus problemas, sino que también le permitirá determinar las causas latentes más importantes de su propio problema.

Como pronto aprenderá, estas causas se dividen en tres grupos principales: los esquemas mentales de las personas complacientes, los hábitos de las personas complacientes y los sentimientos de las personas complacientes. Conocer las causas dominantes en su propio caso le ayudará a concentrar sus esfuerzos para conseguir el mayor impacto en la cura de su síndrome de complacer a los demás, tan pronto como sea posible.

El cuestionario contiene 24 elementos que miden sus tendencias a complacer a los demás, así como los motivos latentes que usted reconozca en las resbaladizas pendientes del triángulo de la enfermedad de complacer a los demás. Lea cada uno de los elementos y analice si la afirmación se puede aplicar a su caso. Si la afirmación es verdadera o casi verdadera, marque con un círculo la «V» (verdadera); si es falsa o prácticamente falsa, señale la «F». No piense demasiado en cada pregunta ni intente analizarla. Sus respuestas solamente deben reflejar de un modo rápido y global en qué medida cada afirmación se relaciona con usted.

## CUESTIONARIO:
## ¿Padece usted la enfermedad de complacer a los demás?

1. Es extremadamente importante para mí que casi todas las personas que existen en mi vida me quieran.   V o F
2. Creo que nada bueno puede resultar de un conflicto. V o F
3. Mis necesidades deben posponerse frente a las necesidades de los demás.   V o F
4. Mi expectativa es no participar en conflictos ni confrontaciones.   V o F
5. A menudo hago demasiado por otras personas e incluso dejo que me utilicen para que no me rechacen por otras razones.   V o F
6. Siempre he necesitado la aprobación de los demás.   V o F
7. Me resulta más fácil reconocer los sentimientos negativos relacionados conmigo mismo que expresar los sentimientos negativos hacia otras personas.   V o F
8. Creo que si otras personas me necesitan por todo lo que hago por ellas, no me dejarán solo.   V o F
9. Estoy habituado a hacer cosas para los demás y complacerlos.   V o F
10. Hago todo lo que está en mis manos para evitar los enfrentamientos o los conflictos con mi familia, mis amigos o mis compañeros de trabajo.   V o F

11. Tiendo a hacer todo lo que puedo para que los otros sean felices antes de hacer algo para mí mismo.  V o F

12. Como medida de protección casi nunca me enfrento a los demás, porque me da mucho miedo obtener un enfado por respuesta o provocar una discusión.  V o F

13. Si dejara de dar prioridad a las necesidades de los demás, muchas veces en detrimento de las mías, me convertiría en un ser egoísta y la gente no me apreciaría.  V o F

14. Tener que enfrentarme a algo o alguien me hace sentir tan ansioso que llego a sentirme físicamente enfermo.  V o F

15. Me resulta muy difícil expresar las críticas, aunque sean constructivas, porque no deseo que nadie se enfade conmigo.  V o F

16. Siempre tengo que complacer a los demás, incluso a expensas de mis propios sentimientos.  V o F

17. Tengo que entregarme a los demás para ser digno de su amor.  V o F

18. Considero que la gente amable consigue el aprecio, la aprobación y la amistad de los demás.  V o F

19. Nunca debo desilusionar a los demás por no hacer lo que esperan de mí, aunque las demandas sean excesivas o poco razonables.  V o F

20. A veces siento que estoy «comprando» el amor y la amistad de los demás al tratarlos con amabilidad para agradarles. V o F

21. Me hace sentir muy ansioso e incómodo hacer o decir algo por lo que otra persona pueda enfadarse conmigo.  V o F

22. Casi nunca delego mis tareas en otra persona.  V o F

23. Me siento culpable cuando me niego a los requerimientos de otras personas.  V o F

24. Pensaría que soy una mala persona si no me entregara a todos los que me rodean.  V o F

## Cómo valorar e interpretar sus respuestas

¿Padece usted la enfermedad de complacer a los demás? La respuesta a esta pregunta depende de su puntuación general. Sume el número de respuestas que ha marcado con «Verdadero»; el total de dichas respuestas es su puntuación general. Para interpretar el significado de su puntuación consulte las diferentes puntuaciones:

♦ *Puntuación general entre 16 y 24:* Su síndrome de complacer a los demás está profundamente arraigado y es grave. Probablemente ya sepa que la enfermedad de complacer a los demás está suponiendo un alto coste para su salud física y emocional y para la calidad de las relaciones que mantiene con los otros.

♦ *Puntuación general entre 10 y 15:* Sus síntomas de la enfermedad de complacer a los demás son moderadamente severos. El modelo destructivo requiere su inmediata atención y esfuerzo para modificarlo antes de que la situación empeore.

♦ *Puntuación general entre 5 y 9:* Su problema es moderado. Ya ha desarrollado alguna fuerza y resistencia para combatir sus tendencias autodestructivas. Sin embargo, sus hábitos de complacer a los demás aún pueden constituir una amenaza para su salud y bienestar. Desarrolle su fortaleza e intente una recuperación total.

♦ *Puntuación general de 4 o inferior:* Usted tiene meramente una tendencia moderada a complacer a los demás —o ninguna. Sin embargo, debe saber que la enfermedad de complacer a los demás es un ciclo que se perpetúa a sí mismo, que puede desarrollarse rápidamente y abolir su sentido del control sobre su propia vida. Como medida preventiva, es posible que usted desee desarrollar su conciencia del problema y aprender las técnicas para la recuperación.

## ¿A qué tipo pertenece usted?

Para determinar la causa dominante de su propio síndrome de la enfermedad de complacer a los demás, necesitará sumar los puntos que miden cada una de las tres causas latentes.

1. Para comprobar si sus *pensamientos* lo controlan —o los esquemas mentales de las personas complacientes— sume el número de respuestas «verdaderas» de las preguntas 1, 3, 5, 8, 13, 17, 18 y 24.
2. Ahora sume el número de las respuestas «verdaderas» de las preguntas 6, 9, 11, 16, 19, 20, 22 y 23 para ver si lo dominante en usted son los hábitos —o *conductas*— de las personas complacientes.
3. Sume el número de respuestas «verdaderas» de las preguntas 2, 4, 7, 10, 12, 14, 15 y 21 para descubrir si la causa fundamental reside en los sentimientos —o *emociones*— de las personas complacientes.

La puntuación más alta revela la causa dominante para sus problemas derivados de la enfermedad de complacer a los demás:

♦ Si su puntuación más alta corresponde a la escala de los esquemas mentales o pensamientos, es usted una persona complaciente de tipo cognitivo.
♦ Si su puntuación más alta corresponde a la escala de los hábitos o la conducta, es usted una persona complaciente de tipo conductual.
♦ Si su puntuación más alta corresponde a la escala emocional o de los sentimientos, es usted una persona complaciente de tipo emocional.

Finalmente, si dos de las puntuaciones o las tres tienen una diferencia de 1, esto significa que no hay una causa dominante para su síndrome. Para usted, dos de las causas o incluso las tres son igualmente importantes en su problema de complacer a los demás.

## El triángulo de la enfermedad de complacer a los demás

Ahora que ha definido la causa latente dominante de su propio síndrome, analicemos de qué manera se acoplan estos tres componentes o partes del rompecabezas de la enfermedad de complacer a los demás. Estos tres componentes son: 1) esquemas mentales de las personas complacientes o formas distorsionadas del *pensamiento;* 2) hábitos de las personas complacientes o *conductas* compulsivas, y 3) sentimientos de las personas complacientes o *emociones* que despiertan temor.

Las tres partes se juntan en un *triángulo* en el que cada lado —conductas, pensamientos o sentimientos—, funciona al mismo tiempo como una *causa* y una *consecuencia* para las otras (véase la figura 1, pág. 25). Por ejemplo, la conducta compulsiva se produce por la evitación de las emociones temidas y está soportada por un pensamiento distorsionado y defectuoso. De forma similar, los sentimientos ansiosos crean conductas evitativas que a su vez están asociadas con pensamientos incorrectos o defectuosos.

▶ *El triángulo de la enfermedad de complacer a los demás indica cómo puede usted conseguir grandes ganancias al solucionar los problemas que se derivan de su tendencia a complacer a las personas, realizando pequeños cambios en la forma en que usted piensa, actúa o siente. Debido a las interconexiones, los pequeños cambios en cualesquiera de los lados del triángulo producirán un cambio del síndrome en su conjunto.*

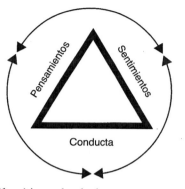

FIGURA 1. *El triángulo de la enfermedad de complacer a los demás.*

Ahora que conoce la principal causa latente de su propio triángulo, será capaz de dirigir su proceso de cambio personal y darle prioridad.

## Esquemas mentales de las personas complacientes

Las personas complacientes cuyo pensamiento distorsionado es la causa predominante de su síndrome están entrampadas en unos esquemas mentales autodestructivos y opresivos que perpetúan sus problemas. Si usted pertenece a este grupo, su tendencia a complacer a los demás está motivada por la idea fija de que necesita que *todo el mundo* lo quiera y que debe luchar por ello. Usted mide su autoestima y define su identidad basándose en lo que hace para otras personas, cuyas necesidades insiste en anteponer a las propias.

Cuando usted tiene los esquemas mentales de una persona complaciente, cree que *siendo amable* se protegerá del rechazo de los demás y de posibles daños. Y mientras se impone reglas de extrema exigencia, se critica severamente y tiene expectativas perfeccionistas en relación consigo mismo, simultáneamente usted anhela una aceptación universal. Para decirlo brevemente, usted se ha metido en este problema a través del *pensamiento* y, en gran medida, deberá *pensar* su camino hacia la recuperación. De manera que sus esfuerzos por cambiar deberían concentrarse en primer lugar en la comprensión y corrección de sus esquemas mentales.

## Los hábitos de las personas complacientes

Las personas complacientes cuya enfermedad está esencialmente causada por una conducta habitual se sienten obligadas a ocuparse de las necesidades de los demás a expensas de las propias. Si usted pertenece a este tipo de personas, a menudo hace demasiadas cosas por los otros, casi nunca dice «no», rara vez delega sus tareas e inevitablemente se compromete demasiado. Y en tanto que estos modelos autodestructivos que producen estrés perjudican seriamente su salud y sus relaciones más íntimas, al mismo tiempo dominan con firmeza su conducta porque se basan en su excesiva necesidad —que incluso llega a ser adictiva— de sentirse aprobado por todo el mundo. Si esta descripción lo retrata, su esfuerzo inicial deberá estar dirigido a comprender y eliminar esos hábitos de complacer a los demás que le resultan tan destructivos.

## Los sentimientos de las personas complacientes

Las personas complacientes cuyo síndrome está causado principalmente por la evitación de sentimientos incómodos que provocan temor pertenecen al tercer tipo. Si se encuentra usted en este grupo, con toda certeza reconocerá la enorme ansiedad que le despierta la mera posibilidad de un enfrentamiento con otras personas.

Su enfermedad de complacer a los demás se caracteriza esencialmente como una táctica de evitación destinada a protegerlo del temor que le despierta la ira ajena, los conflictos y los enfrentamientos. Pero como usted ya debe saber, la táctica no es efectiva. Sus miedos no solo no disminuyen, sino que incluso se intensifican en tanto que los modelos de evitación persisten.

Al evitar las emociones difíciles, usted no se permite aprender cómo abordar eficazmente un conflicto ni cómo manifestar adecuadamente la ira. Como consecuencia, cede el control con excesiva facilidad a quienes pueden dominarlo mediante la intimidación y la manipulación.

De manera que si la causa principal de su enfermedad de complacer a los demás se basa en una evitación emocional, su proceso personal de cambio debe iniciarse en la observación de sus sentimientos. Sus esfuerzos para superar sus miedos y para comprender y abordar adecuadamente la ira y los conflictos producirán buenos resultados.

Finalmente, es posible que se encuentre usted entre las personas que no tienen una causa o un lado del triángulo que sea más dominante. En ese caso, los esquemas mentales, los hábitos y los sentimientos desempeñan papeles equivalentes como causas latentes a su problema. Por tanto, puede comenzar su proceso de cambio en cualquiera de las tres áreas.

Mientras la mayoría de las personas complacientes pueden identificar una causa dominante, es importante recordar que la enfermedad de complacer a los demás se compone de *los tres lados* del triángulo. Usted quiere y necesita encontrar soluciones efectivas para este problema lo más pronto posible. Individualizar su lado dominante es el método más veloz para dar prioridad a su proceso personal de cambio y comenzar a aplicarlo.

Finalmente, con el fin de que la recuperación sea completa y duradera, debe ocuparse de las tres áreas: pensamiento, conducta y sentimientos. Para este fin, ofrecemos el Plan de acción de 21 días destinado a curar la enfermedad de complacer a los demás y cuyo amplio objetivo incluye la corrección de los esquemas mentales defectuosos, la eliminación de los hábitos y la superación de los sentimientos que despiertan temor y que forman de manera colectiva este síndrome tan difícil y frustrante.

## El coste oculto que supone complacer a los demás

Complacer a los demás es un problema curioso. A primera vista, ni siquiera parece ser un problema. Y de hecho, la frase «persona complaciente» puede parecer más un cumplido o una descripción halagadora que se lleva con orgullo como un distintivo de honor.

Después de todo, ¿qué hay de malo en intentar que los demás sean felices? ¿Acaso no deberíamos todos luchar por alegrar a la gente que amamos e incluso a aquellas personas que simplemente nos caen bien? Con toda certeza, el mundo sería un sitio más feliz si fuéramos más complacientes… ¿no es verdad?

*La verdad es que definir a una persona como «complaciente» es una forma muy dulce de calificar lo que para muchos representa un grave problema psicológico.*

La enfermedad de complacer a los demás es un modelo de conducta compulsiva —incluso adictiva. Como persona que se dedica a contentar a los demás, usted se siente gobernado por la necesidad de complacer a los otros y es un adicto a su aprobación. Al mismo tiempo, se siente fuera de control en lo que concierne a las presiones y exigencias generadas en su propia vida debido a dicha necesidad.

Si usted padece esta enfermedad, su necesidad de complacer no se limita simplemente a decir «sí» a las demandas, invitaciones o pedidos reales de los demás. Como persona complaciente, sus diales de sintonización emocional se encuentran en la frecuencia de lo que usted cree que los demás desean o esperan de usted. La simple percepción de que otra persona pueda necesitar su ayuda es suficiente para que usted ponga en marcha su sistema de respuesta de complacer a los demás.

El dilema es que permanecer tan atento a las necesidades reales de los otros implica que usted haga oídos sordos a su propia voz interior, que puede estar intentando protegerlo para que no se extienda demasiado en sus atenciones y se aleje de sus propios intereses.

Cuando usted padece la enfermedad de complacer a los demás, su autoestima se vincula con la cantidad de cosas que hace para otras personas y con el éxito que obtenga al intentar contentarlas. Satisfacer las necesidades de los demás se convierte en una fórmula mágica para conquistar el amor y sentirse valorado y para protegerse del abandono y del rechazo. Pero en realidad esta fórmula simplemente no funciona.

Impulsados por una excesiva necesidad de conquistar la aprobación de los demás —de todo el mundo— las personas complacientes luchan por hacerlo independientemente del coste que suponga para su vida. Pero esta adicción a la aprobación puede paralizar la acción. Por ejemplo, cuando se siente «tironeado» en una u otra dirección por el intento de satisfacer las necesidades de varias personas, su miedo a la desaprobación (el reverso de la necesidad de aprobación) puede paralizarlo y condenarlo a un dilema: ¿A quién debería complacer? ¿Qué criterios utilizar para elegir? ¿Y si termina por no complacer a nadie?

## Cuando ser amable supone un precio demasiado elevado

Las personas complacientes están profundamente inclinadas a considerarse —y asegurarse de que los demás los consideran— como personas *amables*. Su verdadera identidad deriva de esta imagen de amabilidad y, aunque ellos crean que siendo amables se protegen de situaciones desagradables con los amigos y la familia, en verdad el precio que pagan es excesivamente alto.

En primer lugar, al ser usted tan amable otras personas pueden manipular y explotar su buena disposición a complacerlos. Su amabilidad incluso puede impedirle advertir que los demás lo explotan. Más aún, mantener una actitud amable en todas las ocasiones le impide expresar la ira o el disgusto a pesar de que estén justificados.

En segundo lugar, usted evita criticar a los demás para no ser criticado. Con el fin de evitar los enfrentamientos, resulta muy sencillo asumir la actitud de menor resistencia que los psicólogos denominan *evitación de conflictos*.

Igual que las críticas, los enfrentamientos y la ira también son considerados como experiencias emocionales peligrosas que se desea evitar a cualquier precio.

▶ *En el núcleo de su amabilidad existe un profundo miedo a las emociones negativas.*

De hecho, complacer a los demás está en gran medida motivado por miedos emocionales: miedo al rechazo, miedo al abandono, miedo al conflicto o a la confrontación, miedo a las críticas, miedo a estar solo y miedo a la ira. Usted está convencido de que al mostrarse amable y hacer constantemente cosas para los demás, logrará evitar estas emociones tanto en sí mismo como en los demás. Este pensamiento defensivo tiene un efecto bidireccional. Primero, usted utiliza su amabilidad para desviar y eludir las emociones que los otros experimentan respecto de usted —pues mientras usted se muestre amable e intente complacerlos, ¿por qué podría alguien enfadarse con usted, criticarlo o rechazarlo? Segundo, al estar tan pendiente de su propia amabilidad, usted no se permite sentir o expresar las emociones negativas que experimenta respecto de los demás.

▶ *Cuanto más se identifique con ser amable en vez de ser franco, más dudas, inseguridades y miedos persistentes experimentará.*

Ser aceptado por los demás y obtener su aprobación siempre parecerá estar fuera de su alcance. Aunque usted tenga éxito al complacer a los demás, siempre descubrirá que su miedo al rechazo, al abandono o a las discusiones no disminuye ni se alivia. De hecho, con el tiempo, dichos miedos se fortalecen.

La enfermedad de complacer a los demás genera un bloqueo psicológico que impide expresar y recibir las emociones negativas. Por esta razón, debilita las relaciones que usted intenta proteger con gran esfuerzo. Si no es capaz de expresar los sentimientos negativos, sus relaciones simplemente perderán su autenticidad. Usted se encontrará con una figura de cartón de una sola dimensión en vez de una personalidad humana multidimensional llena de interesantes facetas.

En cualquier relación en la que su amabilidad le impida comunicar a los otros lo que le hace infeliz, lo que lo enfada, lo que lo angustia o lo desilusiona —o le impide escuchar sus quejas—, hay pocas posibilidades de arreglar lo que ha salido mal. La evitación de los conflictos no es un ingrediente de las relaciones satisfactorias; por el contrario, es un síntoma grave de las relaciones conflictivas. Es mejor reconocer que las emociones negativas entre las personas son inevitables y que usted debe aprender a expresarlas efectivamente.

Las emociones negativas se incluyen en el entramado de los seres humanos. Estamos programados biológicamente para sentir miedo y cólera y para responder defensivamente cuando otros intentan hacernos daño o herir a los seres que amamos. Cuando los conflictos se abordan de una manera constructiva y se expresa adecuadamente la ira, esta actitud puede representar una poderosa herramienta para comunicarnos con las personas en el mundo real. Expresadas de una forma responsable, estas emociones le permitirán mantener buenas relaciones, minimizar los problemas y optimizar los placeres.

De hecho, las emociones negativas se ignoran aun a riesgo de ponerse uno mismo en peligro. ¿Cuántos de nosotros nos hemos encontrado en situaciones en las que exteriormente negábamos nuestro enfado y resentimiento en relación con otra persona, mientras que interiormente nos descubríamos ansiosos, sumergidos en un ataque de pánico y deprimidos?

Los sentimientos negativos reprimidos pueden emerger en forma de migrañas o jaquecas, dolor de espalda, dolor de estómago, alta tensión o una amplia variedad de síntomas relacionados con el estrés. Y debajo de la superficie el resentimiento y la frustración burbujean y se agitan, amenazando con provocar una erupción de franca hostilidad e ira descontrolada. Finalmente, estos problemas físicos y emocionales cobran un peaje sobre su salud y sus relaciones más íntimas.

Usted no está solo. Millones de hombres y mujeres *amables* como usted sufren la enfermedad de complacer a los demás y pueden dar testimonio del efecto que tiene en su salud física y emocional y en sus relaciones. Luchar compulsivamente por satisfacer las necesidades ajenas a expensas de las propias solo sirve para experimentar estrés y agotamiento y terminará por debilitarlo. Las personas complacientes pueden sentir la tentación de automedicarse con alcohol, drogas y/o alimentos con el fin de seguir siendo capaces de ir más allá de sus límites para hacer más cosas por los demás. Es fácil observar que la enfermedad de complacer a los demás desempeña un papel fundamental en el síndrome del agotamiento crónico, en el abuso del alcohol y de las drogas y en los desórdenes de la alimentación y los problemas de peso.

Como persona complaciente veterana, usted rara vez conseguirá sentirse satisfecha con el trabajo que realiza, a pesar de sus persistentes esfuerzos por alegrar la vida de los demás, puesto que continuamente amplía el círculo de personas cuyas necesidades intenta colmar. La presión que esto produce y la merma inevitable de su energía generan profundos sentimientos de culpa y una sensación de falta de adecuación que intentará reprimir esforzándose por complacer aún más a los demás.

> *A menos que usted haga algo para detener este peligroso ciclo de complacer a los demás a expensas de sí mismo, terminará por golpearse contra la proverbial pared. Su energía se agotará y es posible que usted experimente el deseo de rendirse.*

Usted no debe permitir que las cosas lleguen hasta el punto de la desesperación. Lo último que desearía es que la desilusión, el rechazo y la ira que tanto se ha empeñado en evitar se exterioricen como un torrente de franca hostilidad. Tampoco pretende que su ira permanezca oculta y se vuelque hacia el interior creando una depresión paralizante.

Si usted permite que se materialice el ciclo de la enfermedad de complacer a los demás, experimentará sentimientos de falta de adecuación, culpa y fracaso. Con el tiempo, la ira y el resentimiento reprimidos durante tanto tiempo se tornan tóxicos e incluso pueden provocar que se debiliten o fracasen relaciones que son muy apreciadas. Finalmente, el abandono —el miedo final para las personas complacientes— que usted había creído evitar puede convertirse en una realidad aterradora.

«Después de todo lo que he hecho por los demás...», expresa amargamente uno de mis pacientes, «... no puedo contar con nadie. He sido tan *amable* con todo el mundo que ya dan por hecho que yo soy así».

Evidentemente, considerado de este modo, el deseo de complacer a los demás no es un problema menor. Si usted padece la enfermedad de complacer a los demás, no puede seguir pensando que es simplemente una persona amable que se esfuerza porque los demás sean felices o que hace demasiado por aquellos que intenta contentar.

¿Pero cómo puede ser que algo que suena tan inocente —incluso tan benevolente— sea tan problemático y peligroso? ¿Cómo y por qué el hecho de complacer a los demás se transforma en su forma patológica en la enfermedad de complacer a los demás?

Ahora ya sabe usted que la enfermedad de complacer a los demás es un conjunto de *pensamientos* y creencias incorrectas —en relación consigo mismo y con los demás— que alimentan una *conducta compulsiva* que, a su vez, está motivada por la necesidad de evitar *sentimientos* negativos prohibidos. Esta triple combinación de un pensamiento distorsionado, una conducta compulsiva y la necesidad de evitar sentimientos que producen miedo, crea el síndrome que nos ocupa y constituye el triángulo de la enfermedad de complacer a los demás.

No obstante, hay buenas noticias: usted *puede* detener el progreso de la enfermedad de complacer a los demás y cambiar *ahora*. Para hacerlo solo necesita comenzar con un pequeño cambio en cualquiera de las áreas: su conducta, sus pensamientos o sus sentimientos. Realizar un cambio por vez inevitablemente prepara el terreno para el siguiente y pronto percibirá rápidos resultados cuando los hábitos que ha desarrollado para complacer a los demás caigan uno tras otros como las fichas del dominó.

¿Introducir más cambios en la forma que tiene de pensar, sentir o actuar arrojará mejores resultados? Evidentemente. Pero debe usted empezar con pequeños pasos y a su propio ritmo.

# PRIMERA PARTE

## El esquema mental de las personas complacientes

A CONTINUACIÓN vamos a analizar el primer aspecto del triángulo de la enfermedad de complacer a los demás: los esquemas mentales de las personas complacientes. Dichos esquemas mentales comprenden ese conjunto de pensamientos personales a los que recurre cuando piensa en complacer a los demás. Una rápida observación de dichos pensamientos revela diversos tipos de modelos mentales: los modelos de pensamiento, las creencias, las reglas autoimpuestas, las expectativas relacionadas consigo mismo y con los demás, las valoraciones del concepto de sí mismo y de su autoestima y, lo que es más peligroso, los modos de procesar todos los datos del pensamiento.

*Los esquemas mentales de las personas complacientes son lógicamente incorrectos y defectuosos. Y además son peligrosos y hacen daño, porque contribuyen a la depresión, a la ansiedad, a los sentimientos de culpa y perpetúan un ciclo de estrés autodestructivo.*

El modo en que usted piensa y procesa la información tiene un impacto muy intenso en sus sentimientos. Y, como persona racional, usted ejerce el control de su conducta fiándose de su pensamiento para modelar e influenciar sus acciones. Los esquemas mentales de las personas complacientes son psicológicamente enga-ñosos porque le permiten racionalizar, justificar, apoyar y perpetuar sus hábitos dirigidos a complacer a los demás. También permiten que usted continúe evitando los sentimientos negativos que le producen temor con la consecuencia de que jamás aprenderá a superarlos o conducirlos.

Como pronto descubrirá, algunos de los esquemas mentales de las personas complacientes pueden haber sido adecuados e incluso provechosos en la infancia. Sin embargo, hoy en día la mayoría de ellos lo perjudican como adulto. Es preciso que corrija y repare su modo equivocado de pensar porque ya no le resulta beneficioso. Por el contrario, lo mantiene atrapado en la enfer-medad de complacer a los demás.

En un sentido figurado, su mente ha sido envenenada, conta-minada, por modos erróneos y distorsionados de procesar sus propios pensamientos. Para utilizar la jerga tecnológica actual, su mente tiene el *virus* de complacer a los demás, que está con-fundiendo grandes áreas de su actividad, incluyendo la forma en que sigue comportándose con los demás y cómo se siente.

Por ejemplo, los esquemas mentales de las personas compla-cientes están firmemente anclados en un concepto de sí mismo que lo obliga a ser amable. No solo espera que los demás le ofrez-can un reconocimiento universal de su incomparable amabilidad, sino que de algún modo alberga la esperanza de *sentirse* siempre interiormente amable.

La amabilidad es la armadura psicológica de las personas com-placientes. En lo más profundo de su personalidad usted considera que ser amable le permitirá conquistar el amor y el afecto y lo pro-tegerá de la mezquindad, el rechazo, la ira, el conflicto, las críticas y la desaprobación. Pero cuando (y no *si*) se expone a una expe-riencia negativa con otra persona —lo que sucede inevitablemente (y también repetidas veces) como parte de la vida diaria—, sus modelos de pensamiento lo conducirán a que usted se sienta culpable por lo que ha sucedido. Esto se debe a que, de acuerdo con los esquemas mentales de las personas complacientes, si usted se siente rechazado o herido, lo atribuye a que no ha sido *lo suficientemente amable*. Hay un corto trecho desde este tipo de pensamiento a la depresión que conduce al autosabotaje.

Usted aprenderá algo acerca del pensamiento mágico que aún conserva de su infancia, en el cual la *amabilidad* está imbuida del poder de protegerlo. Cuando era niño, su pensamiento mágico era normal, encantador e inofensivo. Sin embargo, ahora ese mismo pensamiento mágico es inmaduro e inadecuado. Y como tal, ya no le sirve.

También es característico de los esquemas mentales de las personas complacientes que nadie —ni siquiera usted mismo— piense que usted es un egoísta, pero en este sentido tanto la definición como el ámbito del término *egoísta* son esencialmente incorrectos y demasiado amplios. Existe una gran e importante diferencia entre actuar en interés propio y ser egoísta. Usted puede elegir ser un mártir y sacrificar sus propias necesidades en el altar de las necesidades de su familia y sus amigos. Pero al hacerlo no demuestra ni prueba que no es egoísta, sino simplemente autodestructivo.

Por el simple hecho de volver a definir los términos *egoísta* o *amable* y corregir su interpretación, dará usted el primer paso para liberarse de la trampa de la enfermedad de complacer a los demás.

Es posible que haya vivido tanto tiempo con estas ideas y pensamientos relacionados con el hecho de complacer a los demás que los considere correctos. Sin embargo, antes de pasar al siguiente capítulo es preciso que se convenza de que los esquemas mentales de las personas complacientes son erróneos.

Mientras lea esta sección, intente centrarse en el objetivo de comprender *por qué y cómo* es equivocada su manera de pensar. Afirme con rotundidad que su pensamiento puede y debe ser corregido. Cada uno de los capítulos de los esquemas mentales termina con una sección denominada Corrección de la Actitud, que proporciona instrucciones concretas y sólidas para corregir y modificar los modelos de pensamiento autodestructivos.

Cuando lea los casos de muchas de las personas complacientes que me han consultado, acaso se identifique con sus historias. A veces vemos claramente en los demás lo que no reconocemos en nosotros mismos. Mientras reflexiona sobre estos casos y sobre las observaciones que he hecho de ellos, piense cómo se puede aplicar esa información a sus propios modelos de pensamiento. El material lo ayudará a experimentar importantes tomas de conciencia sobre el precio que paga por utilizar un programa mental defectuoso para abordar algo tan importante como son sus relaciones con los demás.

Cuando cambie su forma de pensar, *cambiará* su forma de sentir y actuar. Recuerde que realizando una corrección de su pensamiento —dando un pequeño paso— se producirá una reacción en cadena de cambios que culminarán en la recuperación de su enfermedad de complacer a los demás.

# CAPÍTULO 2
# Pensamientos nocivos

L AS PERSONAS que intentan complacer a los demás pueden pensar que son muy eficaces para hacer felices a los otros, sin embargo su verdadero talento reside en sentirse infelices y en experimentar una sensación de falta de adaptación.

Quizá ahora pueda usted reconocer que realmente se las arregla muy bien para sentirse mal. Como todas las personas complacientes, usted se impulsa a actuar mediante órdenes, se comporta de acuerdo con rígidas normas personales que suponen una pesada carga y se mide según unos modelos poco realistas y sometidos a excesivos juicios. ¡Y todo esto para conseguir ser una persona *amable*!

Pero ¿por qué no puede ser amable consigo mismo?

## Los «debería» con los que usted se sabotea

*La razón es que su pensamiento está contaminado y distorsionado debido a exigencias y obligaciones erróneas formuladas mediante expresiones que incluyen el término «debería».*

Este virus que corrompe su ordenador mental —la infiltración de términos como *debo, debería, tendría que, tengo que* en su proceso mental— está saboteando su capacidad emocional para sentirse feliz, satisfecho, adaptado o triunfador.

Por el contrario, se ha convertido en la víctima de un control dictatorial bajo la presión constante de su propia mente y de su juicio severo. Cuando no puede cumplir las órdenes internas, se siente culpable, se reprocha a sí mismo, se desalienta y se sume en la depresión. Cuando los demás no satisfacen las expectativas implícitas en sus propias normas, usted se enfada, se siente frustrado, desalentado y se lo reprocha.

## Los diez mandamientos de las personas complacientes

Acaso usted aún no haya advertido lo exigente que es consigo mismo. Pero eche un vistazo a los diez mandamientos de las personas complacientes que exponemos a continuación. ¿Quién no sentiría un estrés constante al intentar vivir con estas exigencias?

---

### Los diez mandamientos de las personas complacientes

1. Siempre debería hacer lo que quieren, esperan o necesitan los demás.
2. Debería atender a todos los que me rodean independientemente de que me pidan que los ayude.
3. Debería escuchar en todo momento los problemas de todo el mundo e intentar resolverlos.
4. Debería ser siempre amable y no herir los sentimientos de los demás.
5. Siempre debería dar prioridad a las otras personas.
6. Nunca debería decir «no» a nadie que me necesite o que me pida algo.
7. Nunca debería desilusionar a nadie ni abandonar en ningún sentido a los demás.

8. Siempre debería sentirme feliz y optimista y jamás demostrar ningún sentimiento negativo.
9. Debería intentar complacer a los demás y hacerlos felices en toda ocasión.
10. No debería agobiar a los demás con mis necesidades o problemas.

Existe un undécimo mandamiento oculto: debería cumplir todas estas expectativas definidas por los téminos *debería y no debería* completa y perfectamente.

## Los siete «debería» que resultan perniciosos

El síndrome de complacer a los demás incluye una serie de expectativas relacionadas con la forma en que los demás *deberían* tratarlo teniendo en cuenta lo amable que es usted y lo mucho que se empeña en hacerlos felices.

Muchas de estas expectativas respecto de otras personas caen en la categoría de «ocultos deberías»; es decir, están implícitos en, o se derivan de, los mandamientos más explícitos que ya hemos mencionado. Sin embargo, los «Siete debería perniciosos» relacionados con los demás son exigencias apremiantes que tienen el efecto de hacerle experimentar sentimientos negativos cuando las otras personas no los satisfacen.

Pero es obvio que la expresión de sentimientos negativos hacia los demás —como la ira, el resentimiento o la decepción— están prohibidos por el octavo mandamiento de las personas complacientes: *debería* ser siempre feliz y optimista y no mostrar nunca ningún sentimiento negativo a los demás. El resultado neto de esta trampa que usted se ha impuesto a sí mismo es: 1) se siente culpable por experimentar sentimientos negativos hacia los demás, y 2) se culpa por no complacerlos lo suficiente como para que ellos a su vez lo traten de una forma positiva.

A continuación enumeramos las reglas que las personas complacientes aplican a la forma en que los demás *deberían* comportarse:

---

### Los siete «debería» perniciosos

1. Las otras personas deberían apreciarme y quererme por todo lo que hago por ellas.
2. Las otras personas siempre deberían aprobar lo que hago, porque me esfuerzo por complacerlas.
3. Las otras personas jamás deberían rechazarme ni criticarme, porque siempre intento vivir pendiente de sus deseos y expectativas.
4. Las otras personas deberían ser amables y cuidadosas conmigo a cambio de lo bien que yo las trato.
5. Las otras personas jamás deberían herirme ni tratarme injustamente, porque yo soy muy *amable* con ellas.
6. Las otras personas nunca deberían abandonarme, debido a que me necesitan por todo lo que hago por ellas.
7. Las otras personas jamás deberían enfadarse conmigo, porque haría cualquier cosa por evitar conflictos, enfados o enfrentamientos con ellas.

---

Estas reglas relacionadas con cómo deberían comportarse los demás revelan el carácter defensivo del hecho de complacer a los otros. No cabe duda de que complacer, ayudar o atender las necesidades de los demás le otorga placer y supone una gratificación. Sin embargo, la fórmula defensiva de complacer a otras personas que parece dirigida a disuadirlas de expresar reacciones negativas a cambio de su amabilidad funciona como una motivación aún más intensa.

No obstante, la fórmula es incorrecta.

## Deje de imponerse tantos «debería» y de masturbarse con las obligaciones*

Los «Siete debería perniciosos» se podrían enunciar fácilmente como preferencias. Por ejemplo: «Preferiría que los demás no me rechazaran». Es una afirmación más realista que la de prohibir a los demás que lo hagan. También da lugar a la posibilidad de que alguien puede rechazarlo por razones que tienen que ver con inclinaciones o prejuicios individuales y no por sus defectos.

Enunciar su preferencia: «Preferiría que los demás, especialmente los que amo, se quedaran conmigo y no me abandonaran ni me rechazaran», es mucho más racional que prohibir a los demás que lo abandonen. Esto último supondría que usted tiene el control de lo que la gente puede hacer —que, por supuesto, no es cierto. Por otro lado, enunciar una preferencia contiene un reconocimiento tácito y preciso de que los otros tienen libre albedrío y pueden tomar decisiones aunque estas lo decepcionen o le hagan daño.

El doctor David Burns y otros terapeutas de la Terapia Cognitiva[1] —un tratamiento muy conocido cuyo objetivo es modificar los pensamientos equivocados que producen estados de ánimo y emociones negativas— identifican la presencia de afirmaciones que incluyen la palabra *debería* como un error característico del pensamiento de los pacientes que causa depresión, ansiedad y otros problemas psicológicos. (El término *afirmaciones que incluyen «debería»* se utiliza para aludir a todas las frases imperativas que

---

* Juego de palabras de difícil traducción que utiliza el verbo modal auxiliar MUST como parte de la palabra MASTURBATING debido a la relación homofónica con la primera parte de la misma. *(N. del T.)*

[1] Para más información sobre la terapia cognitiva-conductual, véase A. T. Beck, *Cognitive Therapy and the Emotional Disorders,* International University Press, Nueva York, 1976; doctor Burns, *Feeling Good: The New Mood Therapy,* Avon Press, Nueva York, 1992, y doctor Burns, *The Feeling Handbook,* Plume Press, Nueva York, 1990.

comienzan con *debería, tendría que, debo o tengo que* y también sus formas negativas.) Los pacientes aprenden a reemplazar estas órdenes rígidas con afirmaciones más flexibles y precisas que expresan preferencias, aceptación y tolerancia.

La idea de que el uso excesivo de afirmaciones que incluyen el término «debería» sabotea la salud emocional y la felicidad no se originó con el advenimiento de la Terapia Cognitiva en los 70. Unos treinta años antes, una de las grandes pioneras del psicoanálisis, la doctora Karen Horney[2], acuñó la frase *La tiranía del debería* para referirse a la fuerza esclavizante de las reglas personales.

El doctor Albert Ellis, fundador de la Terapia Conductista Emotivo-Racional[3] (un precursor de la moderna Terapia Conductista Cognitiva), inventó un juego de palabras con estos modos verbales auxiliares *should-ing y must-urbating* (véase la nota al pie de la página anterior) para transmitir el impacto destructivo de las exigencias personales.

De acuerdo con Ellis[4], los «neuróticos amables» —un término global que utiliza para incluir a todo el que sufra de ansiedad, depresión y estados negativos del ánimo— son criaturas que se perturban a sí mismas y que se sienten infelices por el hecho de creer en tres *debería* o *tengo que* principales:

1. «Yo *tengo que* hacer las cosas bien y complacer a los demás o ganarme la simpatía de personas importantes, de lo contrario seré un ser despreciable». (Este imperativo genera depresión y ansiedad.)

---

[2] Véase Karen Horney, *The Neurotic Personality of Our Time*, Norton, Nueva York, 1993.

[3] Véase Ellis, *Reason and Emotion in Psychotherapy*, Birch Lane Press, Nueva York, 1994, y A. Ellis y S. Blau (eds.), *The Albert Ellis Reader: A Guide to Well-Being Using Rational-Emotive Behaviour Therapy*, Citadel Press, Nueva Jersey, 1998.

[4] A. Ellis, *Keynote speech*, Los Ángeles, County Psychological Association, Anaheim, Annual Convention, 1999.

2. «Tú *debes* tratarme amable y dulcemente y aprobar lo que hago, de lo contrario eres mezquino y estás equivocado.» (Este imperativo crea ira, culpa y desilusión. Las personas que se esfuerzan por complacer a los demás se culpan por no ser suficientemente amables o complacientes como para conquistar la aprobación o la simpatía de los otros.)
3. «Las circunstancias de la vida *deben o deberían ser* como yo quiero, de lo contrario la vida es terrible, un desastre o una catástrofe.» (Este imperativo conduce a la frustración, al miedo, a la confusión, a la culpa, al enfado, a la ansiedad y a la depresión.)

Como esos *debo y debería* se basan en intensas necesidades y deseos, Ellis mantiene que es inherente a la naturaleza humana creer en ellos. El problema no reside en la necesidad o en el deseo, sino en enunciarlo como un requisito obligatorio o una exigencia reiterativa relacionada con cómo *deben o deberían* ser las cosas.

Ellis, junto con otros terapeutas cognitivos, sugiere reemplazar las órdenes expresadas con el término *debería* por afirmaciones correctivas que reflejen sus deseos o anhelos —como he demostrado hace un momento cuando señalé con qué facilidad es posible transformar los «siete debería perniciosos» en preferencias. Una vez logrado esto, las respuestas emocionales negativas que se despiertan cuando la realidad nos sorprende con expectativas erróneas, también se modifican y a menudo desaparecen.

Por ejemplo, no existe un motivo racional por el que otras personas tengan la obligación de quererlo o apreciarlo, aunque para complacerlos usted haga el pino. Sin embargo, sería muy bonito que usted pudiera recibir amor. Sería incluso más deseable que los demás lo quisieran por lo que usted es —incluyendo su amabilidad— en vez de por todas las cosas que usted se siente obligado a realizar.

De un modo similar, acaso desee usted ser el amigo fiable del que dependen los demás. No obstante, exigirse que nunca *debería* decir «no» ni descuidar a personas que lo necesitan es un requisito demasiado rígido que, dadas las necesidades y los sucesos inesperados de la vida, simplemente no puede garantizar. Sin embargo, al enunciar su intención y su inclinación a ser una persona fiable que apoya a sus amigos, usted se permite la posibilidad real de poder decir en algún momento «no» debido a factores que están fuera de su control, o simplemente para preservarse.

*A pesar de que lo intente, usted no puede imponer su voluntad al mundo.*

Cuando persiste en sostener expectativas rígidas relacionadas con cómo debería ser usted, los otros, el mundo o la vida en general, solo contribuye a que crezcan la confusión, la frustración, el desaliento y cosas aún peores.

Cuando usted exige a los demás y al mundo o a la vida que lo traten de una determinada manera, se expone usted a enfadarse, desilusionarse y deprimirse cuando, inevitablemente, ellos no se sometan a su deseo. Y cuando usted se impone un cierto tipo de conducta o de sentimientos —especialmente cuando sus demandas son poco realistas o inalcanzables— se expone usted a sentirse culpable e inadaptado.

Lo único que usted *debería* hacer en realidad es eliminar la mayor cantidad posible de «debería» de su pensamiento. Cuando sustituya esas exigencias por afirmaciones alternativas relacionadas con sus pedidos, deseos o preferencias, cosechará beneficios emocionales.

## ¿Está dando consejos o imponiendo sus «debería» a los demás?

Aunque quizá usted sea de alguna manera consciente de las severas normas que se impone a sí mismo, probablemente no se considera una persona crítica con los demás. Pero cuando usted comparte esas reglas estrictas en forma de consejos sobre lo que los otros deberían hacer o dejar de hacer, su buena intención puede ser fácilmente confundida con una relamida desaprobación, con una actitud de superioridad, con duras críticas o incluso censura.

*Joan, 48, tiene dos hijos casados y una hija en la universidad. Decidió hacer terapia por primera vez en su vida debido a una depresión que la estaba consumiendo y que surgió durante sus últimas vacaciones. Joan afirma que sus cambios de ánimo comenzaron en Navidad como resultado de una conversación familiar durante la cena.*

*«Toda mi familia había venido a casa a pasar las vacaciones de Navidad», explicaba Joan. «Estábamos cenando los deliciosos manjares que había preparado. Sentados a la mesa estaban mis dos nueras, mis hijos, mi hija, mi marido y nuestra pequeña nieta.»*

*«Durante la cena comenté que me consideraba una persona amable y tolerante. Toda la familia se echó a reír. Fui la única que no entendió cuál era el chiste.»*

*«Insistí en que me dijeran qué era lo que les causaba tanta gracia. Mis tres hijos afirmaron que yo era la persona más crítica, testaruda en sus opiniones y controladora que conocían. Me comunicaron que yo me empeñaba en darles "consejos gratuitos" que a nadie le interesaba escuchar. Mi hija me llamó una "máquina ambulante y parlante de 'deberías'". Incluso me imitó: "Deberías hacer esto y no deberías hacer lo otro", aparentemente para el divertimento de todos excepto el mío. ¡Eso realmente me dolió!»*

*«Mis nueras fueron un poco más amables, pero estuvieron de acuerdo con ella. Afirmaron que yo tenía buenas intenciones y que era mi forma de dar apoyo a los demás para ayudarlos a resolver sus problemas. Pero ambas coincidieron en*

*que las hago sentir como si no estuvieran a mi altura, y que mi forma de hacer las cosas es la única correcta. También agregaron que lamentaban que yo les dijera cómo hacer felices a mis hijos —sus maridos.»*

*«Yo estaba desolada», concluyó Joan. «Jamás me había percatado del efecto negativo que tenía mi "ayuda" sobre los demás. Yo adoro a mi familia y a mis amigos. Mi marido siempre me dice que hago demasiadas cosas por todo el mundo. De vez en cuando me doy cuenta de que uno de mis hijos o de mis amigos se enfada conmigo, pero nunca comprendo el motivo de su enojo. Solía pensar que se debía a que no era suficientemente considerada con ellos o que quizá estuviera siendo demasiado franca con mis opiniones. Ahora me parece que todos mis esfuerzos son como un tiro que ha salido por la culata del revólver. Me siento tan mal conmigo misma que casi no puedo levantarme de la cama.»*

*Joan llegó a comprender algo en la terapia cierto día que reconoció que sus intenciones habían sido buenas aunque sus métodos no eran los correctos. También aceptó que sus «debería» provenían de su madre, quien, según admitió, generaba una sensación de falta de adaptación y resentimiento entre Joan y sus hermanas con sus constantes «consejos útiles y críticas constructivas».*

*Cuando Joan concluyó la terapia destacó: «Aunque haya sido doloroso, creo que mi familia me hizo el mejor regalo de Navidad aquella noche. Me hicieron saber que les estaba imponiendo mis reglas y eso es lo último que deseo hacer con las personas que quiero».*

Quizá comparta usted las intenciones de Joan de ser útil para sus amigos y seres queridos cuando tienen problemas. Sin embargo, se debe tener en cuenta que el efecto no intencionado de imponer los *debería* a los demás puede resultar muy frustrante y llegar a irritarlos y hacerles sentir que hacen las cosas mal simplemente porque no lo hacen a su modo.

Acaso también se empeñe usted en ofrecer soluciones o se apresure a «arreglar» el problema cuando el otro sencillamente necesita que usted lo escuche. A menudo, el apoyo más efectivo es ser una buena pantalla sonora, devolviendo a su interlocutor lo que ha escuchado y ofreciendo a sus amigos o a sus familiares un contexto seguro para que sean capaces de reflexionar y resolver sus conflictos a su propio ritmo y con su propio estilo.

## El poder del pensamiento exacto

Además de las órdenes estrictas e inadecuadas que contienen, los diez mandamientos de las personas complacientes y los «siete debería perniciosos» incluyen otros elementos erróneos que contribuyen a la aparición de sentimientos negativos. Las afirmaciones que incluyen *debería* contienen un lenguaje exagerado tal como los términos *siempre, nunca o todos* que hacen que la aplicación de las órdenes que son de por sí poco realistas sea aún más difícil e improbable.

Las palabras absolutas y el lenguaje exagerado indican un pensamiento distorsionado, y este desempeña un papel importante en la creación de la depresión, la ansiedad y otros estados de ánimo negativos. En tanto que los sentimientos no son ni correctos ni incorrectos, los pensamientos *pueden* ser exactos o inexactos. Al mantener su pensamiento lo más racional, lógico y exacto posible, usted puede minimizar o reducir las emociones y los sentimientos negativos.

Cuando las ideas que tiene sobre sí mismo y los demás son exactas, crean un útil mapa de carreteras de su vida interior y también del mundo social. Con un buen mapa usted sabe dónde se encuentra y hacia dónde se dirige, especialmente con otras personas. Por el contrario, cuando sus pensamientos son inexactos, su habilidad para comprenderse a sí mismo y a los demás está menoscabada, igual que su sentido de la orientación y la posición geográfica están desvirtuadas cuando se utiliza un mapa de carreteras incorrecto.

Es evidente que lo que constituye el problema es excederse a la hora de ocuparse de los demás. Cuando usted es capaz de ser selectivo y moderado en sus intentos por contentar a los otros, estará en camino de curarse de la enfermedad de complacer a los demás.

Al reemplazar los términos *siempre* y *nunca* por un lenguaje más moderado como, por ejemplo, *la mayor parte del tiempo, a veces* o *rara vez,* cuando piense en complacer a los demás, usted evitará gran parte del estrés y la tensión que experimenta ahora al intentar satisfacer tan exagerados requisitos de tiempo.

Finalmente, los «siete debería perniciosos» contienen un modo condicional que asocia sus expectativas relacionadas con la forma en que los demás *deberían* tratarlo con las obligaciones que usted cree que han sido creadas por sus esfuerzos por complacerlos. Estas reglas expresadas en tiempo condicional ponen de manifiesto que usted se siente autorizado a ejercer una cierta manipulación y que, incluso de una forma latente, está predispuesto a hacerlo.

Imagine, por ejemplo, cómo reaccionaría otra persona si usted le ordenara directamente «*tengo que* caerte bien debido a todas las cosas que hago por ti». El carácter coercitivo de sus reglas se pone en evidencia cuando usted las pronuncia en voz alta.

A menos que los demás estén explícitamente de acuerdo en tratarlo bien a cambio de su amabilidad, sus condiciones son unilaterales y probablemente estén destinadas al fracaso. Puede resultar agradable que otras personas lo aprecien, pero no tienen ninguna obligación de hacerlo, independientemente de lo amable que se haya mostrado con ellos.

*Guiarse por ideas condicionales relacionadas con cómo debería comportarse la gente con usted debido a todo lo que hace por ellos, solo lo conducirá a experimentar decepción, cólera y resentimiento con determinadas personas en particular y a sentirse desilusionado con la humanidad en general.*

Más aún, el pensamiento condicional es una trampa que lo condenará a los sentimientos de culpa y a la recriminación. Si usted sigue sosteniendo la falsa lógica de que los demás serán buenos con usted solo si se esfuerza por complacerlos, terminará por pensar que es culpa suya que los demás lo abandonen.

## Voces del pasado

Cuando escucha el imperativo *debería* mezclado entre sus pensamientos, o cuando habla consigo mismo, usted está escuchando la voz de su conciencia que lo juzga. Esa voz está formada por la de sus padres, maestros, hermanos mayores, entrenadores u otras figuras de autoridad que en diversos momentos de su vida le han impuesto reglas que se han quedado grabadas para toda la vida.

Como adulto inclinado a complacer a los demás, su conciencia aún lo orienta hacia las expectativas de terceras personas. Mediante su demostrada disposición a dar prioridad a las necesidades ajenas en detrimento de las propias, usted continúa confiriendo a los demás una posición de autoridad. Incluso aunque usted cuide de ellos de un modo que a menudo parece paternal, y aun respetando sus obligaciones y responsabilidades de adulto, su conciencia sigue tratándolo como si fuera un niño obediente o desobediente.

Cuando usted acepta las reglas de su exigente *debería*, su conciencia le ofrece una figurada palmada en la espalda. Pero cuando usted hace caso omiso de dichas reglas su conciencia le reprocha y genera sentimientos de culpa.

Por ser una persona complaciente, su conciencia lo castiga doblemente. Como usted mide sus acciones de acuerdo con el patrón de si los demás lo aprecian —y no con el hecho de que usted esté satisfecho consigo mismo—, su culpa se convertirá más tarde en sentimientos de vergüenza. Mientras la culpa surge cuando usted se decepciona a sí mismo, la vergüenza emerge cuando usted cree que los demás se sienten decepcionados por usted.

Aunque como persona complaciente usted aborrece tanto criticar como recibir críticas, puede llegar a ser brutal cuando es usted mismo quien se ataca. Normalmente, además de insistir en utilizar más *debería y no debería* («Debería haber hecho algo más», «No debería enfadarme o sentir resentimiento», etc.), sus monólogos autocríticos están cargados con otro tipo de lenguaje que produce depresión y pensamientos distorsionados.

Quizá utilice usted determinadas etiquetas tales como «egoísta», «ególatra» o «indigno de amor», o, de un modo más primitivo, «estúpido», «pelmazo», «tonto» para insultarse o reprenderse a sí mismo. Y como una treta mental telescópica, tenderá a magnificar o exagerar la escala de sus propios defectos y actos inadecuados mientras minimiza la magnitud de los fallos o actos erróneos de los demás.

## El perfeccionismo de las personas complacientes

Las personas que padecen la enfermedad de complacer a los demás rara vez —en caso de que así sea en algún caso— están conformes y satisfechas consigo mismas. Como persona complaciente, usted desea y necesita la aprobación de todos y, a pesar de ello, se resiste a aprobarse a sí mismo.

Cada día lucha por demostrar lo que vale a través de todas las cosas que hace por los otros. Aparentemente no existen reservas de buenas acciones en su economía psicológica. Cualquiera sea el mérito que haya obtenido durante los días o años pasados debido a la miríada de buenas acciones que ha realizado, usted responde hoy en día como si su valía estuviera en perpetuo cuestionamiento, puesta a prueba con cada nuevo pedido o necesidad que usted se cree en la obligación de satisfacer. Es como si usted empezara cada día con un saldo nulo en el banco.

Lo que impulsa ese deseo constante de contentar a los demás es una pertinaz sensación de insuficiencia compuesta por una duda punzante y la sospecha crónica de que no ha hecho lo suficiente, que no se ha esforzado lo suficiente, que no ha dado lo suficiente ni pronunciado los suficientes «sí» como para satisfacer realmente a los demás.

Pero esta perturbadora sensación de insuficiencia no proviene de una falta de esfuerzo o habilidad para complacer. Su verdadero origen reside en el perfeccionismo oculto que acecha entre las líneas de las reglas que usted formula y que incluyen el término *debería*.

Recuerde que agregamos un undécimo mandamiento: «Yo *debería* satisfacer completa y perfectamente estas expectativas de *debería y no debería* con respecto a mí mismo». Los modelos de perfeccionismo a los cuales usted se adscribe se miden en dos niveles.

Primero, usted se exige complacer a todo el mundo todo el tiempo. Segundo, usted se impone mantener un temperamento emocional positivo en todas las ocasiones. Por tanto, usted debe demostrar una actitud optimista y feliz a pesar de que se está agotando y vaciando mientras complace a los demás y niega sus propias necesidades. Se exige a sí mismo no mostrar jamás sus sentimientos negativos a los demás aunque su ánimo cambie involuntariamente.

*Atenerse a estos modelos perfeccionistas no lo protege de la crueldad emocional que se impone a sí mismo.*

Si esto suena demasiado extremista o dramático, imagine una madre que educa a su hijo bajo exigencias semejantes: «Siempre debes complacerme», comunica inflexiblemente la mujer a su joven hijo. «Tienes que satisfacer cada uno de los pedidos u órdenes que te doy, independientemente de lo que estés haciendo o de cómo te sientas. Y debes sonreír y mostrarte feliz constantemente. Si te escucho quejarte o manifestar cualquier otro signo de emoción que no sea de felicidad, te castigaré. Si no consigues hacer lo que te indico perfectamente, dejaré de quererte. ¿Alguna pregunta?» Esto suena como el diálogo trastornado de la madrastra mezquina característica de todos los cuentos de hadas. De forma alternativa y en términos más confusos, característicos de la vida real, la que habla podría ser una narcisista «adorada mamá» que somete a su hijo a maltratos emocionales y psicológicos. Aunque la conversación que mantenga consigo mismo no revista tanta dureza como la de esta «madre» imaginaria, las expectativas perfeccionistas y los modelos de valoración que se aplica a sí mismo se pueden comparar con los del ejemplo.

*No hay nada inherentemente incorrecto o insano en establecer modelos elevados en diversos escenarios de la vida. Sin embargo, luchar por la perfección es una fórmula que puede desmoralizarlo y que garantiza el fracaso. Por el contrario, empeñarse en la excelencia resulta una buena motivación porque es posible alcanzarla.*

## CORRECCIÓN DE LA ACTITUD:
### Los saboteadores *debería* de las personas complacientes

Concéntrese en las correcciones que enumeramos a continuación con el fin de combatir sus saboteadores *debería*. Mientras lo hace, recuerde el consejo de Albert Ellis: dejar de aplicarse a sí mismo y a los demás los «debería» y dejar de masturbarse con las obligaciones.

♦ Siempre que su pensamiento esté contaminado por términos como *debería, tengo que, tendría que* y *debo,* es un pensamiento rígido, inflexible y extremista. El pensamiento racional que le será útil es flexible, moderado y equilibrado.

♦ Imponer sus «debería» a los otros es una actitud coercitiva y controladora. Utilice frases como «preferiría que…», o «sería mejor que…», o «me gustaría que tú…» para reemplazar las afirmaciones manipuladoras y coercitivas del tipo «deberías» y «no deberías».

♦ Los diez mandamientos de las personas complacientes y los siete debería perniciosos son reglas rígidas prácticamente imposibles de satisfacer y no le concederán la felicidad. Usted se sentirá mucho mejor ateniéndose a principios y normas realistas y alcanzables en el trato con los demás y en el trato que usted preferiría que los demás le dieran.

♦ No tiene que hacer todo *perfectamente*, incluyendo el complacer a los demás o manifestar emociones positivas. Empeñarse en la perfección es desmoralizante. Esforzarse por alcanzar la excelencia supone un estímulo.

# CAPÍTULO 3

# Está muy bien *no* ser amable

Sı LA PERSONALIDAD de las personas complacientes se pudiera resumir en una palabra, esa palabra sería *amable*. Pero si usted padece la enfermedad de complacer a los demás, *amable* no es meramente una descripción de la personalidad. Ser amable es la taquigrafía para un sistema de creencias acabado que le dicta cómo debe actuar con los demás a fin de evitar que le sucedan cosas negativas.

Y además, desafortunadamente, la fórmula no siempre es efectiva. A las personas buenas también les pasan cosas malas, como usted probablemente ya sabe. Aunque no lo merezcan, las personas amables a veces son rechazadas, abandonadas, desdeñadas, heridas o simplemente no gozan de la simpatía de los demás. Y con frecuencia las personas amables son acosadas por cargas emocionales que se imponen a sí mismas, tales como la preocupación, la ansiedad, la depresión e incluso ataques de pánico.

*Carolyn tenía nueve años cuando a su madre le diagnosticaron un cáncer de mama. Recuerda con absoluta claridad la conversación que sostuvo con su padre y con el médico de su madre sobre la importancia de complacer a su madre y evitarle cualquier preocupación con el fin de que se recuperara. Aterrada por la posibilidad de que su madre muriera, creyó que su vida dependía de que ella fuera una niña buena y amable.*

*Unas semanas antes de que descubrieran el tumor en el pecho de su madre, en el colegio la maestra había reprendido seriamente a Carolyn por haberse burlado de una niña discapacitada en el patio. La maestra escribió una carta muy dura a los padres de Carolyn comunicándoles el incidente y solicitándoles que acudieran al colegio para conversar sobre la conducta de su hija.*

*Cuando los padres de Carolyn recibieron la carta, se enfadaron mucho con su hija.*

*«Hemos intentado enseñarte a ser una buena persona y que fueras amable con todo el mundo», manifestó la madre entre lágrimas. «Ahora me entero de que has sido cruel y mezquina con esa dulce niña que está en una silla de ruedas. Estamos avergonzados de ti», concluyó.*

*Como castigo le impusieron que no saldría a jugar durante una semana y que se quedaría en su habitación para que reflexionara sobre cuanto había herido los sentimientos de esa niña. Los padres de Carolyn también la obligaron a escribir tres cartas disculpándose por su comportamiento: una a la niña discapacitada, otra para los padres de la niña y la tercera a sus propios padres por haberlos decepcionado tanto.*

*En sus cartas, Carolyn afirmaba que estaba avergonzada por «no haber sido amable», que lamentaba lo ocurrido y que sentía haber herido los sentimientos de la otra niña. Juró a sus propios padres que jamás se comportaría de un modo semejante otra vez. Carolyn recuerda que se sentía extremadamente culpable y con remordimientos.*

*En su joven mente estaba convencida de que era responsable de la enfermedad de su madre, ya que la había disgustado con el incidente en el patio del colegio. Después de todo, ¿acaso no había afirmado el médico que su madre necesitaba calma y felicidad para recuperarse completamente? Carolyn razonaba que si la tranquilidad podía contribuir a la recuperación de su madre, haberle causado semejante disgusto seguramente había sido la causa de que enfermara.*

*Durante los meses que duró la enfermedad de su madre, Carolyn prometía en sus oraciones diarias que siempre sería una buena chica si su madre lograba sobrevivir. Se prometió a sí misma que jamás volvería a ser ruin ni se burlaría de nadie, incluyendo a su hermano menor, si su madre no se moría.*

*Afortunadamente, la madre de Carolyn logró sobrevivir a su enfermedad, pero Carolyn se convirtió en una típica persona complaciente. Incluso cuando ya era adulta siguió pensando que si era amable podría impedir que le sucedieran cosas malas. Y a la inversa, temía que aquellas raras ocasiones en las que involuntariamente pronunciaba algo poco amable o mostraba su mal genio con su familia, amigos o empleados pudieran tener consecuencias tremendas.*

Aunque las reacciones de Carolyn de alguna manera son extremas, como toda persona complaciente se atiene tenazmente a la idea de ser amable. Independientemente de lo que otras personas puedan decir o hacer a las personas complacientes, su amabilidad esencial les prohibe reaccionar de una forma negativa. A menudo no pueden siquiera reconocer sus sentimientos o pensamientos negativos respecto de los demás.

Sin embargo existe un alto precio para esa amabilidad que quizás usted ya no esté dispuesto a pagar. Cuando pueda hacer suya esta aparentemente simple afirmación, «Está bien no ser amable», habrá hecho usted enormes progresos para curarse de los problemas que se derivan de la enfermedad de complacer a los demás.

De todos modos, en primer lugar responda el siguiente cuestionario que le ayudará a evaluar en qué medida su pensamiento actual contiene un compromiso para ser amable.

## CUESTIONARIO:
## ¿Cuál es su grado de amabilidad?

Lea cada una de las afirmaciones y determine si puede o no aplicarse a usted. Si es verdadera o casi verdadera, marque la «V». Si es falsa o prácticamente falsa, marque la «F».

1. Estoy orgulloso de ser una persona amable.   V o F
2. Me resulta muy difícil rechazar a otra persona independientemente de que lo merezca o no.   V o F
3. Probablemente exagero un poco al mostrarme amable con los demás.   V o F
4. Me resulta más fácil reconocer los sentimientos negativos en relación conmigo mismo que expresar los que se relacionan con los demás.   V o F
5. Si algo va mal, a menudo me culpo por ello.   V o F
6. Estoy convencido de que siempre debo ser amable.   V o F
7. Quizá haga demasiado por los otros, sea extremadamente amable e incluso deje que me utilicen para no ser rechazado por otros motivos.   V o F
8. Creo realmente que las personas amables consiguen la aprobación, el afecto y la amistad de los demás.   V o F
9. No me parece amable expresar la ira que me despiertan los demás.   V o F
10. No debería enfadarme o disgustarme con las personas que quiero.   V o F
11. Temo que si no soy amable los demás me ignorarán, rechazarán o incluso me castigarán.   V o F
12. Estimo que debería ser siempre amable aunque esto implique permitir a los demás aprovecharse de mi naturaleza bondadosa.   V o F

13. Ser amable y complacer a los demás es mi forma de protegerme del rechazo, de la desaprobación y del abandono. V o F

14. No me consideraría una persona amable si criticara a los demás aunque lo merecieran. V o F

15. Intento que otras personas se parezcan a mí mostrándome amable. V o F

16. A veces siento que necesito «comprar» el amor y la amistad de los demás esforzándome por complacerlos. V o F

17. A menudo, ser amable me impide expresar los sentimientos negativos que me despiertan los demás. V o F

18. Creo que los demás me describirían como una persona educada, complaciente y amena. V o F

19. Creo que mis amigos me quieren por todas las cosas que hago por ellos. V o F

20. Quiero que todos me consideren una persona amable. V o F

## Cómo puntuar e interpretar sus respuestas

Sume el número de veces que ha marcado la «V» para obtener su puntuación total.

♦ *Si su puntuación se encuentra entre 14 y 20:* Es usted excesivamente amable. Parece ser que sus relaciones interpersonales y su salud emocional están negativamente afectadas por sus buenas intenciones. Usted está pagando un precio demasiado alto por su amabilidad. Cuando logre reemplazar la amabilidad como núcleo del concepto de sí mismo por rasgos menos autodestructivos, el ritmo de su recuperación será mucho más rápido.

♦ *Si su puntuación se encuentra entre 8 y 13:* Los problemas generados por su tendencia a complacer a los demás están estrechamente vinculados con su excesiva necesidad de ser amable, con frecuencia a expensas de serlo consigo mismo. Abandonar la imagen de persona amable que tiene de sí mismo le ayudará a recuperarse más rápidamente.

♦ *Si su puntuación se encuentra entre 5 y 7:* Usted aún está preocupado por el deseo de que los demás lo consideren una persona amable, aunque de alguna manera en menor medida que la mayoría de las personas complacientes. Desarrolle sus virtudes —y recuerde que ser amable no es una de ellas. Está usted muy cerca del territorio psicológico peligroso y debe controlar su tendencia a ser amable a expensas de sí mismo.

♦ *Si su puntuación se encuentra entre 0 y 4:* Para ser una persona que sufre la enfermedad de complacer a los demás, usted está muy poco preocupado por mostrarse amable. Asegúrese de que no está cayendo en la trampa de la negación. Y si realmente ha superado la necesidad de ser amable con los otros en detrimento de sí mismo, entonces está avanzando notablemente en el camino hacia la recuperación.

## Complacer = Ser bueno, ser amable

Como psicóloga clínica con una práctica que dura ya más de veinticinco años, puedo asegurar que las personalidades generalmente son demasiado interesantes y complicadas como para reducirlas a una única palabra o descripción, tal como *amable* o *bueno*. No obstante, sé perfectamente que si se asigna a una persona un cierto rasgo de personalidad a una edad temprana, este se transforma en una parte esencial del concepto de sí mismo y dicha etiqueta tendrá un fuerte impacto en sus pensamientos y sentimientos y, por tanto, en su conducta a lo largo de toda su vida.

*Bueno* es una etiqueta que los padres, maestros y otros adultos aplican a los niños que se portan bien. «¡Qué buena chica eres!»,

«Ese sí que es un buen chico» son formas frecuentes de elogio. Acaso usted mismo utilice estas frases.

El término también es utilizado en forma preceptiva por los padres y otros adultos importantes —por ejemplo, al expresar *deberías* ser bueno— porque connota que el niño es educado, atento, tiene buenos modales y, finalmente, es socialmente aceptable. También es utilizado como fórmula moral, especialmente con las chicas adolescentes para diferenciar acciones morales de aquellas que resultan inmorales o amorales. Por ejemplo, al manifestar «Las chicas *decentes* no van a los bares» o «Las chicas *decentes* no llegan "hasta el final"».

Sin embargo, es interesante destacar que el atributo de «amabilidad, bondad», cuando se aplica a los adultos, es a menudo desestimado e incluso despreciado. Considere, por ejemplo, cuán frecuentemente se agrega una palabra —por ejemplo, «Es una buena chica, pero...», «Es un chico amable, pero...»— que generalmente hace referencia a una cualidad negativa del carácter.

Los diccionarios definen la palabra *amable* como ser complaciente o agradable. En general, la gente amable suele ser considerada como bidimensional en vez de presentar las tres dimensiones que incluyen la profundidad y además la definición. Son personas inocuas que no tienen bordes definidos ni una personalidad muy marcada. En los grupos y organizaciones los individuos buenos o amables simplemente no hacen olas. Y aunque nunca ofenden a nadie tampoco dan una buena impresión. (Cuando mi hija era pequeña, nos explicó en cierta ocasión que le gustaban más los villanos de Disney que los héroes «buenos» porque resultaban «mucho más interesantes».)

De hecho, algunas personas *buenas* son incluso despreciadas por su condescendencia, su tendencia a congraciarse y a mostrarse agradables con los demás, cualidades que representan un sinónimo para los rasgos que definen su personalidad. Jane Austen menciona esta respuesta negativa y sutil frente a la *amabilidad o bondad* de una persona en la descripción que hace del carácter femenino en una de sus historias:

> *Ella no era nada más que una mujer complaciente y de buen carácter; como tal difícilmente podíamos tenerle aversión —simplemente era objeto de desprecio.*

Debido a que, por definición literal, *amable* significa *ser complaciente,* es comprensible que, como cualidad esencial del concepto de sí mismo, lo conduzca a complacer a los demás. Por otro lado, en el mejor de los casos, *ser amable* parece ser un valor ambiguo como rasgo de carácter y fuente de autoestima. Entonces, ¿por qué se instituye como un imperativo para su forma de conducirse? ¿Y por qué las acciones que son incongruentes con la amabilidad generan tanta ansiedad e inquietud?

## La amabilidad como armadura emocional

Las respuestas residen en el sistema de creencias que sostienen todas las personas complacientes. Considerada desde el contexto de la protección interpersonal que proporciona, la amabilidad asume un valor considerablemente más elevado que el que tiene como rasgo de carácter.

*Específicamente, las personas complacientes estiman que al ser amables evitarán experiencias dolorosas, como el rechazo, el aislamiento, el abandono, la desaprobación y la ira. Después de todo, si usted no hace olas ni mueve la barca, los otros pasajeros no desearán arrojarlo por la borda.*

Pero las personas complacientes suelen ir aún más lejos para asegurarse de que los demás no solo los consideran normalmente amables, sino extraordinariamente amables. Para conseguir este fin a menudo se exceden en sus esfuerzos asumiendo gestos extravagantes de cuidado y consideración. En los casos extremos de amabilidad se oculta una intención de protección: ¿Después de todo lo que has hecho por ellos, quién podría hacerte daño?

Considere sus respuestas al cuestionario que ofrecimos al principio de este capítulo, especialmente las de los puntos 7, 8, 11, 13, 15, 16 y 19. Si se reconoce en algunos de estos puntos, usted está utilizando la amabilidad como forma de protección interpersonal, al menos en cierta medida. Si ha contestado afirmativamente a los siete puntos, es evidente que espera ganar la gratitud, el afecto y la aceptación de los demás gracias a su amabilidad. Usted cree (y espera) que su amabilidad y la buena voluntad que ella genera lo protegerán, evitando de este modo ser rechazado, abandonado, desaprobado y herido a nivel emocional.

Aparentemente, este sistema de creencias es lógico y razonable. De hecho, el eminente científico y filósofo doctor Hans Selye, el padre de los modernos conceptos del estrés y de la enfermedad inducida por el estrés, ha sostenido una versión cualificada de esta idea al afirmar que el mejor modo que tienen los seres humanos de protegerse del estrés interpersonal es ser amables y generosos con los demás. Selye sostiene que esto es realmente importante como forma de vida porque el estrés causado por otras personas es muy pernicioso [1]. (Muchos años atrás escribí un libro, *Lethal Lovers and Poisonous People: How to protect Your Health from Relationships That Make You Sick* [2] *[Amantes letales y personas venenosas: cómo proteger su salud de relaciones que pueden hacer que se enferme]* que trataba de este tipo de relaciones tóxicas).

---

[1] H. Selye, *The Stress of Life,* Nueva York, McGraw-Hill, 1978, y entrevista personal, *Psychology Today 11,* 10 de marzo de 1978, pp. 60-70.

[2] H. Braiker, *Lethal Lovers and Poisonous People,* Pocketbooks, Hardcover, Nueva York, 1991.

A esta filosofía de la administración del estrés, Selye la denominó «egoísmo altruista». Esta frase correctamente definida intenta explicar que ganarse la buena voluntad de los demás mediante la generosidad de su carácter y sus acciones no es más que conducirse de acuerdo con sus propios intereses. Si usted es amable y generoso con los demás, ellos le devolverán el gesto y, lo que es más importante, con toda probabilidad no le causarán ningún estrés.

Por tanto, ¿cuál es la diferencia entre las personas complacientes que utilizan la amabilidad como protección y el sabio consejo del doctor Selye sobre el egoísmo altruista? Él sostenía que la amabilidad no era capaz de proteger a nadie. Ciertas personas pueden causarle un daño emocional independientemente de todo lo que haya intentado usted hacer amablemente por ellos. Esto puede suceder porque la otra persona es maliciosa, prejuiciosa, intolerante o se ha quedado fijada en una antigua inquina y pretende castigarlo; o simplemente porque no es una persona emocionalmente sana o lo suficientemente madura como para amar y ser amada.

Las personas complacientes, por el contrario, tienen fe en la amabilidad e invierten en ella como si fuera una especie de poder mágico que permite evitar la mezquindad o la malicia de los demás. Según la lógica de las personas complacientes, si la amabilidad no consigue protegerlo de las relaciones interpersonales, se debe a que *¡no ha sido usted suficientemente amable y por tanto debe esforzarse aún más!*

## ¿Recuerda usted sus «pensamientos mágicos»?

Esta idea incorrecta que lo impulsa a actuar amablemente para protegerse de los demás se basa en el pensamiento mágico de la infancia. El término *pensamiento mágico* se refiere a un esquema mental que no distingue los pensamientos de los actos. Como tal, los pensamientos son tan poderosos como las acciones.

Si esto fuera verdad, conferiría poderes mágicos a cualquier persona. En el cálculo conmovedor del pensamiento infantil, un deseo es suficiente para convertirse en realidad.

Los niños utilizan a menudo este pensamiento mágico innato para protegerse de los miedos. En la mente infantil se formulan frases condicionales con el fin de mantener la ilusión del control. Por ejemplo, el niño puede hacer un trato con los monstruos imaginarios que hay en el armario: «Si me voy a dormir y dejo las luces encendidas, no podréis salir para hacerme daño».

De un modo similar, un niño puede defenderse de la posibilidad de un divorcio entre sus padres pensando: «Si soy bueno y hago todo lo que mis padres quieren, no se separarán». Es fácil comprender cómo se incorpora el hecho de «ser bueno» a las condiciones mágicas del pensamiento infantil para recibir protección frente a cualquier daño.

En el desarrollo normal, alrededor de los siete u ocho años, el niño aprende que existe una diferencia entre pensar y hacer, entre desear y hacer que algo se transforme en realidad. En la pubertad, la mayor parte del pensamiento mágico se ha transformado en planes de acción basados en la realidad o en actos culturalmente aceptables, incluidas la fe y la oración.

No obstante, existen algunas formas de pensamiento mágico que pueden subsistir durante la vida adulta. En particular, cuando los pensamientos proporcionan alivio frente al miedo y la ansiedad pueden sostenerse durante décadas. Cuando se los examina rigurosamente a la luz de la lógica y de la realidad adulta, se observa que son insostenibles. Sin embargo, usted sigue creyendo en su promesa de protegerlo.

La idea de que la amabilidad tiene el poder de protegernos se deriva, por tanto, del pensamiento mágico infantil. El miedo al rechazo, al abandono, a la desaprobación o al aislamiento —y a la depresión y al dolor emocional que pueden producir esas experiencias— son ahora los «monstruos» que es preciso mantener controlados. Pero el miedo al rechazo, a la alienación o a la soledad son miedos basados en la realidad y no en las fantasías, como eran los imaginarios habitantes del armario de un niño.

## ¿Tienes usted aún «pensamientos mágicos»?

Para los niños, la conexión entre ser bueno y amable y la posibilidad de evitar los malos resultados no es meramente mágica. Tiene una base real muy intensa. La mayoría de los niños aprenden por propia experiencia que si obedecen las reglas y preferencias de sus padres —es decir, si son *buenos*— recibirán elogios y conseguirán evitar los castigos. Por otro lado, los niños constantemente reciben el mensaje de que si no son *buenos,* porque no acatan las reglas que imponen sus padres o las normas escolares, habrán de ser castigados con el fin de disciplinarlos. Por tanto, es real que ser bueno impide al menos que sucedan *algunas* cosas malas.

Los niños pequeños a menudo construyen el poder protector de la amabilidad agregando el pensamiento mágico y la omnipotencia infantil a la realidad. Esto significa que *ser bueno* se puede utilizar para defenderse de las malas consecuencias que el niño no puede controlar. De este modo, el niño intentará impedir el divorcio de sus padres prometiendo mentalmente ser un buen chico.

Como ya hemos visto en el caso de Carolyn, cuando una experiencia temprana especialmente dolorosa, conflictiva o traumática queda asociada a la creencia de que la amabilidad tiene un poder de protección, sus efectos pueden ser muy prolongados. Esto es especialmente cierto cuando el hecho de ser amable queda asociado en la mente infantil con la posibilidad de mejorar o impedir una mala experiencia; o a la inversa, cuando hacer o pensar algo que no es amable queda asociado con la aparición de una situación traumática.

Muchas personas complacientes que he tratado a lo largo de los años pueden analizar su necesidad de ser amables retrocediendo hasta su infancia para descubrir un determinado trauma que haya provocado su actitud. En algunos casos, como en el de Carolyn, una grave enfermedad afecta a un miembro de la familia o incluso directamente al niño. En otros casos puede haber sucedido un accidente que haya tenido consecuencias fatales o provocado una discapacidad o acaso se trate de la muerte prematura de uno de los padres o hermanos.

Intentar reconquistar una apariencia de control frente a una situación de gran estrés es una respuesta psicológica completamente normal cuando se está muy comprometido en dicha situación. Bajo tales circunstancias, un niño puede hacer un trato con un poder superior prometiéndole «ser bueno y amable» con el fin de modificar el resultado de una enfermedad o accidente.

Durante la terapia, Carolyn descubrió la conexión que existía entre su actitud amable y el intento de salvar la vida de su madre. Y también comprendió que cuando ella no era atenta con alguien, su antiguo «pensamiento mágico» hacía que saltara la chispa del miedo a que pudiera ocurrir algo malo como consecuencia.

El caso de Carolyn es una ilustración dramática del valor de protección psicológica que se atribuye al hecho de ser amable. En la mente de aquella niña, su promesa de ser siempre una buena chica fue recompensada porque su madre sobrevivió a la enfermedad. Como resultado, Carolyn quedó fijada a la creencia de que la amabilidad era un imperativo, a tal punto que finalmente se convirtió en algo autodestructivo.

Carolyn se convirtió en una persona constantemente amable con poca capacidad para expresar los sentimientos negativos de un modo constructivo. Se percataba de que los demás se aprovechaban de su naturaleza amable, pero era incapaz de defenderse. Cuando su médico le aconsejó que me consultara, estaba exhausta y se sentía completamente vacía debido a los esfuerzos que realizaba por contentar a los demás, pero a la vez estaba demasiado temerosa como para decir «no» o para poner límites a esa situación, porque hacerlo significaba «dejar de ser amable».

La fijación de Carolyn a asumir una conducta amable estaba asociada con un buen resultado: que su madre hubiera logrado sobrevivir a la enfermedad. Sin embargo, en otros casos prevalecen los resultados negativos de una o varias experiencias traumáticas. Uno de los padres puede morir prematuramente, acaso un hermano quede lisiado debido a un accidente. Los padres se divorcian a pesar del excesivo sentido de responsabilidad de los hijos y de su esfuerzo por mantenerlos unidos.

No obstante, muchos adultos que actúan de una forma complaciente mantienen una compulsión a ser amables a pesar de que sus propios traumas infantiles hayan tenido un desenlace desgraciado. Algunos pueden rastrear su amabilidad hasta descubrir que los guía el pensamiento de que su amabilidad les sirve de protección frente a la posibilidad de sufrir más sucesos desgraciados. Lamentablemente, algunos adultos complacientes siguen llevando a sus espaldas la culpa infantil de que podían haber evitado las desgracias si hubieran sido más amables.

Las personas complacientes cuyo síntoma se prolongue demasiado o sea crónico, a menudo manifiestan esta conducta sin advertir que el virus de la enfermedad de complacer comenzó a crecer y a difundirse durante su infancia.

Por definición, el pensamiento mágico o supersticioso no es exacto. Creer que su amabilidad podría protegerlo del rechazo, del aislamiento o de otras experiencias negativas de la vida, incluyendo los traumas, es colocar una onerosa responsabilidad sobre su conducta y su ánimo. Simplemente no es humano vivir con la carga de tener que ser amable todo el tiempo y con todo mundo; y tampoco es adecuado.

▶ *Está bien* no *ser amable todo el tiempo.*

## Cuando a las buenas personas les pasan cosas malas

Aunque usted crea que el poder protector de la amabilidad es inofensivo, en realidad es un campo de minas cognitivo.

> *El mayor problema de creer en el poder protector absoluto de la amabilidad es que no funciona. Usted puede ser la persona más amable del mundo y, sin embargo, algunas personas no simpatizan con usted —acaso precisamente porque usted es tan amable.*

El hecho es que, independientemente de lo amable que usted sea, no existen garantías de que no será rechazado, insultado, excluido, desaprobado e incluso abandonado por los demás. Una persona que tiene prejuicios contra usted debido a su raza, a su pertenencia étnica, a su sexo o a sus preferencias sexuales probablemente lo rechazará debido a sus propios motivos irracionales y detestables. Si alguien está celoso de usted, puede intentar perjudicarlo a pesar de todas las cosas bonitas que usted haya hecho por él o ella; no es justo, pero tampoco la vida lo es.

Analice nuevamente por qué cree usted que la vida es o debería ser justa. La idea de que una actitud amable lo protegerá de que otros le inflijan daños está basada en la convicción de que la vida es justa.

De modo que las personas amables como usted deben afrontar que cuando el mundo no funcione del modo que esperaba y otras personas lo hieran a pesar de su amabilidad, se sentirán confundidos y frustrados. Sus reacciones incluso pueden llegar a ser polémicas porque, en parte, se han violado las expectativas de que los demás deberían tratarlo bien cuando usted se muestra atento con ellos. Por supuesto, usted es demasiado amable como para dirigir su ira contra los demás, y es muy probable que la vuelque hacia su interior y se culpe por no ser suficientemente bueno o crea merecer que lo traten mal por alguna otra razón. De este modo, la vida sigue siendo justa en su mente. Sin embargo, el precio que debe pagar por dirigir su cólera hacia sí mismo será la depresión.

Piense en ello durante un minuto. En un mundo justo, a la gente buena solo le sucederían cosas buenas porque merecen ser felices. Si la vida fuera justa, las cosas malas solo les pasarían a las personas malas, porque merecen tener problemas y ser desdichadas.

Sin embargo, la realidad es que las cosas malas también les suceden a las personas amables, tan amables como usted.

Si usted cree que la vida es justa y que la amabilidad debería protegerlo de sucesos negativos, se está preparando para sumergirse en la culpa y la depresión cuando la vida le presente alguna situación difícil, lo que será inevitable.

Existen algunos silogismos peligrosos pero seductores, o una falsa lógica, ocultos detrás de la idea de que la amabilidad debería protegerlo de cualquier daño que puedan infligirle los demás. El razonamiento defectuoso conduce a conclusiones de carácter depresivo y que provocan culpa:

> Si la vida es justa, todos tienen lo que se merecen.
> Me ha sucedido algo malo (por ejemplo, abandono y rechazo).
> Por tanto, yo lo merezco.

> O

> Si soy amable, nadie me rechazará ni me hará daño.
> Acabo de ser rechazado y herido.
> Por tanto, no soy tan amable como pienso; o no soy suficientemente amable.

Esta espiral descendente del ánimo y del pensamiento puede hundirlo en la mayor negatividad. Más aún, esta lógica defectuosa lo conduce a realizar aún mayores esfuerzos por complacer a los demás y ser atento con ellos, alimentando de este modo el círculo vicioso de la enfermedad de complacer a los demás.

Modificar la presunción inicial de que la vida es justa será muy útil para corregir este pensamiento que produce depresión. Pero si usted se obstina en creer que la amabilidad puede protegerlo, volverá a caer en la culpa, los autorreproches y la depresión cuando —y no *si*— la vida le presente una situación dolorosa. Recuerde que corregir simplemente un pensamiento del triángulo de la enfermedad de complacer interrumpirá el ciclo y lo conducirá hacia la recuperación.

## No recompensar un tratamiento abusivo

Es posible que también asuma una actitud amable como una carta de triunfo para superar el hecho de que otra persona lo trate de una forma abusiva. En este caso, sin embargo, la amabilidad es el palo de la baraja de menor valor.

Ser amable no es una respuesta adecuada para alguien que le está infligiendo un daño emocional. Por el contrario, ser cortés con alguien que lo está utilizando verbalmente como un saco de arena solo sirve de recompensa para esa conducta abusiva. En efecto, la amabilidad permite que la otra persona lo maltrate —e incluso la anima.

La tendencia a ser siempre amable, a evitar conflictos o enfrentamientos a cualquier precio y a someterse a la voluntad de socios o de un jefe excesivamente críticos o controladores, supone el riesgo de comprometerse en relaciones en las que sea maltratado emocionalmente.

En una situación conflictiva —incluso si el ataque es unilateral— complacer a los demás es equivalente a un desarme psicológico unilateral. Mostrarse amable ante un ataque supone que no tiene usted la posibilidad de defenderse o que es usted inaceptablemente vulnerable.

Paradójicamente, si es usted la diana de un maltrato verbal y emocional, la amabilidad no solo no lo protegerá, sino que fortalecerá a la persona que le está haciendo daño o que lo está tratando con rudeza.

No pretendo decir que complacer a los demás *causa que* los demás se muestren abusivos con usted. Las causas residen en la personalidad y en la historia íntima de la persona que inflige el abuso. Las investigaciones han revelado, por ejemplo, que los niños que han sido maltratados se convierten en adultos que maltratan a los demás.

Sin embargo, aunque usted no sea la causa del maltrato que recibe, su amabilidad y su compulsión de contentar a los demás mantienen el ciclo del maltrato. Usted acaso piense que esforzándose por complacer todavía más a la persona que lo maltrata está desafiando el ciclo, pero la verdad es que está exponiéndose aún más a ser maltratado.

Usted puede albergar la esperanza de que su amabilidad, su cortesía y su amor finalmente modificarán la conducta de la otra persona, pero, lamentablemente, a pesar de sus buenas intenciones esto nunca funciona. Por el contrario, su participación y la forma en que parece recompensar a la otra persona solo lograrán envalentonarla y menoscabar su propia autoestima. Finalmente, usted puede terminar por pensar que se merece ese tratamiento hostil. Es evidente que debe aprender a hablar adecuadamente cuando se viole su derecho a ser tratado respetuosamente. Sin embargo, en primer lugar debe modificar la idea equivocada de que la amabilidad lo protege de cualquier tipo de maltrato o que le ayudará a superarlo.

## La amabilidad y la palabra de cinco letras que empieza por «G»

*Susan es una persona complaciente. A los 38 años, es madre de tres niños e hija de dos padres ya mayores cuyo cuidado recaerá en ella por ser la única hija mujer. Es maestra del quinto grado de la escuela local donde acuden sus hijos y es un miembro destacado en la Asociación de Padres y Maestros.*

*Además, Susan lleva la contabilidad de la pequeña empresa consultora de su marido. Ofrece animadas cenas en su casa, que ella misma prepara, para los clientes de su marido. Susan es una activa voluntaria en una organización de caridad, es la presidenta del comité de recolección de fondos y se ocupa de la mayor parte del trabajo.*

*Susan admite que no puede recordar cuál fue la última vez que dijo «no» a alguien. Advierte que está sometida a un gran estrés y que probablemente debería dejar de hacer tantas cosas. Sabe que muchas de sus relaciones son desequilibradas y que se esfuerza demasiado para lo que obtiene a cambio.*

*Ha luchado con un grave problema de sobrepeso desde su infancia. Bromea, aunque se le quiebra la voz, con el hecho de haber aumentado y adelgazado los mismos 22 kilos unas cien veces a lo largo de su vida. Comprende la relación que existe entre su gordura y la necesidad de complacer a los demás.*

*«Siempre he sentido que debo ser amable con la gente y hacer todo aquello que les haga felices, de lo contrario no me tendrán en cuenta porque soy gorda. Parece ser que intento convencer a los otros de que no me rechacen apenas los conozco. Me asusta la posibilidad de ser rechazada y de que alguien me adjudique esa terrible palabra de cinco letras que empieza por G: G-O-R-D-A.»*

*«Cuando era niña, mis amigos herían constantemente mis sentimientos. Se burlaban de mí y me ponían motes: "Tonelito", "Gordinflona". Mi única defensa era intentar que ellos me quisieran por otros motivos.»*

*«Durante mi niñez y mi adolescencia estaba dispuesta a hacer cualquier cosa por los otros chicos simplemente para que no me rechazaran porque era gorda. Permitía que me utilizaran. Hacía sus tareas, falsificaba notas que se suponía eran escritas por los padres de mis amigos, los dejaba que copiaran mis exámenes —hacía cualquier cosa que me pidieran.»*

*«En la adolescencia fui sexualmente promiscua. Estaba deseando acostarme con cualquier chico con tal de evitar sentirme rechazada.»*

*«No es necesario decir que de cualquier modo me rechazaban. Sin embargo, ahora que soy adulta sigo haciendo lo mismo y me esfuerzo por complacer a todo el mundo. La diferencia es que ahora ni siquiera espero que alguien me pida algo. Imagino lo que necesitan y se lo ofrezco.»*

Hay muchas personas que, como Susan, sufren de la enfermedad de complacer a los demás porque en realidad *esperan* ser rechazadas. Cierto aspecto de su apariencia o de su carácter les hacen sentir que no valen nada. Su autoestima está deteriorada.

El «defecto» percibido puede ser físico, tal como un exceso de peso, una aparente deformidad o minusvalía, un determinado rasgo facial, un rostro poco atractivo, un cabello que no es bonito o una baja estatura. O puede tratarse de un defecto psicológico, tal como considerarse poco inteligente, inculto, fracasado o sentirse avergonzado por no tener mucho dinero.

Como Susan, usted acaso se sienta obligado a ser amable porque se anticipa al rechazo que supone manifestarán los demás frente a ese defecto real o imaginario. En términos psicológicos está usted *proyectando* los sentimientos negativos que experimenta en relación consigo mismo en los demás. Acaso también emplee su amabilidad como defensa para compensar lo que considera un defecto de su aspecto o carácter. Pero al ser amable, complaciente e inofensivo quizá esté intentando inconscientemente manipular a los demás para que lo quieran o al menos para que no lo rechacen.

El verdadero defecto reside en esta estrategia y no en su aspecto ni en su carácter. Pero además dicha estrategia resulta ineficaz puesto que continuamente erosiona su autoestima condenándolo cada vez más al ciclo de la enfermedad de complacer a los otros. Si los demás lo aceptan, de cualquier modo su autoestima quedará mermada porque usted atribuirá su aceptación a todas las cosas amables que hace por ellos y no a lo que usted vale como ser humano. («Ella solo me quiere por lo atento que soy y lo mucho que hago por complacerla».) Al mismo tiempo, su idea de que la amabilidad es a la vez una protección y una compensación para su «defecto» se ve reforzada por todos los hábitos que ha desarrollado para contentar a los demás.

Por otro lado, si la gente lo rechaza, usted corrobora su errónea idea de que realmente no es merecedor de cariño y su autoestima resulta aún más deteriorada. Más aún, sentirá usted la necesidad de ser cada vez más amable en el futuro para protegerse de ese rechazo que le resulta tan doloroso.

*La solución reside en reconocer que la persona cuya aceptación usted más necesita es usted mismo. Cuando reconozca los verdaderos motivos que le hacen sentir que no merece el aprecio de los otros y al mismo tiempo desconocer su valor esencial como persona debido a algunos atributos de su apariencia o algún suceso de su pasado, la herida de su autoestima comenzará a curarse y los problemas derivados de su hábito de complacer a los demás comenzarán a resolverse.*

## CORRECCIÓN DE LA ACTITUD:
### Está bien *no* ser amable

He aquí algunos pensamientos correctivos para reemplazar la idea tóxica de que necesita ser amable a cualquier precio. Si reemplaza simplemente uno de estos pensamientos tóxicos por una afirmación correctiva, puede empezar el proceso de curación de su síndrome de complacer a los demás.

♦ Ser amable no siempre lo protege de que los demás lo maltraten. Pensar lo contrario lo conducirá a sentirse culpable y responsable de que los demás lo traten con dureza.
♦ No recompense a quienes lo tratan mal respondiendo con amabilidad o simulando que todo está bien.
♦ Si tiene usted que renunciar a sus propios valores, necesidades o identidad como individuo único y especial, el precio de la amabilidad es demasiado elevado.
♦ Es mucho mejor que usted exprese lo que hay en su mente, aunque deba comunicar algunos sentimientos negativos, que reprimir sus pensamientos y deprimirse, experimentar ansiedad, o sentirse emocionalmente enfermo con tal de seguir siendo amable.
♦ *Está bien no ser amable.*

# CAPÍTULO 4
# Dar prioridad a los demás

E N EL NÚCLEO del síndrome de complacer a los demás está la idea central de que los otros tienen prioridad. Como persona complaciente, usted seguramente sabe que antepone las necesidades de los demás a las propias. Probablemente cree que hacer lo contrario sería un gesto egoísta.

Lo que posiblemente no advierta es que las personas que lo rodean tienen razones y disposiciones negativas y perturbadoras que subyacen en estas creencias. Considerado desde un punto de vista psicológico, el mundo de las personas complacientes es un lugar peligroso donde abundan las personas controladoras, explotadoras y exigentes que lo rechazan y lo castigan. Además, las necesidades de dichas personas son consideradas como una prioridad que debe ser atendida y satisfecha a expensas de sí mismo.

Antes de analizar y descubrir estas ideas ocultas, responda el cuestionario que ofrecemos a continuación para evaluar hasta qué punto usted cree que los demás deben tener prioridad.

### CUESTIONARIO:
### ¿Da usted prioridad a los demás?

Lea atentamente cada una de las afirmaciones y decida si puede aplicarse a su caso. Marque la «V», si la afirmación es verdadera o casi verdadera; marque la «F», si la afirmación es falsa o prácticamente falsa.

1. Me centro demasiado en las necesidades de los demás, incluso a expensas de mis propios deseos o necesidades. V o F

2. Mis necesidades deberían siempre posponerse a las de las personas que quiero.   V o F

3. Debo ofrecer a los demás todo mi tiempo para ser merecedor de su amor.   V o F

4. Mi primera preocupación en la vida es hacer felices a los demás.   V o F

5. En cualquier situación suelo pensar en los demás antes que en mí mismo.   V o F

6. Cuando las personas que me rodean están disgustadas, me veo obligado a hacer algo por ellas.   V o F

7. Siempre debería hacer lo que los otros desean o esperan de mí.   V o F

8. Mi mayor necesidad es cuidar a las personas que hay en mi vida.   V o F

9. Normalmente adopto las ideas y actitudes de quienes están más cerca de mí.   V o F

10. Intento vivir la vida de acuerdo con la idea de que es mucho mejor dar que recibir.   V o F

11. Suelo hacer todo lo que está a mi alcance para hacer felices a los demás antes de hacer algo por mí mismo.   V o F

12. Me resulta muy difícil pedir a los otros que me ayuden o expresar mis necesidades.   V o F

13. Siento que necesito conquistar el amor de los demás haciendo cosas que los haga sentir felices.   V o F

14. Me siento cómodo haciendo cosas para los demás sin pedir ni esperar nada a cambio.   V o F

15. Si dejara de dar prioridad a las necesidades ajenas, me convertiría en una persona egoísta y la gente no me querría. V o F

16. En las relaciones espero dar más de lo que recibo.   V o F

17. Siempre debo complacer a los otros aunque sea a expensas de mis propios sentimientos o necesidades.   V o F

18. A menudo siento que los otros esperan demasiado de mí, pero intento no desilusionarlos ni abandonarlos.   V o F

19. Cuando mis propias necesidades entran en conflicto con las ajenas, las pospongo.   V o F

20. Me sentiría muy culpable si no concediera más importancia a las necesidades de los demás que a las mías.   V o F

21. A veces me siento resentido por las exigencias de los demás, pero jamás lo demuestro. V o F

22. En ocasiones siento que dan por hecho que estoy siempre disponible y me decepciona que ellos no lo estén cuando necesito su ayuda.   V o F

23. Mis amigos y mi familia a menudo me piden consejo y ayuda para resolver sus problemas.   V o F

24. Con frecuencia me siento extenuado, tenso y vacío por atender las necesidades de tantas personas.   V o F

25. A veces me preocupa el hecho de que si expreso mis necesidades a los demás, ellos me rechacen, ignoren o me castiguen.   V o F

## Cómo evaluar e interpretar sus respuestas

Sume el número de veces que ha marcado la «V» para obtener su puntuación total.

♦ *Si su puntuación total está entre 17 y 25:* Los problemas derivados de la enfermedad de complacer a los demás se basan en gran medida en que usted privilegia a otras personas en vez de a sí mismo. En este punto probablemente no sea siquiera capaz de identificar sus propias necesidades además de la de satisfacer a los demás. Es posible que se sienta tenso por dar prioridad a otras personas y más enfadado y resentido de lo que pueda reconocer. Usted imprimirá un gran cambio en el camino de la recuperación cuando deje de anteponer las necesidades de los otros a las suyas.

◆ *Si su puntuación total está entre 10 y 16:* Su pensamiento es el característico de las personas complacientes que anteponen las necesidades de los demás a las propias. Aunque aparentemente tiene una idea moderada de que *debe* dar prioridad a los otros, se mantiene alerta para satisfacer esta presunción fundamental de la enfermedad de complacer a los demás. Modificar esta tendencia autodestructiva es el camino para la recuperación.

◆ *Si su puntuación total es 9 o inferior:* Usted solo demuestra leves tendencias a complacer a los otros antes que atender sus propias necesidades. Sin embargo, si padece la enfermedad de complacer a los demás, su conducta sugiere lo contrario. Aunque conscientemente no crea que los demás son más importantes que usted, sus hábitos reflejan esa convicción. Trabaje para tomar conciencia de la forma en que sus pensamientos se adaptan a la tendencia de contentar a las otras personas. Si fortalece la idea de que sus necesidades son tan importantes como las de los otros, su recuperación será más rápida.

## Enseñar a los demás a que no se ocupen de usted

> *Sara, de 40 años, era una madre de cuatro niños que atendía a su familia con gran solicitud. Era ama de casa y, como*

*su marido trabajaba mucho para ofrecer una buena cali-*
*dad de vida a su familia, ella asumía la responsabilidad de*
*atender todas sus necesidades desde el momento en que llegaba*
*a casa por la noche hasta la hora en que se iba a dormir. Tam-*
*bién atendía con gran dedicación a sus hijos.*

*Como había crecido en un ambiente relativamente pobre*
*en el que sus padres trabajaban alternadamente en turnos*
*de día y de noche, Sara deseaba que sus propios hijos disfru-*
*taran de una madre que permaneciera en el hogar y un padre*
*que se ocupara de cubrir todas sus necesidades. Por este motivo,*
*Sara pensaba que lo mejor era que sus hijos no tuvieran res-*
*ponsabilidades en la casa para que pudieran dedicarse a sus*
*estudios y pudieran disfrutar de la vida ahora que eran*
*pequeños.*

*Pero, a pesar de sus buenas intenciones, la actitud com-*
*placiente de Sara no funcionó.*

*Durante años, Sara se preocupó de las necesidades de su*
*familia sin pedir ayuda ni apoyo a nadie. Cierto día se le diag-*
*nosticó una artritis reumatoide aguda que requirió una breve*
*hospitalización seguida de seis semanas de reposo absoluto en*
*la cama. El médico de Sara, que era un buen amigo, le ordenó*
*«dejar de ocuparse de su familia como si fuera una criada».*

*Cuando volvió del hospital, la actitud de su familia la*
*impresionó y la hirió profundamente. En vez de mostrarse*
*amables y alegres con ella para devolverle todos los años en*
*que se había sacrificado por ellos, demostraron irritación y*
*resentimiento por la incomodidad que les causaba su enfer-*
*medad.*

*Al principio, Sara se sintió culpable por estar enferma y*
*ser una carga para su familia, pero muy pronto su actitud*
*cambió y se sintió llena de ira y resentimiento.*

*La solución a corto plazo fue pedir a su propia madre que*
*se mudara a su casa para ocuparse de su familia hasta que*

*se recuperara. Cuando, finalmente, Sara se recuperó, se armó de coraje y reunió a su familia para notificarle lo que había estado reflexionando mientras estaba en la cama.*

*«Me siento absolutamente responsable por haber creado unos hijos malcriados y egoístas y por tener un marido desagradecido», comentó a su familia, que la miraba anonadada, «pero ahora las cosas van a ser muy diferentes».*

*Sara les anunció que estaba oficialmente «de huelga», y afirmó que no haría nada más por ellos hasta que cada uno asumiera la responsabilidad de sus propias necesidades y se ocuparan de sí mismos.*

*«Es muy triste que haya tenido que enfermar para darme cuenta de los errores que he cometido», expresó Sara. «Pensé que había sido una buena esposa y madre por complacer sus necesidades. Jamás les hice saber que necesitaba algo hasta que enfermé. Les he enseñado a ignorarme y a pensar solo en sí mismos».*

*Mientras Sara se esforzaba en la terapia para superar su síndrome de complacer a los demás, pudo reflexionar sobre el modelo que había estado ofreciendo a sus dos hijas y sus dos hijos.*

*«Mi intención era ocuparme de los trabajos de la casa para que ellos pudieran concentrar toda su energía en sus actividades. Pretendía que mis hijos desarrollaran todo su potencial —tanto las niñas como los niños. Siempre les he dicho que aspiraran a aquello que realmente quisieran ser.»*

*«Pero ahora verdaderamente me horroriza pensar el ejemplo que les he dado. ¡He estado enseñando a mis hijas que las mujeres somos un felpudo! Y aún peor, he estado enseñando a mis hijos a limpiarse los pies en ellas.» Ese era el último mensaje que hubiera deseado transmitirles.*

*«Ahora advierto que si no me trato a mí misma con respeto, mis hijos jamás aprenderán a respetarme ni a respetarse a sí mismos.»*

*«Cuando mi madre vino a casa para cuidarme, me ayudó a reflexionar sobre mi conducta. Me recordó que aunque en mi familia teníamos muchas dificultades económicas, nos queríamos y nos cuidábamos mutuamente.»*

*«Me di cuenta de que había criado unos seres despreciables, de modo que decidí que las cosas iban a cambiar; y así ha sido, aunque muy lentamente. De vez en cuando debo ponerme nuevamente en huelga para recordarles que cada uno debe ocuparse de sus propias responsabilidades.»*

*«Lo mejor de todo esto es que ahora sé realmente que mi familia me respeta y me quiere por ayudarlos a ser mejores personas», concluyó Sara.*

En cierto sentido, la enfermedad de Sara fue fortuita. Al enfermarse, fue capaz de dar el primer paso para curarse de su síndrome de complacer a los demás.

La historia de Sara resulta un buen ejemplo para ilustrar que las personas complacientes pueden perder el rastro de sus propias necesidades con suma facilidad por dar prioridad a los demás. Las personas complacientes se entrenan para negar sus propias necesidades mientras simultáneamente enseñan a los otros, de una forma totalmente inconsciente, que no se ocupen de ellas.

Sara, como muchas otras personas complacientes que tienen un papel como padres, recibía un gran reconocimiento cultural y social por ocuparse tan solícitamente de sus hijos y por ser una «Supermamá». Los demás elogiaban su competencia y ella disfrutaba desempeñando el papel que había definido para sí misma hasta que se percató del precio que estaba pagando.

Usted puede convertirse con gran facilidad en la víctima de su propia competencia. Cuanto más demuestre lo que es capaz de hacer, más esperarán los otros de usted y más cosas le permitirán hacer por ellos. Finalmente, y a pesar de todo, el círculo vicioso que supone el hecho de complacer a los demás y darles prioridad terminará por agotarlo y deprimirlo. En este punto, sus necesidades gritarán con abierta desesperación por ser escuchadas. Sin embargo, igual que en el caso de Sara, acaso griten en plena oscuridad sin obtener ninguna respuesta.

## ¿Es egoísta ocuparse de sí mismo?

La mayoría de las personas complacientes piensan en términos distorsionados y muy polarizados sobre el hecho de ocuparse de las necesidades ajenas frente a ocuparse de las propias. La palabra *frente* en la frase anterior sugiere poca o ninguna opción en la materia.

Las dos alternativas aparentemente serían: 1) ser completamente *altruista* —hasta el punto de ser realmente *abnegado*—, anteponiendo las necesidades ajenas a las propias; o 2) ser completamente *egoísta* y ocuparse primero de sí mismo, e incluso pasar por encima de aquellos que se interponen en la consecución de sus intereses.

Es evidente que, como persona complaciente, usted optará por la primera alternativa. Después de todo, dar prioridad a las necesidades ajenas forma parte de la esencia del síndrome de complacer a los demás, incluso a sus expensas. Pero, si usted supiera que al ser tan abnegado está realmente poniendo en peligro la satisfacción de estas necesidades, ¿persistiría en su deseo?

Considere esta analogía: imagine que le dan la exclusiva responsabilidad de alimentar a siete niños pequeños durante un mes. Su única misión es asegurarse de que no pasan hambre.

Para conseguir su objetivo usted les ofrece todo el alimento que deseen ingerir en cada comida. En vez de alimentarse usted mismo, decide guardar su parte para el caso de que alguno de los niños tuviera hambre antes de la siguiente comida.

Está tan preocupado por satisfacer el hambre de esos niños que se entrena a sí mismo para ignorar sus propias señales de hambre.

De hecho, al identificar la alimentación de los niños como una necesidad prioritaria para *usted*, decide incluso dejar de comer.

Finalmente, usted está tan debilitado por el ayuno que ya no puede preparar la comida para los niños ni alimentarlos. Por tanto, a pesar de su intención benevolente y altruista de anteponer las necesidades de los niños a las suyas, su misión fracasa. Es obvio que existe un fallo en su estrategia.

De un modo paralelo, sus necesidades esenciales como persona complaciente es preocuparse de las necesidades ajenas. Sin embargo, al no atender su propio bienestar también pone en peligro a aquellos que ama por ponerse en peligro a sí mismo, aunque sea de una forma no intencionada e inconsciente.

*Cuando usted constantemente se agota a sí mismo y sufre de estrés por ocuparse de los demás, se está exponiendo a contraer una enfermedad, una depresión y otros graves problemas. Como resultado de sus buenas intenciones, los que dependen de usted también sufrirán.*

Existe una tercera alternativa que es mejor para todos, y es que usted actúe en un estado de esclarecedor interés por sí mismo. Esto significa que cuide de sí mismo y dé prioridad a sus propias necesidades cuando lo necesite y simultáneamente tenga en cuenta las necesidades y el bienestar de los demás. De este modo, atenderá las necesidades de aquellos que se benefician de que usted cuide de sí mismo. Un esclarecedor interés por uno mismo, a diferencia del egoísmo, impide que usted haga sufrir a los demás.

Paradójicamente, para cumplir realmente con las obligaciones que tiene con otras personas allegadas e importantes para usted, debe ser capaz de cuidar de sí mismo. Pero el problema que afronta ahora es que, debido a todos los años que lleva complaciendo a los demás, está usted prácticamente sordo para escuchar la voz interior que le comunica sus propias necesidades.

## Nadie quiere a una persona que da demasiado

Una de las lecciones más duras que las personas complacientes deben aprender es que convertirse en mártires no es una forma de hacer amigos. De hecho, la mayoría de los mortales no simpatizan fácilmente con alguien que se ha proclamado «un santo» y deambula entre ellos.

Como persona complaciente, acaso usted se sienta más seguro en relaciones en las que da más de lo que recibe. También puede suscribir la idea errónea de que *siempre* es mejor dar que recibir, ya sea entre sus familiares o sus amigos.

La caridad y el altruismo son valores positivos y admirables, pero el error reside en aplicar el autosacrificio y la generosidad no correspondida en sus relaciones personales. Cuando usted constantemente se muestra generoso con familiares y amigos, pero no les permite devolverle su gesto, en realidad los está manipulando y rechazando, intencionadamente o no. Al mantener una postura obstinada que se empeña en impedirles que le ofrezcan algo a cambio, usted les niega el placer y los buenos sentimientos a los que ellos también tienen derecho.

*Cuando usted se muestra generoso de una manera extravagante y no se muestra dispuesto a recibir nada a cambio, sus motivos comienzan a ser sospechosos.*

Aunque su intención sea compartir su buena fortuna, acaso inadvertidamente desdeñe a la persona a quien va destinado su gesto, haciéndola sentir incapaz de devolverle su amabilidad. También es posible interpretar su actitud como un intento de «comprar» la amistad de otra persona, en cuyo caso tanto el dador como el receptor resultan desvalorizados.

Las personas complacientes que dan hasta el punto de la abnegación y con una exagerada modestia, pueden producir el efecto

—intencionado o no— de que los demás se sientan avergonzados, incómodos e incluso despreciados. Cuando usted da tanta prioridad a las necesidades ajenas, se pone en evidencia que se niega a sí mismo, y la consecuencia puede ser que los otros se sientan doblemente culpables, y aunque lo definan como un «verdadero espíritu generoso» es probable que alberguen la esperanza de que exprese su generosidad en otra parte.

Finalmente, cuando usted hace favores y actúa amablemente pero se niega a recibir nada a cambio, produce el efecto negativo —aunque no sea de forma intencionada— de que los demás se sientan en deuda con usted. Las otras personas pueden resentirse y enfadarse porque usted las ha manipulado hasta el punto de hacerlas sentir incómodas.

*Al permitir a los demás devolverle su gesto de generosidad, usted les estará haciendo un gran favor, pues los libera de su deuda.*

## El coste oculto de atender a los demás

¿Es común la historia de Sara y de las personas complacientes como ella? Realmente dichas historias no son inusuales en absoluto. Parece ser que, independientemente de cuáles sean los motivos originales de las personas que se empeñan en complacer a los demás, es inevitable que los resultados no se ajusten a las pretensiones iniciales. De hecho, Miranda pudo descubrir una y otra vez que con frecuencia los resultados son bastante lamentables. Y lo más desolador es que dichos resultados a menudo se pueden predecir.

*A sus 35 años, Miranda no puede comprender por qué aún está soltera. No parece tener muchas dificultades para* atraer a los hombres ni para conseguir que quieran salir con ella. En verdad la mayoría de los hombres con los que sale se muestran entusiasmados con ella... al menos durante algún tiempo. Pero ninguna de las relaciones de Miranda ha sido duradera. Más tarde o más temprano, todos los hombres con los que ha salido han interrumpido su relación con ella.

Lo que a Miranda la deja perpleja y a la vez la enfada es que su mayor deseo en la vida es tener una relación satisfactoria con un hombre. No puede comprender qué es lo que hace mal, porque, especialmente en lo que a hombres se refiere, Miranda es una persona muy complaciente.

La ironía es que al dar prioridad a los hombres y desatender sus propias necesidades, Miranda produce el resultado que ha intentado evitar toda su vida. Sin embargo, y a pesar de los años de fracasos recurrentes, Miranda no ha podido comprender aún cuán autodestructiva es su compulsión a complacer a los otros.

«Debo dar prioridad a los hombres y hacer todo lo posible para complacerlos», sostiene inflexiblemente. «En caso contrario, no conseguiré que me amen.»

Para este fin, Miranda estaría dispuesta a hacer lo que fuera, a ir a cualquier parte y satisfacer cualquier solicitud o deseo que contribuyera a la felicidad de su pareja. Iría al cine para ver cualquier película que le gustara a su compañero y sería capaz de tolerar cualquier programa de televisión por estar con él; en un restaurante comería cualquier tipo de alimento que su pareja eligiera. Pero si él prefiriera que ella cocinara, no dudaría en hacerlo, y también estaría dispuesta a no comer si él no tuviera hambre.

Cuando el compañero ocasional de Miranda practica gimnasia, ella se convierte en una devota de los ejercicios físicos. Pero si él fuera perezoso, ella se uniría gustosa a las filas de los haraganes. Miranda se viste para agradar al hombre que está con ella y cambiaría de buen grado su peinado, su maquillaje u otras facetas de su aspecto para adecuarse al gusto de su novio.

Las opiniones de Miranda siempre son secundarias a las del hombre. De hecho, ella «descubre» que está de acuerdo prácticamente con todo lo que piensa su compañero y le asegura que es un hombre inteligente y fascinante.

Al principio, casi todos los hombres con los que sale Miranda se sienten halagados y complacidos por su aparente adoración. Hace que cada uno de esos hombres se sienta especial cuando ella le comunica lo inteligente, talentoso, fascinante y atractivo que es. Sin embargo, con el paso del tiempo, se desvanecen el entusiasmo y el interés iniciales.

La cruda realidad es que con Miranda, tal como afirmó Gertrude Stein en relación con Oakland, California, «No hay nada de nada». Tras un breve periodo de tiempo, los hombres descubren que la adulación y la conformidad sumisa de Miranda pronto la transforman en una perfecta aburrida.

Al no tener opiniones ni ideas propias, Miranda no ofrece a los hombres ninguna posibilidad de compartir intereses intelectuales, sino que se comporta como un mero reflejo de sus pensamientos. Como sus intereses y sus actividades cambian cada vez que cambia de pareja, jamás ha desarrollado realmente una pasión duradera, no ha alimentado un talento ni se ha identificado con una necesidad propia, además de la de ser la «otra mitad» de algunos hombres. Pero en vez de ser una mitad complementaria e independiente, Miranda se convierte en una réplica o en una fotocopia de su pareja, solo que con una forma femenina. Como consecuencia, tiene poco que ofrecer para enriquecer la experiencia de un hombre o para ampliar el horizonte de sus conocimientos.

La tendencia a complacer a los hombres con los que sale resulta una carga demasiado pesada para ellos. Ella cree

*que, por dar prioridad a los hombres, está dispuesta a ofre-
cerles cualquier cosa que ellos deseen, pero la verdad es que
Miranda no puede ofrecer la única cosa que un hombre sano
verdaderamente desea y necesita: la capacidad de compartir
su vida con ellos por tener conciencia de quién es ella y saber
valorarse.*

## Sintonizar con las exigencias de los demás

Como les sucede a todas las personas complacientes, su antena
perceptual está sintonizada con las necesidades, preferencias, pedidos y expectativas de los demás. El «volumen» de las necesidades
de los demás está muy alto, mientras que el volumen relativo a
sus propias necesidades está prácticamente mudo.

En ocasiones, las necesidades o pedidos de los demás se expresan de una manera explícita. En otras oportunidades no existen
demandas explícitas y, no obstante, usted sigue sintiendo la exigencia de responder a estas demandas implícitas.

Su radar psicológico está explorando constantemente el espacio interpersonal para recoger los pedidos explícitos e implícitos
de otras personas. Estas necesidades sutiles y tácitas se superpo-
nen al continuo clamor de las exigencias de aquellas personas a
quienes usted ha entrenado para que lo reclamen y que esperan
tu atención.

El número y la variedad de las demandas de los demás es teó-
ricamente ilimitado, pero sus recursos para responder a ellas no
son infinitos. Usted es una sola persona; su tiempo disponible se
limita a las horas que usted está despierto cada día, y su energía,
independientemente de lo fuerte que sea, no es ilimitada. Sin
embargo, como usted establece las prioridades de acuerdo con
el principio tan simple como autodestructivo de que *los otros siempre están primero,* y, por tanto, usted ocupa el último lugar, no

se muestra inclinado a delegar tareas. Rara vez solicita ayuda o apoyo, pues imagina que será rechazado o castigado si lo hace. Casi nunca negocia los términos de un pedido, porque hacerlo supondría dar prioridad a sus propias necesidades y, como consecuencia, se arriesgaría a la desaprobación y a que lo acusaran con aquella palabra que más teme en este mundo y que empieza por «E»: *egoísta*.

Sin la capacidad de poder decir «no» ni delegar funciones, dar prioridad, negociar o pedir ayuda de una forma efectiva, el flujo continuo de pedidos de los demás no se regula ni se filtra de ningún modo. Por tanto, los intentos compulsivos —aunque enormemente vanos— de complacer a los demás solo consiguen aumentar el número y el peso de las exigencias ajenas. Bajo esta carga excesiva, queda comprometida su capacidad para responder y usted se ve sometido a un gran esfuerzo para satisfacerlas.

Los efectos psicológicos de ese esfuerzo son graves. En primer lugar, el intenso estrés producido por un exceso de demandas amenaza su salud física y emocional. Su autoestima cae a plomo mientras usted se siente incapaz de responder a las crecientes exigencias que han sido estimuladas por sus hábitos de complacer a los demás. Y aunque parezca increíble, su compulsión a dar prioridad a los otros permanece intacta.

## Conquistar el amor en un mundo peligroso

A la luz de semejantes costes físicos y psicológicos, ¿por qué esa idea central de que los demás deben tener prioridad está tan profundamente arraigada en su mente? Para responder a esta pregunta es preciso analizar lo que los psicólogos cognitivos denominan las «presunciones silenciosas» o los pensamientos latentes que sostienen el principio de que *los demás están siempre primero*.

Existe una amenaza oculta incorporada a la idea de que los demás tienen prioridad: si no antepones las necesidades ajenas a las propias, serás rechazado, considerado un egoísta, abandonado, censurado y castigado de una u otra forma. En un nivel más profundo, esta amenaza se deriva de la idea de que el mundo es esencialmente un lugar peligroso. Ese lugar, de acuerdo con sus presunciones silenciosas, está habitado por seres poderosos que pueden controlarlo, exigirle, rechazarlo, explotarlo y castigarlo. Usted debe servirlos y satisfacer sus necesidades en todo momento, aunque sea en detrimento de su propia persona. No cabe duda de que incluso el mero hecho de tener en cuenta sus propias necesidades antes de satisfacer las ajenas lo llena de culpa, ansiedad y miedos.

Uno de los mejores modos de descubrir dichos pensamientos y presunciones silenciosas es preguntarse qué sucedería si no se complaciera siempre a los demás. ¿Qué sucedería si no diera prioridad a los demás o si no se empeñara en contentarlos?

Si es usted como la mayoría de las personas complacientes, seguramente piensa que si no da prioridad a los demás lo considerarán un egoísta; cree que si fuera egoísta no sería merecedor de amor. Las egoístas que no merecen ser amadas suelen ser abandonadas y sumamente desgraciadas. De manera que las presunciones silenciosas que subyacen a este sistema de valores son:

1. El mundo no es un lugar seguro; si no satisfaces las necesidades ajenas, sufrirás consecuencias negativas.
2. Uno debe conquistar el amor y la atención de los otros mostrándose generoso y ocupándose de complacerlos.
3. Si eres generoso con los demás y consideras sus necesidades más importantes que las propias, no te considerarán un egoísta.
4. Las personas egoístas terminan siendo abandonadas y se sienten desdichadas.

Estas presunciones básicas promueven la supremacía y la primacía de los demás como un artículo de fe. En su visión del mundo como persona complaciente se supone que los demás y sus necesidades son por definición más importantes que usted mismo.

Pero ¿y si su visión del mundo fuera errónea? Suena exageradamente negativa, ¿no cree?

## CORRECCIÓN DE LA ACTITUD:
### Dar prioridad a los demás

A continuación exponemos algunas afirmaciones correctivas para la idea tóxica de que lo demás deben estar siempre primero. Recuerde que, si modifica, aunque sea un solo pensamiento, puede poner en movimiento todo el proceso de curación para su enfermedad de complacer a los demás.

♦ Si siempre antepone las necesidades ajenas a las propias y no se cuida a sí mismo, es muy probable que no sea capaz de cuidar a las personas que son más importantes para usted.

♦ Es completamente posible ocuparse de los demás *y* de sí mismo.

♦ Existe una gran diferencia entre ser egoísta y actuar según un esclarecedor interés por sí mismo.

♦ Usted no tiene obligación alguna de estar con personas que lo controlen, castiguen, rechacen y exploten. Tiene la posibilidad de elegir con quien relacionarse.

♦ Usted se convierte en esclavo de otras personas únicamente cuando es esclavo de sí mismo adoptando una conducta y unas convicciones que son autodestructivas, como es la tendencia a complacer a los demás.

♦ No siempre es mejor dar que recibir; el mejor equilibrio en las relaciones es dar *y simultáneamente* recibir.

♦ Sus propias necesidades, ideas y deseos son tan importantes como las de los demás. Y para usted pueden ser incluso más importantes.

♦ Si no consigue enseñar a las otras personas cuáles son sus necesidades y manifestarles que ellas también tienen la responsabilidad de satisfacerlas, estará rodeado de problemas y desengaños.

# CAPÍTULO 5

# Otras cosas importantes para usted además de preocuparse por los demás

SI ES USTED como la mayoría de las personas complacientes, tiene una relación peculiar con el tiempo. Nunca goza de tiempo suficiente para relajarse, divertirse, hacer cosas agradables o simplemente para dedicárselo a sí mismo. Por otra parte, su tiempo parece estirarse cuando se trata de cumplir con sus tareas —especialmente las destinadas a complacer a los demás.

Probablemente elabore listas enormes en las que toma nota de todas las cosas que no ha tenido tiempo de hacer al final del día. Rara vez reconoce sus méritos por todo lo que hace y se esfuerza incesantemente por hacer más cosas utilizando los imperativos «debería», «tengo que» y los modelos perfeccionistas mediante los que se valora a sí mismo.

De hecho, por ser una persona complaciente, su sentido de la identidad, su autoestima e incluso su merecido derecho a ser amado se derivan de todas las cosas que hace por los otros. En realidad, a menudo parece que usted *es* lo que *hace*.

## Haciéndolo todo usted mismo

Una de las consecuencias de que su autoestima dependa de lo que usted hace por los otros es su incapacidad para delegar tareas. El peligro de no hacerlo es que se instale en su vida personal y en su trabajo una tensión que terminará por debilitarlo. Si usted hace todo el trabajo sin solicitar ayuda ni apoyo, su tiempo y sus recursos inevitablemente llegarán a agotarse. Privado de reservas, usted se encontrará trabajando bajo una gran presión, esforzándose una y otra vez para compensar esa sensación de incapacidad que le está produciendo el estrés.

Por otra parte, el estrés tiene un efecto contagioso sobre quienes lo rodean, poniendo en peligro no solo su bienestar físico y emocional, sino también el de su familia, sus compañeros de trabajo, sus amigos y todos aquellos con quienes se relaciona. Además, el estrés puede tener una influencia tan negativa y distorsionante que puede convertir ese aspecto *amable* de su personalidad, que con tanto esmero cultiva, en una versión malhumorada y chillona —semejante a una pesadilla— de la persona complaciente que normalmente es.

Sus razones para no delegar tareas, particularmente en su trabajo, pueden ser muy complejas. En primer lugar, esa actitud le permite mantener un control total y riguroso de su trabajo y sus proyectos. También puede obtener la tentadora ventaja de asumir todo el mérito de un resultado exitoso. Pero recuerde que también puede ser el único culpable si un proyecto fracasa.

Usted puede racionalizar su negativa a delegar funciones argumentando que nadie haría el trabajo tan bien como lo hace usted. Y aunque esto pueda ser verdad, hacerse cargo de todo el trabajo tiene también grandes desventajas, especialmente en un contexto en el que sus colegas o subordinados desean colaborar con usted.

Al mantener un control tan rígido sobre el trabajo y no delegar ninguna responsabilidad, usted impide que los demás aprendan, desarrollen sus habilidades, progresen en sus profesiones y potencien su autoestima. Acaso le pille desprevenido el resentimiento y la falta de lealtad que su propia conducta puede causar en sus subordinados.

Ser incapaz de delegar funciones también puede condenarlo a centrarse en la microadministración de todos los detalles del trabajo. Y aunque usted se sienta seguro e incluso menos ansioso, corre el enorme riesgo de ser considerado por la junta directiva como un administrador y nunca como un líder.

Esta imagen perjudicial tiene el propósito de mantener el techo de cristal siempre encima de su cabeza. Aunque pueda ser muy duro admitirlo, existe la idea de que los microadministradores y todos aquellos que se ocupan de los detalles no piensan en términos estratégicos ni en función de una planificación futura, tal como hacen los líderes ejecutivos de las empresas que piensan y planifican estratégicamente mientras las «filas» (los administradores) ponen en práctica tácticamente las instrucciones de los ejecutivos. ¿A cuál de los grupos desea usted pertenecer?

En términos psicológicos, la capacidad y el esfuerzo son considerados como una compensación. Esto significa que una persona a la que se considera muy capaz, debe trabajar menos que alguien con una capacidad menor. Y a la inversa, cuando una persona de poca capacidad logra salir adelante, se piensa que ha tenido que hacer un esfuerzo extraordinario para lograrlo.

Ahora, por extrapolación, considere los posibles efectos negativos de ser un administrador de empresas de quien se piensa que debe trabajar más duramente y también más tiempo que cualquier otro empleado. Al revés de lo que pueda usted pensar, el impacto real en los observadores *es no tener en consideración la capacidad* de esa persona, pues consideran que *necesita* trabajar más que otros para compensar su falta de competencia. Desafortunadamente, esta tendencia es especialmente fuerte cuando la persona en cuestión es una mujer. Si usted pensaba que trabajar con empeño le garantizaba la fórmula del éxito y de la promoción, reflexione otra vez sobre este tema.

Existe aún otra ilusión creada por el empeño de hacerse cargo de todo el trabajo, debido a la cual muchos administradores de nivel medio y vicepresidentes se han quedado anonadados cuando sus puestos de trabajo fueron eliminados por una fusión o porque sus «funciones fueron subcontratadas a especialistas», para emplear un lenguaje corporativo contemporáneo. La ilusión es que usted se convierte en una persona indispensable en virtud de su dedicación al trabajo, consiguiendo de este modo nuevas promociones y una seguridad laboral. Sin embargo, esta es una idea completamente falsa y peligrosa.

En cualquier contexto laboral, permitir que una sola persona —incluidos los altos ejecutivos— se convierta en alguien indispensable es simplemente una mala gestión. De hecho, puede ser equivalente a generar una crisis y esperar que suceda, tal como muy dolorosamente aprendió Kay en el caso que exponemos a continuación.

*Kay trabaja como administradora de proyectos especiales para una pequeña pero próspera agencia de relaciones públicas. Su trabajo implica la planificación y coordinación de todos los eventos especiales para los clientes de la agencia.*

*Kay está absolutamente dedicada a su jefe, que la contrató hace diez años, cuando ella tenía 42 y hacía pocos meses que su marido había fallecido. «Mi jefe me ofreció una gran oportunidad cuando más la necesitaba», afirma Kay. «Cuando murió mi marido, yo no tenía ninguna necesidad de trabajar por dinero, pero el trabajo supuso para mí un objetivo y una forma de valorarme.»*

*Kay se niega a delegar ninguna función que considere «importante» aunque tiene dos ayudantes contratados a jornada completa. Ella considera que cualquier pequeño detalle del proyecto es de vital importancia para los resultados. Incapaz de ceder el control de ninguna parte de su trabajo, se ocupa de todo menos de los trabajos más mundanos o humildes, tal como enviar las invitaciones y cerrar los sobres o llevar los paquetes o despachar el correo.*

*«De este modo, no puedo culpar a nadie si algo importante sale mal», racionaliza Kay.*

*Pero los ayudantes sienten que ella los utiliza y les impide avanzar en su trabajo. Se quejan de que ella no les asigna ninguna tarea importante y recuerdan al jefe que fueron contratados para aprender todo lo relacionado con la producción de proyectos especiales, cuando en realidad son tratados como meros oficinistas, lacayos o mensajeros glorificados.*

*Generalmente, Kay suele ser una persona dulce que complace a los demás —excepto cuando está bajo un fuerte estrés. Antes de cada uno de esos eventos especiales que prepara es como una olla a presión para sí misma y para el resto de la plantilla.*

*En estos momentos trabaja todas las horas que sean necesarias, comprobando una y otra vez cada detalle. Todos los que trabajan con ella se contagian su tensión y a sus espaldas los demás empleados la llaman «el infierno sobre ruedas» o «Sibila» debido a la personalidad alterada que manifiesta cuando está estresada. Si algo va mal, grita a los vendedores, llora en su oficina, utiliza un lenguaje grosero, ladra órdenes e incluso culpa a los mismos empleados a quienes ha privado de responsabilidad e información. En cuatro ocasiones, los ayudantes se han marchado, y Kay se ha visto sometida a una mayor tensión a medida que la fecha del evento se aproximaba.*

*Una vez que ha pasado la presentación, Kay siente remordimientos por su «mal comportamiento», compra flores u otros regalos para sus colaboradores y les ruega que la comprendan y la disculpen, prometiendo que la próxima vez «estará más serena». Sin embargo, el ciclo no hace más que repetirse.*

*El presidente de la compañía jamás le llama la atención, por el contrario, se disculpa frente a los empleados en su nom-*

*bre debido a su inadecuada conducta, pero les recuerda que «nadie puede encargarse del trabajo como Kay».*

*Los eventos que prepara Kay son generalmente muy exitosos; los clientes la elogian y la prensa comercial e inmobiliaria escribe notables artículos sobre ellos. Debido a su habilidad para complacer a los clientes, su jefe se muestra muy tolerante frente a la actitud histriónica que manifiesta cuando está sometida a un gran estrés. Él considera que nadie puede reemplazarla y que merece la pena el continuo cambio de empleados y el impacto moral que produce su actitud.*

*No obstante, actualmente las cosas han ido demasiado lejos. Seis de los ayudantes que ha tenido Kay —antiguos y actuales— han demandado a la agencia alegando, entre otras cosas, discriminación y hostigamiento debido al «trato abusivo» de Kay y al «trato preferencial» que los jefes dirigen a Kay.*

*Ella se siente desgraciada, culpable y deprimida. Le han dado una baja indefinida para que se someta a un tratamiento con el fin de resolver su problema. Mientras ella está de baja, la agencia ha subcontratado la planificación de los eventos especiales a una empresa. Para su desesperación, su jefe ha descubierto ahora que quizá Kay no es indispensable.*

*Nadie lo es.*

## ¿Demuestra usted cuánto vale de acuerdo con la cantidad de cosas que hace?

¿Depende su identidad y su propia valoración de todas las cosas que hace para los demás? ¿Se considera indispensable? Para descubrirlo, responda el siguiente cuestionario:

## CUESTIONARIO:
### ¿Se valora a sí mismo según la cantidad de cosas que hace?

Lea las afirmaciones que se exponen a continuación y decida si pueden aplicarse a su caso. Si está de acuerdo con la afirmación, marque «V» (verdadero); si no está de acuerdo, marque la «F» (falso).

1. Creo que mi mérito depende de las cosas que hago por los demás.   V o F
2. Tengo que ofrecerme a los demás y hacer cosas por ellos con el fin de ser merecedor de su amor.   V o F
3. A menudo siento que no hago suficientes cosas.   V o F
4. Creo que tengo que probar lo que valgo a los demás haciendo cosas por ellos.   V o F
5. No valdría mucho como persona si no fuera capaz de complacer a los demás ni de hacer cosas por ellos.   V o F
6. Mi propia valoración se basa en la cantidad de cosas que puedo hacer por los otros.   V o F
7. Me consideraría malo o egoísta si no ofreciera todo mi tiempo a los que me rodean.   V o F
8. Creo que debo conquistar el amor de los demás complaciéndolos.   V o F
9. Estoy convencido de que los demás me cuestionarían como persona si no hiciera cosas por ellos.   V o F
10. Aunque me esfuerzo para hacer todo lo que puedo por complacer a los demás, a menudo siento que no lo consigo. V o F
11. Muy raramente delego tareas en los demás.   V o F
12. Aunque pienso que básicamente soy una buena persona, debo demostrar cada día lo que valgo haciendo cosas por los demás.   V o F

13. Creo que mis amigos me quieren por todo lo que hago por ellos.   V o F
14. Intento que el cansancio no me impida hacer cosas por los demás.   V o F
15. A veces siento resentimiento por las exigencias de los demás, pero jamás expresaría mis sentimientos negativos. V o F

## Cómo interpretar y valorar sus respuestas

Sume el número de veces que ha marcado la «V» para obtener su puntuación.

♦ *Si su puntuación es 8 o superior:* Su identidad y su autoestima dependen excesivamente de su capacidad de hacer cosas por los demás. Este esquema mental puede producir estrés y, por tanto, debilitarlo y poner en peligro su salud.

♦ *Si su puntuación está entre 4 y 7:* Usted se encuentra en una zona peligrosa en la que un impacto negativo sobre su autoestima puede conducirlo a hacer aún más cosas para los demás como forma de reconquistar lo que cree haber perdido. Tenga cuidado.

♦ *Si su puntuación es 3 o inferior:* Usted está consiguiendo no sobrestimar el hecho de ser indispensable para los demás. Este es un punto fuerte sobre el que apoyarse para su recuperación.

## Todo trabajo y nada de juegos

Cuando usted se atribuye méritos basándose en lo que hace por los demás, corre el riesgo de convertirse en una persona del tipo de «todo trabajo y nada de juegos». Su tiempo parece ampliarse para poder satisfacer los pedidos y necesidades ajenas, pero se encoge y desaparece cuando se trata de ocuparse de sí mismo.

> *Otorgarse un premio al compromiso y a la productividad genera una tendencia que atenta contra el valor de las actividades placenteras y la relajación.*

Usted puede sostener la idea autodestructiva de que divertirse, dormir una siesta, dar un paseo, son formas «de perder un tiempo valioso». Esta creencia es autodestructiva porque la relajación y la serenidad no son solo buenas para su salud y su bienestar general, sino también necesarias para mantener los niveles óptimos de productividad y la capacidad de realizar un trabajo de calidad.

No obstante, usted probablemente demora su relajación y posterga otras actividades placenteras hasta haber finalizado todas las tareas que usted se cree obligado a realizar. El problema con esta fórmula es que casi nunca termina de hacer lo que cree debe hacer para los demás. Por tanto, rara vez tiene tiempo para sí mismo.

También puede suceder que cuando encuentre un rato para sí mismo convierta las actividades que se supone deben relajarlo en obligaciones que lo someten a una fuerte tensión hasta que las cumple. El ejercicio físico es un buen ejemplo. ¿Acaso se ha convertido en una actividad más de las que incluye en las interminables listas que debe concluir para no sentirse culpable? En este caso, sacará usted poco beneficio de dichos ejercicios. Además de fortalecer los músculos y quemar grasas y calorías, también estará anulando el efecto relajante que tiene la actividad física —y que es una de sus ventajas más importantes—, superponiéndole la idea de obligación, presión y culpa.

No cabe duda de que es usted más duro consigo mismo de lo que jamás sería con otra persona. La mayoría de las personas complacientes rara vez se sienten satisfechas con lo que han hecho durante el día. Usted puede renunciar a darse una palmada en la espalda, felicitarse por haber cumplido su compromiso o sentirse alegre y satisfecho debido a que teme ser complaciente consigo mismo. Sin la «marca» del descontento, teme que su rendimiento sea inferior al listón tan alto que se ha impuesto.

Es probable que piense que ser «duro» consigo mismo, negarse el placer y la relajación, lo mostrarán como una persona meritoria ante los ojos de los demás. Lo más probable es que los demás lo consideren una persona desgraciada y acaso también amargada.

Una de las formas en las que puede ser duro consigo mismo es no escuchar las señales internas de su cuerpo que le indican que es hora de detenerse y de descansar. En tanto su actitud complaciente lo empuja a ser atento y ocuparse de los demás cuando sufren jaquecas u otros dolores, agotamiento o cualquier otro síntoma físico, tiende a ignorar estos mensajes cuando provienen de su propio cuerpo, que tiene la sabiduría de comunicárselos.

Y si es usted el que sufre esos síntomas, probablemente intente ocultarlos, pues los considera como una incapacidad o una limitación que le impiden seguir siendo complaciente con los demás. De hecho, muchas personas complacientes se deprimen cuando una enfermedad llega a incapacitarlos, aunque sea durante unos pocos días.

Cuando su mérito personal está asociado a lo que hace por los demás, enfermarse y necesitar que lo cuiden puede hacerle sentir carente de valor, inútil, culpable e incluso una carga para los demás. Estos pensamientos negativos y autodestructivos solo complican más su enfermedad y retrasan su recuperación.

## La trampa de leer la mente

Quizá se sienta usted resentido y decepcionado porque las personas que lo rodean no parecen ser capaces de ocuparse de usted del mismo modo que usted se ocupa de ellos —o al menos tan bien como usted cree hacerlo. Si experimenta esos sentimientos, es más que probable que insista en defender esa regla obstinada y autodestructiva que lo impulsa a no comunicar a los demás sus necesidades ni enseñarles a que se ocupen de usted. Ellos simplemente deberían saber hacerlo.

*Marcia y Pedro están casados desde hace tres años. Ella está orgullosa de sus constantes esfuerzos por complacer a su marido, pero empieza a sentirse molesta porque Pedro no se ocupa de sus necesidades y deseos, aunque ella jamás los verbaliza. En verdad, Marcia ha convertido esta situación en una prueba del amor de Pedro.*

*«Me ocupo de prepararle la cena pensando qué es lo que más le gusta. Le doy masajes en la espalda por las noches. Los domingos por la mañana le llevo el desayuno a la cama con el periódico», se jacta Marcia. «Pero, por favor, no interprete mal mis palabras, me encanta ocuparme de él; ¡me hace sentir tan feliz como él o aún más!»*

*Unos pocos meses después de la boda, Marcia advirtió que Pedro no se ocupaba de sus deseos y comenzó a sentirse deprimida y desilusionada. También se sentía culpable por tener necesidades que su marido no podía satisfacer. Como consecuencia se aferró a la idea equivocada y autodestructiva de que si los cónyuges realmente deseaban complacerse mutuamente, no era necesario que ninguno de ellos tuviera que expresarle al otro lo que deseaba o necesitaba.*

*Por ejemplo, Marcia estaba disgustada porque Pedro parecía interpretar cualquier muestra de afecto de su parte como una invitación al sexo.*

*«A veces solo deseo abrazarlo y mostrarme cariñosa con él», explicaba Marcia. «Pero Pedro piensa que si me muestro afectuosa es porque quiero hacer el amor con él. Eso sucede en algunas ocasiones, pero en otras muchas no tengo ningún*

*interés en hacer el amor. Creo que él debería ser capaz de distinguirlo sin tener que explicárselo.»*

*Marcia se oponía a hablar con su marido sobre el tema del sexo y el afecto.*

*«No entiendo por qué debo comunicarle lo que quiero y lo que no quiero. ¿Por qué no intenta descubrirlo tal como lo hago yo? Si realmente estuviera atento a mis necesidades, sabría qué es lo que quiero y me lo ofrecería», manifiesta Marcia con enfado.*

*Marcia y Pedro acudieron a la terapia porque ella se sumió en una depresión y se mostraba constantemente malhumorada. Al principio, incluso durante la terapia, Marcia se mostraba contraria a comunicarle lo que sentía. Mantenía en su fantasía que «un matrimonio perfecto» se basa en que no sea necesario que ambas partes se comuniquen mutuamente las propias necesidades porque ambas partes «deberían conocerlas».*

*Sin embargo, una vez que comenzaron a hablar abiertamente sobre su relación, Marcia descubrió que a Pedro no le gustaban algunas de las cosas que ella hacía para complacerlo.*

*«No pretendía herir sus sentimientos diciéndole que no me gustaba alguna comida que ella había preparado o cualquier otra cosa que hiciera por mí», explicó Pedro. «Sé que ella se jacta de "conocerme" y de ser naturalmente generosa para ofrecerme lo que cree que yo deseo, y aunque es muy amable conmigo, no siempre acierta.»*

En el transcurso de la terapia Marcia y Pedro aprendieron que, aun en las mejores relaciones, los cónyuges se enseñan mutuamente la mejor forma de dar y recibir amor. La comunicación, y no la telepatía, es la clave de un matrimonio feliz.

Asumiendo la posición poco realista y poco razonable de que si Pedro la amaba tenía que ser capaz de leer su mente, Marcia se estaba encerrando en una trampa psicológica en la que ambos estaban a punto de quedar atrapados. Cada vez que Marcia insistía en una regla implícita que imponía que su marido supiera lo que ella necesitaba en cualquier situación, tenía la justificación —aunque era equivocada— para enfadarse con él cuando no satisfacía sus expectativas.

Marcia y Pedro tienen ahora una relación mucho más satisfactoria, porque ambos se expresan sus necesidades y se sienten más capaces de satisfacerse y hacerse felices.

### CORRECCIÓN DE LA ACTITUD:
### Hay otras cosas más importantes para usted que la cantidad de cosas que hace

Considerar que es usted indispensable y que su identidad y autoestima dependen de la cantidad de cosas que hace por los demás no hará más que dejarlo fijado a su actitud complaciente. Debe permitirse delegar funciones y hacerlo de una forma efectiva. Al hacerlo y al preguntarse qué es lo que necesita y lo que desea sin temer la desaprobación o el castigo, abrirá usted la puerta de salida para el síndrome de complacer a los demás y comenzará a conquistar el control de su vida.

A continuación enumeramos algunas acciones correctivas para modificar la idea tóxica de que usted es lo que hace:

♦ Es más importante para usted delegar funciones que mantener el control total o recibir todo el mérito (o la culpa) por todo lo que hace.

♦ Al no delegar funciones, solicitar ayuda ni decir «no», se condena al estrés y a sentirse agobiado por las presión de sus obligaciones.

♦ La calidad de sus compromisos y de todo lo que hace por los demás mejorará sustancialmente si tiene tiempo para jugar, divertirse, relajarse y dedicarse a algunas actividades placenteras.

# CAPÍTULO 6

# Las personas amables *pueden* decir «no»

Nos enfrentamos a una paradoja: las personas complacientes nunca tienen el tiempo suficiente para hacer todas las cosas que tienen que hacer ni para poder ocuparse de sí mismas. Sin embargo, nunca dicen «no» cuando se les pide hacer aún otra cosa más por alguien que las necesite.

Responda a este cuestionario para averiguar hasta qué punto esta descripción se puede aplicar a su caso.

## CUESTIONARIO:
### ¿Puede usted decir que no?

Lea cada una de las afirmaciones y analice si se pueden aplicar a su forma de pensar. Si la afirmación es verdadera o casi verdadera, marque con un círculo la «V» (verdadera); si es falsa o prácticamente falsa, señale la «F».

1. Realmente no puedo tomarme el tiempo necesario para relajarme hasta que no termine todas las cosas que tengo que hacer.   V o F
2. Me es muy difícil decir que no a un pedido de un amigo, de un miembro de mi familia o de un compañero de trabajo.   V o F

3. Mi sentido de identidad está basado en aquello que hago por los otros.   V o F
4. Muy rara vez digo «no» a cualquiera que necesite mi ayuda o que quiera que le haga un favor. V o F
5. En el día a día, muy rara vez me siento realmente satisfecho con la cantidad de cosas que he podido hacer.   V o F
6. Muy a menudo me siento tan exhausto de cuidar y ocuparme de los otros que no tengo energía como para poder disfrutar de mi vida.   V o F
7. Me sentiría culpable si me tomara un tiempo para relajarme o, sencillamente, para hacer algo placentero para mí. V o F
8. Creo que nadie se preocuparía de verdad por mí si yo dejara de hacer todas las cosas que hago por los otros.   V o F
9. Casi nunca le pido a nadie que haga cosas por mí.   V o F
10. A menudo digo «sí» cuando querría decir «no» a muchas solicitudes o demandas de los otros. V o F

## Cómo puntuar e interpretar sus respuestas

Para obtener su puntuación sume la cantidad total de preguntas a las que respondió «V».

♦ *Si su puntuación está entre 7 y 10:* Usted establece como prioridad complacer a los otros en vez de ocuparse de sí mismo. Sencillamente, no dice «no».

♦ *Si su puntuación está entre 4 y 6:* Está usted en un punto en el que deberá tener mucho cuidado para no dar un paso en falso que lo lleve a resbalar por la pendiente de ser «amable» continuamente. No dice «no» con la frecuencia que desearía.

♦ *Si su puntuación es 3 o menos:* Ya se ha dado cuenta de algunas de las formas para poner remedio a su hábito y se está convirtiendo en una persona complaciente recuperada. No pierda su determinación para seguir diciendo «no» y mantenga un adecuado equilibrio entre sus propias necesidades y las de los demás.

## Decir que no... ¿Es como hablar en otro idioma?

Si bien la palabra *amable* suele ser una descripción adecuada de las personas demasiado complacientes, la palabra «no» no suele aparecer en su vocabulario.

Si usted es una persona complaciente, es casi seguro que tendrá dificultades para poder decir «no» a cualquier solicitud, deseo expreso, invitación o demanda —implícita o explícita— de casi todo el mundo.

Decir «no» probablemente lo haga sentirse culpable o egoísta ya que usted equipara este decir «no» a desilusionar o fallarle a los demás. Después de años de decir siempre «sí», les ha enseñado a esperar que usted siempre cumpla con ellos. Es posible que ahora sienta que decir «sí» es la única elección que tiene.

La sola idea o la posibilidad de decir «no» puede ser suficiente para que se sienta incómodo, tenso y ansioso. De esta manera, cada vez que usted dice «sí» solo porque se ha dejado vencer por el miedo, logra un breve alivio de la ansiedad que a largo plazo reforzará su hábito de decir «sí». Con el tiempo, el costo de cada uno de estos «sí» será cada vez mayor.

*Tal como le sucede a la mayoría de las personas complacientes, es muy probable que su aversión a decir «no» esté basada en la creencia de que, si lo hiciera, atraería sobre sí mismo respuestas negativas y los demás se enfadarían con usted. De esta manera, usted mismo le ha dado un poder tan extraordinario a la palabra «no» que ha llegado a sentir miedo de utilizarla.*

Si usted siempre dice «sí», especialmente cuando quiere decir «no», a la larga se encontrará pasando por la vida sin disfrutar de ella, dejando que los demás puedan controlar su vida y sus recursos. De hecho, su continuo decir «sí» lo convertirá en un esclavo de la voluntad y los deseos de los demás.

## ¿Por qué se siente tan ansioso y culpable al decir «no»?

Su conducta de evitar siempre decir «no» puede estar ligada a una autoestima que usted cree potenciar cada vez que hace algo por alguien. En este sentido, cada vez que usted dice «no» a una solicitud formulada por otra persona, también se está negando a sí mismo la posibilidad de sumar otro tanto a su favor en la cuenta de todo lo que ha hecho por los otros. Dado que su autoestima parece depender de las cosas que usted haga por otras personas, usted se muestra reacio a desaprovechar toda oportunidad que se presente para ir sumando puntos en su cuenta personal debido a todas las cosas que hace para los demás.

Si bien todo esto es comprensible, el dilema al cual se enfrenta toda persona complaciente es que, a pesar de su impresionante habilidad para cumplir con las expectativas de casi todo el mundo, llegará el momento en que su energía se agotará. Una vez que como resultado de sus buenas intenciones y sus deseos de complacer a todo el mundo sienta que está agotado, se enfrentará a un momento crucial en el que ya no podrá hacer aquello en lo que usted ha basado su propia autoestima, es decir, satisfacer las demandas de los demás.

*La única manera de evitar llegar a este punto sin retorno y poder preservar su capacidad para decir «sí» a aquellas personas que más le importan es aprender a decir «no» de forma convincente y efectiva a algunas personas en determinadas ocasiones. De hecho, aprender a decir «no» es necesario e imperativo en el proceso de curarse del síndrome de complacer a los demás.*

Decir «no» lo llevará a plantearse nuevamente el origen de su autoestima. Como persona complaciente, usted se ha enseñado a sentirse bien consigo mismo *debido a* todas las cosas que hace por los otros, a pesar de haber perdido el control de su precioso tiempo y su aún más preciosa energía.

Una vez que se convierta en una persona complaciente recuperada, tendrá que aprender a sentirse bien *debido* a que ha podido recuperar el control de su propia vida. Este control se recupera en cierta medida gracias a su nueva capacidad de hacer elecciones deliberadas y conscientes relacionadas con lo que hará y lo que no hará, a pesar de que necesariamente tendrá que decir «no» alguna vez.

Pero… ¿por qué se siente tan culpable, tan incómodo y tan ansioso al decir «no»? Probablemente, usted no se ha dado cuenta de que todos estos años de reprimir continuamente sus ganas de decir «no» le han generado una frustración continua. Si a esta frustración se le brinda la oportunidad de salir al exterior, es muy probable que haga erupción y se manifieste como ataques de ira.

Por eso, no es nada extraño que la sola posibilidad de levantar la prohibición de decir «no» lo llene de ansiedad. Su miedo tiene más que ver con su propio resentimiento largamente reprimido y con la forma iracunda y probablemente ofensiva que podría adoptar su «no» si usted llegara a pronunciarlo —o lo dijera chillando «¡¡¡NO!!!»— que con el mero uso de la palabra.

Ser capaz de decir «no» es poder establecer sus propios límites. Considere la analogía de alguien que violara su espacio físico parándose sobre sus propios pies.

Si su respuesta es inmediata, probablemente será capaz de mantener la calma y la compostura e informar a la otra persona de que lo está pisando. Sin embargo, en un intento bien intencionado, aunque equivocado, de hacer el bien y no lastimar los sentimientos de la otra persona, usted elige permanecer quieto y callado. Si no le dice a la persona que invade su espacio que lo está pisando, esta lo seguirá haciendo y, al cabo de un momento, usted alcanzará un umbral de dolor en el que no le será posible seguir siendo educado. Cuanto más intente ser amable y respetuoso con la otra persona permitiéndole que siga pisándolo, más presión estará poniendo sobre su autocontrol.

Como consecuencia, cuando llegue el momento de decir «No soporto más», es más que probable que su voz esté llena de ira. Incluso acaso llegue a empujar a la otra persona para quitársela de encima e informarle a gritos de que le está infligiendo un dolor ridículo, grosero y descomedido a sus pobres pies.

Si lo analizamos de forma retrospectiva, resulta obvio que podría haber cuidado al mismo tiempo los sentimientos de la otra persona y sus propios pies si hubiera establecido claramente sus límites tan pronto como advirtió que los estaban violando.

Dado que usted es una persona complaciente, espera demasiado tiempo para decir «no» a casi todo el mundo. Sus pies están llenos de moretones producidos por la constante invasión de su territorio. Como ha estado evitando decir «no» y no ha establecido unos límites firmes y claros en lo que respecta a su tiempo y a su energía, ahora es posible que se encuentre peligrosamente cerca del límite de su propia paciencia y autocontrol.

Pero la solución no está en hacer acopio de futuras oportunidades para decir «no». Tal y como ilustra la analogía de los pies, cuanto más tiempo tarde en decir «no», mayor será el riesgo de seguir acumulando resentimiento y frustración.

> *Una vez que sencillamente se haya otorgado el permiso de decir «no» —solo a algunas personas y solo algunas veces— habrá dado el paso más importante en el camino a la curación de su síndrome de complacer a los otros.*

## Corrección de la actitud:
### Las personas amables *pueden* decir «no»

Al darse permiso para decir «no» se estará quitando un enorme peso de sus hombros. Recuerde estos pensamientos correctivos la próxima vez que comience a decir «sí» cuando quiere decir «no».

♦ Usted necesita decir «no» a *algunas* personas *algunas* veces para poder preservar su capacidad de ocuparse de aquellas personas realmente importantes en su vida.

♦ Usted necesita tratarse a sí mismo tan bien como trata a las otras personas.

♦ Decir «sí» cuando realmente quiere decir «no», ya sea para proteger sus emociones, su salud física o su bienestar general, lo hará sentirse culpable. Nunca funciona en el sentido contrario.

♦ Su valor como ser humano *no* depende de las cosas que usted haga por los otros. Decir «no» a algunas personas en algunas ocasiones de ninguna manera disminuirá su valor a los ojos de esas personas; por el contrario, muy probablemente lo aumente.

# SEGUNDA PARTE
## *Hábitos de las personas complacientes*

Cuando pase usted esta página, también habrá pasado el primer recodo del triángulo de la enfermedad de complacer a los demás, al desplazarse de los esquemas mentales de las personas complacientes a los hábitos destinados a complacer a los demás. De este lado del triángulo analizaremos la conducta que constituye el síndrome de la enfermedad de complacer a los demás.

Realmente, la palabra *hábito* es un eufemismo para describir el ciclo de comportamiento compulsivo en el cual usted se encuentra atrapado. Para decirlo más exactamente, los hábitos destinados a complacer a los demás han alcanzado el nivel de una adicción. La «dosis» o recompensa que supone su adicción tiene dos vertientes.

En primer lugar, se ha «enganchado» usted a la conducta de complacer a los demás con el fin de ganar la aprobación de personas que para usted son importantes, pero también de todo aquel que esté dispuesto a ofrecérsela. En segundo lugar, también se ha «enganchado» porque ha «aprendido» a creer que sus conductas complacientes evitarán la desaprobación de los demás.

De hecho, no se trata realmente de obtener la aprobación, sino de evitar la desaprobación. Esto hace que las personas complacientes pasen de tener hábitos compulsivos a desarrollar una verdadera adicción. Cuando el móvil de una conducta habitual es evitar que ocurra algo doloroso o negativo (tal como la desaprobación) más que el deseo de obtener algo positivo o gratificante (como la aprobación), el hábito compulsivo se transforma en una adicción. Hablando en términos de conducta, el síndrome de complacer a los demás implica asumir demasiadas tareas y dispersar los propios recursos, que son finitos, por la incapacidad de decir «no» y de delegar efectivamente sus tareas. Como resultado de estos hábitos, el círculo de personas que usted intenta complacer —o mejor, que usted evita disgustar— se amplía cada vez más hasta que se convierte en algo agobiante y muy estresante.

Sus dosis de aprobación se manifiestan de diversas formas: aprecio, elogio, aceptación, amor. La desaprobación que intenta evitar también se expresa de varias maneras: rechazo, abandono, crítica, falta de amor y de afecto.

Como muchas otras adicciones, los hábitos de complacer a los demás se recompensan de forma aleatoria y ocasional, y nunca de una forma continua. Igual que el jugador se «engancha» a una máquina por el premio periódico y azaroso que le ofrece, usted es un adicto al elogio y a la falta de críticas o de rechazo que recibe por algunos de sus esfuerzos por complacer a los demás —aunque no por todos—. Por este motivo, usted se siente compelido a agradar a un número creciente de personas aceptando cada vez más pedidos con el fin de aumentar la frecuencia de sus recompensas. Igual que el jugador llega a perder más dinero del que gana, usted se agota y se vacía por los esfuerzos que realiza para que todo el mundo lo acepte y lo quiera.

Esta intensa necesidad de aprobación lo hacen renunciar al control y al poder sobre su propio tiempo y energía, y entregarlos a las personas con quienes mantiene relaciones más íntimas. La necesidad de aprobación proviene de su infancia, en la que aprendió el significado de los elogios que ahora ansía y el de las críticas, la desaprobación y el rechazo que ha aprendido a evitar mediante sus hábitos de complacer a los demás. Quizá en aquella época haya sido útil y beneficioso aprender una conducta destinada a agradar a los adultos poderosos e importantes de su vida. Pero, igual que los esquemas mentales de las personas complacientes, de los que nos ocupamos en la sección anterior, buscar la aprobación y evitar la desaprobación de un modo compulsivo ya no es efectivo cuando usted es un adulto.

Usted quizá sigue «enganchado» a un pedido frustrado de aprobación a sus padres. Pero ahora su necesidad de amor y de aceptación puede convertirlo en una presa fácil para la dolorosa montaña rusa de la adicción romántica. Más aún, su enfermedad de complacer a los demás puede convertirlo en el cómplice involuntario de un compañero o compañera hostil. Los capítulos que siguen le ayudarán a reconocer que sus hábitos destinados a complacer a los demás en realidad perpetúan y recompensan el maltrato y el abuso a que lo somete su pareja.

Por otro lado, también es posible que utilice usted dichos hábitos como una forma de manipulación benevolente para evitar el mayor de sus miedos: que su pareja lo abandone. De este modo, dichos hábitos lo obligan a satisfacer cualquier necesidad de su pareja para demostrar que es usted esencial en su existencia. Usted razona equivocadamente que, si es indispensable, nunca lo abandonarán. Desgraciadamente, esta fórmula a menudo fracasa.

Igual que en la sección anterior, cada capítulo concluye con una corrección de la conducta en la que se indican unos pasos concretos destinados a eliminar el ciclo adictivo de la enfermedad de complacer. Recuerde que el poder del triángulo es el impacto que tiene simplemente un cambio —un pequeño paso— en cualquiera de sus lados para desencadenar una reacción en cadena que lo conducirá a su recuperación.

# CAPÍTULO 7

# Aprendiendo a complacer a los demás: La adicción a la aprobación

*M*ARILYN *no puede recordar exactamente cuándo comenzó su conducta complaciente. Más precisamente, no puede recordar ningún momento de su vida en el que no se haya comportado así.*

*«He sido así toda mi vida», nos explica Marilyn. «Creo que lo aprendí de mi madre. Ella me metió en la cabeza que las "buenas chicas" siempre se preocupan por los demás. De hecho, la forma en que mi madre me pedía que hiciera algo era: "Cariño, sé una buena chica y... (un favor o un recado)", o: "Querida, sé buena y... (otro favor u otro recado)".»*

*Sin embargo, la relación de Marilyn con su padre era aún más difícil. Solía criticarla mucho, tanto en relación con su aspecto como con su comportamiento, especialmente durante el periodo en que su hija se estaba aproximando a la adolescencia. Su padre tenía un temperamento bastante explosivo, y Marilyn aprendió a no desafiar su autoridad de ninguna manera. Marilyn recuerda que solía esquivar la ira de su padre tratando de que no se notara demasiado su presencia y, según expresa, «me anticipaba a sus deseos y le hacía cuantos favores me pedía».*

*Así, en el seno de su familia, Marilyn aprendió a refinar sus habilidades de persona complaciente, ya que, por un lado, le proveían una protección para las iras y las críticas de su padre y, por otro, lograba conseguir su aprobación condicional.*

*Tal como sucede con muchas mujeres, Marilyn aprendió su conducta complaciente en su más tierna infancia. Dado que amaba a su madre y se identificaba con ella, Marilyn se sentía bien emulando sus actitudes y adoptando el comportamiento de la madre como un modelo. Además, le habían enseñado directa y especialmente que, si era «agradable» y complacía a los demás, ganaría el amor de su madre y, de tanto en tanto, la aprobación de su padre.*

Casi todos nosotros disfrutamos cuando tenemos la aprobación de aquellas personas que son importantes en nuestra vida. Pero, para las personas complacientes, ganar la aprobación o evitar la desaprobación de los otros se convierten en una prioridad en su vida.

De hecho, si usted sufre la enfermedad de complacer, evitar la desaprobación de los otros es una meta aún más importante que lograr su aprobación.

## ¿Está usted «enganchado» a la aprobación?

No es ninguna exageración decir que la mayoría de las personas complacientes son adictas a obtener aprobación y a evitar la desaprobación. ¿Es usted una de ellas?

Responda a este cuestionario y averigüe cuántos de los problemas que sufre como persona complaciente derivan de estos hábitos compulsivos.

## CUESTIONARIO: ¿Está usted «enganchado» a la aprobación?

Lea cuidadosamente cada una de las afirmaciones siguientes y responda «V» si la afirmación le resulta verdadera o prácticamente verdadera, o responda «F» si la afirmación le resulta falsa o prácticamente falsa.

1.  Si alguien me desaprueba, siento que no valgo mucho. V o F

2.  Es extremadamente importante gustarle a casi todas las personas de mi vida.   V o F

3.  Siempre he necesitado la aprobación de los otros.   V o F

4.  Cuando alguien me critica, suelo disgustarme mucho. V o F

5.  Creo que necesito de la aprobación de los otros en mayor grado que otras personas.   V o F

6.  Necesito la aprobación de los demás para sentirme realmente valioso.   V o F

7.  Mi autoestima parece depender en gran medida de lo que los otros piensen de mí.   V o F

8.  Me molesta mucho cuando me entero de que no le caigo bien a alguna persona.   V o F

9.  Las otras personas tienen un gran control sobre mis sentimientos.   V o F

10.  Quiero caerle bien a todo el mundo.   V o F

11.  Necesito la aprobación de los demás para sentirme feliz. V o F

12.  Si tuviera que elegir entre ganar la aprobación de los otros y ganar su respeto, elegiría ganar su aprobación.   V o F

13.  Parece que necesitara la aprobación de todo el mundo antes de poder tomar una decisión.   V o F

14.  Me siento muy motivado por los elogios y la aprobación que obtengo de los otros.   V o F

15.  Siempre estoy muy preocupado por lo que los otros puedan pensar de mí en casi todas las áreas de mi vida.   V o F

16.  Me pongo muy a la defensiva cuando las críticas están dirigidas a mí.   V o F

17. Necesito gustarle absolutamente a todo el mundo, aunque realmente a mí no me gusten todas las personas.　V o F
18. Haría prácticamente cualquier cosa para evitar la desaprobación de aquellos que me importan.　V o F
19. Solo hace falta que alguien me critique o me desapruebe cuando estamos con otras personas para que me sienta mal, aunque el resto del grupo me esté elogiando.　V o F
20. Necesito la aprobación de los otros para sentirme amado. V o F

## Cómo evaluar e interpretar sus respuestas

Primero, obtenga el número total de veces que ha contestado Verdadero. A continuación podrá leer la interpretación de su puntuación:

♦ *Si su puntuación está entre 15 y 20:* Usted es adicto a la aprobación de los otros y a la evitación de su desaprobación. Dado que usted necesita la aprobación de todo el mundo, esta necesidad jamás puede ser satisfecha. Su adicción a la aprobación es la causa principal de su enfermedad de complacer a los demás y necesita hacer esfuerzos inmediatos para cambiar.

♦ *Si su puntuación está entre 10 y 14:* Quizá usted no sea aún un adicto a la aprobación, pero ciertamente se preocupa demasiado de lo que los otros piensen de usted. Su deseo de que lo aprueben —que fácilmente podría derivar en una adicción— es un problema al que debe prestarle una atención inmediata, ya que este deseo juega un papel muy importante en sus modelos de conducta de persona complaciente.

♦ *Si su puntuación está entre 5 y 9:* Su necesidad de aprobación es moderada y no es adictiva… por ahora. Sin embargo, aun

estando en este nivel, sus deseos de aprobación y su preocupación por lo que los otros puedan pensar de usted lo
están predisponiendo a sufrir los mismos problemas de una
persona complaciente. Si bien su necesidad de aprobación
no es tan importante como las otras causas que determinan
su enfermedad de complacer, debería prestar atención a este
punto.

◆ *Si su puntuación es 4 o menos:* Sus necesidades de aprobación
son inusualmente bajas para alguien que presenta los problemas de las personas complacientes. Revise sus respuestas
y asegúrese de que ha respondido a todas las preguntas cuidadosamente y con sinceridad. Recuerde que la negación es
un enemigo de la conciencia.

Además de interpretar su puntuación, es muy útil que observe
sus respuestas a ciertos temas en particular. Su puntuación total
marca sus tendencias generales en relación con el tema de necesitar
la aprobación de los otros o de ser demasiado sensible respecto a
su desaprobación o crítica. Pero sus respuestas a los temas individuales pueden ser altamente significativas y reveladoras. Vuelva a
leer las afirmaciones. Preste particular atención a aquellas que más
se aproximen a su propia forma de pensar.

## La delgada capa de hielo de la adicción a la aprobación

No hay nada de malo ni nada patológico en darle valor a la
aprobación de las otras personas, especialmente a la de aquellas a
las que usted ama o respeta. Querer que los otros nos aprecien es
un deseo perfectamente natural. Pero, si su preferencia por la aprobación o por el cariño de los otros se convierte en algo obligatorio
en su vida o si las consecuencias de la desaprobación se vuelven
monumentales y catastróficas, esto significa que usted se ha metido

en un terreno psicológico muy peligroso y que se encuentra caminando sobre una delgada capa de hielo.

Tal como lo ilustran las distintas afirmaciones del cuestionario, si usted es un adicto a la aprobación, es porque cree que tanto la aprobación como el aprecio de los otros es algo absolutamente esencial para su bienestar emocional. No se trata sencillamente de que usted *quiera* caerle bien a los demás, sino de que usted lo *necesita* imperiosamente. Para usted, la aprobación no es algo meramente deseable… es *imperativo* conseguirla, es algo tan imprescindible como el oxígeno que respira.

Como cualquier otro adicto, usted consume toda la aprobación o el afecto que obtenga. En su economía psicológica no existe ningún banco donde pueda guardar algo de aprobación o afecto. No importa cuánta aprobación o aprecio haya despertado hoy en los demás, sencillamente no le durará. Mañana volverá a sentir la necesidad acuciante de procurarse más. Como ayer consiguió el aprecio de otras personas, su inseguridad —aumentada por esta adicción— hace que sea imperativo que hoy también se gane su aprobación y estima.

Las críticas pueden resultarle particularmente devastadoras debido al exagerado significado que usted mismo les otorga. Para los adictos a la aprobación, las críticas tienen *siempre* un alto contenido personal. Esto sucede porque las personas complacientes, como grupo, y los adictos a la aprobación, en particular, no pueden distinguir con claridad lo que *son* de lo que *hacen*; no pueden discriminar su esencia como personas de su comportamiento.

Si usted es un adicto a la aprobación, cada vez que se critican sus acciones o sus decisiones laborales responde emocionalmente como si lo que estuviese en entredicho fuese su valor como ser humano, como si se menospreciase su persona. No es de extrañar entonces que cada vez que alguien le hace una crítica se ponga usted a la defensiva o se muestre desolado.

Dado que la aprobación es esencial para que un adicto se sienta feliz y valioso, la desaprobación debe ser evitada a cualquier precio. Para la mayoría de los adictos evitarla es una motivación primordial en sus vidas, ya que, por norma general, la desaprobación ocurre con mayor frecuencia que la aprobación y el aprecio.

Si usted lo piensa detenidamente, verá que en la vida cotidiana nadie recibe indicios de aprobación y aceptación constantemente. Las manifestaciones de aprobación y aprecio tienen sus altibajos, incluso cuando nos estamos refiriendo a personas muy populares y queridas.

Probablemente, la mayor parte del tiempo nuestras interacciones sociales son sencillamente neutras o educadas. Las expresiones explícitas de aprobación o aprecio no son muy usuales, y en general suelen darse por sentadas. Cuando alguien necesita que le expresen explícita y constantemente la aprobación o el aprecio, suele ser catalogado como alguien «inseguro», «pesado», o se le adjudican calificativos aún peores.

*Nadie obtiene la aprobación continua de todo el mundo. La aprobación es tan adictiva precisamente porque está disponible solo en algunos momentos.*

## Comportamiento innato frente a hábitos aprendidos

Para poder desarrollar una estrategia efectiva que le permita cambiar sus propios hábitos de persona complaciente, es necesario que comprenda los mecanismos básicos que controlan nuestro comportamiento.

Hablando en términos generales, el comportamiento humano se puede dividir en dos categorías básicas.

La primera es la del comportamiento innato, que está marcado en nuestro «circuito impreso», es decir, que está dado por nuestro código biológico y genético; código con el que ya nacemos. Cuando el desarrollo de una persona es normal, este comportamiento innato emerge en todos nosotros sin que nadie lo llame ni lo eduque. Por ejemplo, los bebés se girarán sobre sí mismos, se sentarán, gatearán y finalmente se pondrán de pie sin que nadie les enseñe cómo o cuándo hacerlo. O sea, que el comportamiento innato no requiere aprendizaje.

La segunda categoría del comportamiento está formada por aquello que es aprendido o adquirido. El síndrome de complacer a los demás es un comportamiento adquirido que se desarrolla a través de un proceso en el cual las otras personas juegan un papel preponderante, ya sea como modelo de roles a quienes se trata de imitar y como proveedores de recompensas o premios importantes.

*Nadie nace con el síndrome de las personas complacientes. Esto es algo de suma importancia, porque dado que los hábitos de complacer a los demás son un comportamiento aprendido, este puede ser «desaprendido». Podríamos ser más exactos y decir que la conducta puede ser re-aprendida de una forma más efectiva y con un menor coste emocional y físico.*

## Cómo aprenden las personas complacientes

La primera forma, o la más básica, de aprendizaje sucede a través de los *modelos de roles*. Esta forma consiste en copiar o imitar lo que las personas significativas en nuestro entorno hacen o dicen. Como la mayoría de las personas que padecen la enfermedad de complacer a los demás, probablemente se haya fijado usted en sus padres —o acaso en solo uno de ellos— como modelo a imitar; ellos representan el modelo del cual usted aprendió sus hábitos de persona complaciente. Es muy importante que se dé cuenta y que reconozca que sus propios hijos pueden estar aprendiendo los hábitos comunes a todas las personas complacientes a través de usted.

El segundo proceso de aprendizaje transmite la conducta a aprender, ya sea otorgando premios o recompensas, o bien evitando o interrumpiendo algo desagradable o doloroso. Cuando una recompensa, un premio o un comentario elogioso tienen lugar inmediatamente después de producirse una determinada conducta, existen muchas posibilidades de que esa conducta se repita en el futuro. La mayoría de nosotros estamos muy familiarizados con el concepto de aprender a través de premios o recompensas. Instintivamente elogiamos a nuestros hijos o premiamos a nuestras mascotas cuando actúan de la manera que nosotros queremos estimular.

La estimulación negativa es un concepto que la mayoría de la gente no reconoce por su nombre. Sin embargo, los hábitos aprendidos a través de la estimulación negativa pueden incluso estar más arraigados que aquellos que provienen de una estimulación positiva o de una recompensa. Todas las personas complacientes han sido educadas a través de la estimulación negativa, aunque muchas de ellas no lo puedan reconocer en términos formales.

A través de la estimulación negativa aprendemos determinados comportamientos que evitan o interrumpen sensaciones o experiencias dolorosas y desagradables. La estimulación negativa —también llamada recompensa negativa— consiste en la evitación de algo malo o doloroso y no en la adquisición de algo positivo, placentero o gratificante.

Sin embargo, de la misma manera que ocurre con los comportamientos que reciben una recompensa positiva, aquellos que reciben una estimulación o recompensa negativa tienen más posibilidades de repetirse con frecuencia en el futuro.

Sus hábitos de persona complaciente han sido aprendidos tanto a través de recompensas positivas como a través de estimulaciones

negativas. Cuando el comportamiento de una persona complaciente consigue la aprobación a través del elogio, la apreciación,
la aceptación, el afecto o el amor, el hábito recibe una estimulación
o una recompensa positiva. Sin embargo, cuando sus hábitos evitan
o interrumpen la desaprobación manifestada en forma de rechazo,
retirada de afecto, castigo o abandono, este comportamiento recibe una estimulación negativa.

## ¿Cómo se «enganchó» usted a la aprobación?

La aprobación de las personas más allegadas es una poderosa
fuente de recompensas para casi todos los seres humanos. Desde
nuestra infancia, nuestra conducta está fuertemente influenciada
y modelada por la aprobación que recibimos. Nuestra información
genética y biológica junto con nuestro profundo condicionamiento
social nos impulsan a buscar la aprobación y el elogio de otras personas; en especial el de aquellas que consideramos más importantes
en virtud de las recompensas que representan (por ejemplo, amor,
nivel social, notas escolares, salarios, etc.).

> *Las personas complacientes se «enganchan», porque su conducta
> les garantiza la aprobación que tanto ansían obtener.*

Complacer a otras personas hace que usted se sienta bien porque, a lo largo del tiempo, ha asociado este comportamiento con
la aprobación que genera. Cuando algo lo hace sentir bien, naturalmente tenderá a repetirlo en el futuro para poder repetir ese
bienestar.

Como Marilyn, casi todas las personas complacientes aprenden
desde muy temprano que hacer felices a los demás cumpliendo con
sus deseos, es una forma muy directa de ganar su vital aprobación.
La aprobación es la moneda más corriente con la que la estimula-

ción positiva paga o recompensa un determinado comportamiento de la persona complaciente para perpetuar el hábito.

Si el deseo de complacer a los otros se mantuviera dentro de determinados límites, sería una cualidad personal muy deseable. Estos límites, por ejemplo, implicarían reducir el número de personas al cual usted desea complacer al círculo de amigos o familiares más allegados. También incluiría la capacidad de decir «sí» o «no» de una forma selectiva a aquellas personas que se encuentran fuera de ese círculo. El problema radica en que dado que el comportamiento de las personas complacientes obtiene aprobación, estas tienen una tendencia muy marcada a ampliar su radio de acción, a incrementar sus esfuerzos para complacer a otros más allá de los límites razonables y más allá de sus propias limitaciones.

La aprobación tiene un valor de recompensa tan grande que hace que las personas complacientes se conviertan en las víctimas de su propio éxito en la tarea de hacer más felices a los que los rodean que a sí mismas. Es comprensible que los beneficiarios de los esfuerzos de las personas complacientes, como si de clientes satisfechos se tratase, vuelvan una y otra vez a recurrir a ellas con nuevos pedidos. De esta manera, si bien el peso de las demandas de los otros es cada vez mayor, la persona complaciente sigue ampliando su círculo de acción aumentando el número de personas a las que tiene que complacer.

*Las personas complacientes llegan a estar totalmente contaminadas por la enfermedad de complacer, porque no son capaces de decir «no».*

Después de todo, las personas complacientes han asociado el decir «sí» —ya sea de forma explícita y verbal o de una forma implícita a través de sus acciones— con el hecho de obtener la recompensa de la aprobación. La enfermedad de complacer a los demás, tal como hemos dicho, no es solo un problema de la gente «amable» que se sobrecarga de tareas por satisfacer las demandas de demasiadas personas, o que hace demasiado por aquellos a quienes quiere agradar. En un punto, ser una persona complaciente deja de ser una elección personal, empieza a presentar los problemas característicos de cualquier hábito profundamente arraigado y termina por adoptar las conductas compulsivas de cualquier adicción.

## Cómo funciona una adicción: El cuento de los dos palomos

Como cualquier adicto, en este caso a la aprobación, usted tiende a generalizar su necesidad de ser querido por todo el mundo. Como un cachorro juguetón, usted estaría feliz de recibir la aprobación de todo el mundo, todo el tiempo. Sin embargo, la realidad es que los adictos a la aprobación (como todos los demás en el mundo real) obtienen esa aprobación tan ardientemente buscada tan solo *algunas* veces y de *algunas* personas. La paradoja radica en que son precisamente estas recompensas parciales y ocasionales las que mantienen viva su adicción a la aprobación.

Al contrario de lo que podemos suponer, la adicción se crea cuando el comportamiento es recompensado solo en alguna ocasión.

La adicción se desarrolla cuando la frecuencia de la recompensa es un factor aleatorio e impredecible. Este tipo de recompensa azarosa recibe el nombre de «agenda del jugador» debido a la similitud que guarda con la frecuencia con que una máquina tragaperras premia a los jugadores, lo que hace de una forma totalmente ocasional, intermitente y aleatoria.

Paralelamente, como adicto a la aprobación que padece la enfermedad de complacer, a lo que usted está realmente «enganchado» es a la *posibilidad* de recibir aprobación cada vez que hace algo agradable para otra persona, incluso aunque su experiencia le indique que usted *no* recibe esa aprobación *todas* las veces. En realidad, muy pocas veces está usted seguro de recibir dicha aprobación. La certeza y la seguridad de obtener la recompensa, sencillamente *no* son parte de la experiencia adictiva; el ejemplo que damos a continuación servirá para ilustrar esta última idea.

Este experimento de laboratorio es la mejor demostración de cómo influye una recompensa parcial y aleatoria en el funcionamiento de una adicción. Se trata de un estudio psicológico clásico que le permitirá tomar una clara conciencia sobre su propia adicción a la aprobación.

En este experimento, se trabaja con dos pichones de palomo a los que se ha privado de alimento por un tiempo para poder motivarlos a través del hambre. Se coloca al pichón 1 dentro de una jaula especialmente diseñada que recibe el nombre de «Caja de Skinner», en honor al famoso psicólogo conductista B. F. Skinner. En la Caja de Skinner hay una palanca que el pichón puede accionar con su pico.

Después de explorar durante algunos momentos la jaula, el pichón 1 ve y oprime esta palanca con el pico. En ese momento aparece una ración de comida para pájaros que el hambriento pichón come rápidamente. Recompensado por la comida, el pájaro pulsa la palanca otra vez y aparece otra ración. Esta secuencia de pulsar una vez para que aparezca una ración de comida continúa por un determinado periodo de tiempo; tras unos pocos minutos, el pichón ha desarrollado lo que los psicólogos llaman un fuerte hábito, en este caso el de pulsar la palanca.

El hábito de pulsar la palanca del pichón 1 se mantiene otorgándole un 100 por 100 de *reforzamiento continuo*. Esto quiere decir que *cada vez* que el animal pulsa la palanca recibe su ración de comida.

Ahora bien, el pichón 2 entra en la caja número 2. Durante unos cuantos minutos se repite el procedimiento realizado en la caja 1: cada vez que el pichón 2 pulsa la palanca recibe una ración de comida. Sin embargo, una vez que el hábito está firmemente establecido, la vida cambiará para el segundo pájaro y lo que le sucederá no es precisamente agradable.

En vez de continuar con el mismo modelo anterior, es decir, que cada vez que el pichón acciona la palanca recibe una ración de comida, los observadores cambian el ritmo y la recompensa aparece tan solo *algunas veces* y de forma *aleatoria*, o sea, totalmente al azar. De esta manera, el pichón puede pulsar la palanca cuatro o cinco veces y no recibir nada y recibir su ración a la sexta vez que pulsa la palanca. Después, el animal podrá pulsar la palanca 20 veces sin recibir ninguna recompensa, pero finalmente la obtiene la 21.ª vez que acciona la palanca; el pichón continuará presionando la palanca, pero ahora no obtendrá su comida durante otro número indeterminado de veces.

La situación para el pájaro 2 es que ahora recibe recompensas solo algunas veces; el animal no puede prevenir ni anticipar cuándo aparecerá la comida porque la recompensa (la comida) aparece de un modo totalmente azaroso.

La parte final del experimento consiste en cortar el suministro de comida a ambos pichones y observar cuánto tiempo persiste cada uno de los pájaros en su hábito de pulsar la palanca, pese a que no obtiene nada al hacerlo. Lo que aquí nos interesa averiguar es cuál de los pájaros seguirá presionando la palanca durante más tiempo a pesar de la ausencia de recompensa. Para el pájaro de la Caja de Skinner pulsar la palanca supone una *conducta adictiva*. ¿Qué pichón cree usted que seguirá manteniendo el hábito por más tiempo?

Al no obtener comida, el pichón 1 sigue pulsando la palanca solo por un corto periodo de tiempo, probablemente menos de un minuto. Como cada vez que había presionado la palanca había aparecido una ración de comida, el pájaro suspende la acción cuando la recompensa desaparece. El pichón se da cuenta de que no vale la pena seguir pulsando la palanca ya que no aparecerá la comida. Sencillamente, se aparta de la palanca, feliz y satisfecho.

Lo que sucede con el pichón 2 es bien diferente: el desafortunado pájaro sigue presionando la palanca una y otra vez sin obtener recompensa alguna, hasta que finalmente *cae desmayado debido al agotamiento que han supuesto todos sus esfuerzos.* El experimento ha convertido al pichón en un verdadero adicto a pulsar la palanca, y ahora le es prácticamente imposible detener su conducta aunque su hábito de presionar la palanca sea agotador y estéril.

En términos humanos, observamos que el segundo pájaro persiste en un hábito autodestructivo porque se ha vuelto adicto a la esperanza o a la posibilidad de que la recompensa de la comida pueda aparecer esta vez, o la próxima, o la otra…

De la misma manera, su adicción a la aprobación se alimenta de la «dosis» de elogios, gratitud y afecto que usted recibe periódicamente de los otros —y no de forma continua.

▶ *Nadie recibe aprobación todo el tiempo, y es precisamente esto lo que la vuelve tan adictiva.*

## ¿Es usted un pichón a la espera de la aprobación de los otros?

El experimento de los dos pichones es un clásico en la experimentación de la psicología conductista aplicada al estudio de las actividades adictivas. Este ejemplo tiene poderosas implicaciones y le permitirá observar cómo su propia disposición a hacer cosas agradables por los demás se ha deteriorado y se ha convertido en una compulsión adictiva. Un modelo de conducta que usted parece tener muy pocas posibilidades de gobernar y menos aún de modificar.

La explicación de un hábito compulsivo y adictivo radica en el modelo de conducta y en la naturaleza de la recompensa obtenida por las personas complacientes. La comprensión de la fuerza y el poder que tiene una recompensa aleatoria e intermitente es esencial.

En un sentido figurado, usted se ha convertido en el pichón que se alimenta de la aprobación de los otros. Pero la palanca que usted pulsa se parece más a la que accionan los jugadores cuando meten una moneda en una máquina tragaperras. El paralelismo entre las máquinas tragaperras y la Caja de Skinner es tan grande que ha dado lugar a que el término «agenda del jugador» se utilice de una forma general para explicar el fenómeno de la adicción a las recompensas aleatorias e intermitentes.

Así pues, visualícese de pie frente a una máquina tragaperras, metiendo un euro una y otra vez y tirando de la palanca sin obtener ningún premio. Pero de vez en cuando, la máquina le da algún premio y las monedas caen tintineando en la bandeja y entonces usted consigue «la gran dosis» de ganar.

Ahora bien, la realidad es que usted pierde mucho más dinero en cada jugada infructuosa de lo que le paga una tirada con premio. Estos pagos periódicos e imprevisibles son los que lo «enganchan», y usted sigue jugando a la espera de una recompensa más frecuente y más cuantiosa. Mientras usted sigue esperando y jugando, su cartera está cada vez más vacía.

El deseo de obtener una aprobación más frecuente y de un mayor número de personas se construye exactamente igual que el ejemplo de las máquinas tragaperras. La realidad de la vida diaria indica que muchas de las cosas que usted hace por los otros pasan inadvertidas; esto es especialmente cierto si hablamos de miembros de la familia o de amigos muy cercanos que se han acostumbrado a esperar e inclusive a dar por sentadas muchas de las cosas que usted hace por ellos. Puede ser que sus acciones *sean* apreciadas, sin embargo la aprobación y el aprecio no se expresan todas las veces que usted realiza un esfuerzo por complacer a alguien.

Usted se ha hecho adicto a la agenda del jugador de la aprobación. En vez de recibir el premio de las monedas que caen, usted recibe el premio de que «de vez en cuando, alguien realmente aprecia lo que hago por él/ella». Debido a que la aprobación solo se expresa ocasionalmente, usted quiere ampliar el círculo de personas por las que realiza esfuerzos. La razón es que intenta aumentar la frecuencia de la aprobación que, por supuesto, usted sigue deseando y necesitando cada vez más.

Es como si hubiese decidido jugar no solo en una máquina tragaperras, sino en tres o cuatro a la vez, ya que es más gratificante oír la campana y el sonido de las monedas en lo que aparentemente es una mayor frecuencia. De esta manera, lo más probable es que continúe perdiendo más dinero, mucho más de lo que jamás llegará a ganar. Se verá obligado a ir cada vez más deprisa y terminará por agotarse debido al esfuerzo que debe realizar para seguir metiendo monedas a fin de que las máquinas no se detengan. A corto plazo, puede ser que usted se *sienta temporalmente* feliz, ya que los pagos aparecen con mayor frecuencia. Pero, a la larga, la dicha de ganar será reemplazada por la monotonía de tener que meter monedas de forma compulsiva; finalmente, usted se encontrará exhausto y, muy probablemente, sin dinero.

Para las personas que padecen la enfermedad de complacer, la analogía de las máquinas tragaperras representa su intento de ampliar el círculo de personas a quienes se esforzará por complacer. De esta manera, *aparentemente*, aumentan las posibilidades de que el aprecio y la aprobación se expresen con más frecuencia. Pero, a medida que el círculo se extiende, se amplía también la presión de satisfacer a más y más gente, hasta que usted se encuentra atrapado en las arenas movedizas del deseo de los otros, cada vez más agotado, más agobiado e incluso resentido.

A partir de ese punto, se sentirá paulatinamente cada vez más fuera de control, atrapado en un círculo opresivo que fue creado por sus propias buenas intenciones sumadas a su incapacidad para decir «no».

Satisfacer las necesidades de los otros y ganar su aprobación fue, en un principio, una actividad gratificante y satisfactoria; sin embargo, ahora se ha convertido en algo debilitante, opresivo y terriblemente estresante.

A medida que se va ampliando el círculo de personas que —implícita o explícitamente— demandan sus favores, usted se siente cada vez más alienado, más desconectado de aquellos que forman su círculo íntimo de familiares y de amigos. A la larga, se encontrará más aislado y sus propios deseos permanecerán insatisfechos, excepto el de complacer a los demás.

> *La enfermedad de complacer a los demás alcanza cotas de adicción cada vez más altas en el momento en que su motivación inicial de conseguir la aprobación se convierte en un intento por evitar la desaprobación de los otros.*

Los psicólogos observan que un hábito benigno se convierte en una adicción perniciosa en el momento en que la razón primordial para continuar con el hábito deja de ser el afán por experimentar sentimientos placenteros, para pasar a ser la evitación de sentimientos o emociones negativas asociadas a la interrupción del hábito.

### ¿Hasta dónde llegará en su intento de evitar la desaprobación?

*Samantha es una atractiva mujer de unos 55 años; una vez estuvo casada durante siete años y tiene un hijo de ese matrimonio. Se divorció cuando tenía treinta y pocos años y nunca se ha vuelto a casar.*

*Samantha creció como una «niña del ejército»; su padre era un militar de carrera y, como tal, iba cambiando de destino junto a su familia. Su madre era la perfecta «esposa de militar», pero Samantha, que era hija única, recuerda su infancia con tristeza.*

*«Nunca estuve en la misma escuela durante más de cuatro años seguidos, aunque generalmente eran muchos menos»* —explica Samantha—. *«Siempre fui una muy buena estudiante* —mis padres me exigían que sacara notas muy altas—, *pero nunca me sentí realmente integrada con los otros niños. Lo único que quería era que alguno de ellos me quisiera, ¡quería gustarle a alguien!»*

*«Recuerdo el dolor que me producía que no me invitaran a las fiestas o que no me pidieran que me uniera a ellos en los clubes escolares; y también recuerdo la dicha que sentía cuando, de vez en cuando, me invitaban a participar en alguna actividad. Creo que esa historia es la que hace que hoy en día sea tan importante para mí tener un montón de amigos y caerle bien a los demás.»*

*«Sé que mi padre se sintió terriblemente disgustado porque yo no había sido un niño, y por ello yo nunca sentí que pudiera hacerlo realmente feliz. Supongo que esa fue la causa de que su aprobación fuese tan primordial para mí.»*

*«Si sacaba buenas notas, o si estaba "guapa y encantadora" en alguna de las fiestas que daban mis padres, o si, sencillamente, me quedaba en mi cuarto y los dejaba a solas, me llamaban "buena chica" y me decían cuánto me amaban.»*

*«Pero si hacía algo "malo"* —como podía ser no recoger mi cuarto, no sonreír amablemente cuando los amigos de mis padres venían de visita o cuando el general llegaba a tomarse una copa en casa—, *entonces me retiraban la palabra, a veces durante días enteros. ¡Crecer junto a ellos fue una constante tortura mental!»*

*Samantha se casó con Phil para poder salir de su casa. Mientras la estuvo cortejando, Phil fue amable y romántico, y Samantha creyó estar eligiendo un marido que iba a ser totalmente diferente a su padre, que era tan crítico y tan frío con ella.*

*Sin embargo, al poco tiempo de la boda, Phil cambió. Según las palabras de Samantha, se convirtió en un hombre «exigente y cruel que me rechazaba... tal como mi padre».*

*«Tan pronto como se convirtió en mi marido, Phil comenzó a comportarse como si él fuese mi dueño, queriendo controlar todos y cada uno de los aspectos de mi vida. Pero lo peor de todo esto es que yo se lo permití. Me decía cómo tenía que vestirme, qué cosas podía decir y cuáles no, y qué debía sentir en cada situación. Me criticaba constantemente, me decía que no sabía ser una buena madre y que cuando mi hijo creciera me iba a odiar.»*

*«Era tanta su crueldad y su control que me sentía como si estuviese viviendo con mis padres otra vez. Lo único que quería era que él se sintiera orgulloso de mí, y estaba dispuesta a hacer cualquier cosa con tal de que me diera su aprobación. En realidad, nunca sentí que me amara como persona» —dice Samantha apenas en un murmullo de voz.*

*Una y otra vez, Samantha agotaba sus fuerzas tratando de complacer a este marido unas veces hostil y otras veces encerrado en sí mismo. El comportamiento de persona complaciente era el único mecanismo de supervivencia que Samantha conocía y que le permitía hacer frente a las amenazas combinadas de desaprobación y abandono. Con el tiempo, Phil la abandonó de todas maneras.*

*«Cuando me abandonó por otra mujer, mi autoestima estaba a 3 metros bajo tierra. Ya ni siquiera sabía quién era yo en realidad. Había vivido solo para hacerlo feliz, pero no había manera de complacerlo.»*

*«Me llevó varios años sentirme apenas un poco más segura de mi capacidad para ser una buena madre. Aún hoy, me siento amenazada cada vez que mi hijo pasa un tiempo con su padre, cosa que no es muy usual. Mi hijo ya es un adulto*

*y tengo que tener mucho cuidado para que no llegue a manipularme y a controlarme como hizo su padre.»*

*«Todos los hombres con los que he salido desde que me divorcié se han dado cuenta de cuánto necesito su aprobación; y mi hijo también lo sabe. Yo también me doy cuenta de que cuando me relaciono con otra persona, le entrego las riendas de la relación y me comporto como su marioneta, una marioneta muy buena y agradable»* —dice Samantha con tristeza.

*«¡Lo que ya es realmente ridículo es que aún estoy intentando lograr la aprobación de mi padre! Es totalmente absurdo. Este hombre ahora tiene 83 años y sigue tan crítico y encerrado en sí mismo como siempre. Aún sigo esperando que antes de morirse me haga sentir que me quiere. Pero la realidad es que jamás me dará su aprobación, ya que yo soy su hija y él siempre deseó tener un hijo. ¡No es raro que yo nunca me sintiese suficientemente buena!»*

## Pulsando su propia palanca

Cuando usted se agota y se agobia intentando lograr la aprobación de alguien que parece imposible de satisfacer, queda atrapado en el mismo círculo vicioso que destruía al pichón número 2 en el experimento que analizamos antes. La historia de Samantha ilustra lo que hemos expuesto.

*Las buenas noticias son que Samantha está haciendo muchos progresos. Ayudada por una buena terapia, Samantha está aprendiendo a corregir sus pensamientos destructivos acerca de ella misma y de su hábito de intentar gustarle a todo el mundo. Ahora comprende cómo su adicción a la aprobación fue lo que la convirtió en una presa fácil para los hombres controladores; hombres que rápidamente descubrían con qué facilidad Samantha podía ser manipulada y emocionalmente atormentada.*

*En la actualidad, Samantha sale con algunos hombres, pero tiene una buena relación consigo misma por primera vez en su vida.*

*«Finalmente, a mi edad, he comprendido que gustarle a los otros no es lo más importante de mi vida, especialmente si lo que tengo que hacer para que me quieran evita que pueda llegar a conocerme y a quererme más. Hoy sé que todo el mundo no puede quererme o darme su aprobación todo el tiempo, y por primera vez me siento bien con ello.»*

*Como pensamiento final, Samantha nos dice: «Ahora que tengo mi propia aprobación, me siento mejor conmigo misma de lo que jamás me he sentido».*

---

### CORRECCIÓN DE LA ACTITUD:
### Cómo eliminar su adicción a la aprobación

El hecho de que usted pueda tener una adicción a la aprobación no significa que deba permanecer «enganchado» a ella para siempre.

Incluso si usted es un adicto, puede romper los hábitos que lo hacen actuar como una persona complaciente. Aquí hay algunos pasos muy importantes que lo ayudarán a cambiar, empezando desde *ahora mismo*:

- ♦ Es imposible que usted —o que nadie— consiga la aprobación de *todas* las personas *todo* el tiempo. De modo que más le vale dejar de agobiarse intentando hacer algo que es completamente imposible.
- ♦ Si continúa con su hábito de intentar lograr la aprobación de todo el mundo, acabará agobiado, desmoralizado y exhausto como el segundo pichón, que estaba irremedia-

blemente enganchado a pulsar la palanca. Los pichones tienen un cerebro muy pequeño, los seres humanos no.

♦ Intentar caerle bien a todo el mundo solo logrará intensificar su sensación de falta de adecuación. Nunca le hará sentirse mejor consigo mismo.

♦ Obtener la aprobación de otras personas, especialmente de aquellas que le interesan, puede hacerle sentir bien. Sin embargo, usted no *necesita* la aprobación de los otros para tener mérito como ser humano.

♦ Es posible que usted no le caiga bien a algunas personas o que haya quienes nunca le den su aprobación, sencillamente por sus propios problemas y no por lo que usted es o hace.

♦ La fuente de aprobación más importante, duradera y eficaz es la aceptación de sí mismo. Tenga claridad acerca de sus propios juicios y valores y viva su vida de acuerdo con ellos.

♦ Practique *tomar decisiones* en vez de sucumbir a los hábitos compulsivos. Defina con claridad sus intenciones con relación a lo que hace y al motivo por el que lo hace.

# CAPÍTULO 8

# ¿Por qué no puede conseguir la aprobación de sus padres?

S I TAL COMO VIMOS en el capítulo anterior la aprobación es la droga, muy frecuentemente y sin pretenderlo, los padres son los camellos.

Cuando los padres utilizan el amor como recompensa condicionada, están creando el marco propicio para que sus hijos se hagan adictos a la aprobación y, consecuentemente, se conviertan en personas complacientes.

Cuando el comportamiento o el aspecto de sus hijos les agrada, estos padres catalogan a su hijo o hija de «bueno» y digno de ser amado; pero cuando este mismo hijo no los complace no dudan en retirarle su amor. Esto es lo que se llama amor paterno condicionado, y es francamente devastador para los niños.

Desde esta perspectiva, la búsqueda de la aprobación y la conducta de la persona complaciente son tácticas de supervivencia desarrolladas por el niño para poder subsistir en un entorno emocionalmente amenazador e incontrolable.

Para un niño pequeño, sus padres son seres todopoderosos que controlan prácticamente todo lo que es importante para él, básicamente el amor y la protección. Desde su más tierna infancia, los niños aprenden a asociar las caras sonrientes de los padres y el tono de aprobación que utilizan con expresiones de amor y con sentimientos de seguridad y protección.

El problema surge cuando el niño empieza a percibir que ese amor debe ser ganado y que depende de que él sea «bueno» y de que complazca a sus padres. En ese momento, el niño infiere que si él —o ella— deja de complacer a sus padres no recibirá más amor. En el sencillo universo de un niño, una vez que el amor se retira es posible que no vuelva nunca más. Esta idea puede traer aparejado un terrible miedo al abandono.

En la mente de un niño pequeño, no existe una diferenciación clara entre quién es él —o ella— como persona y lo que hace. Como consecuencia, en una familia donde el amor está condicionado a determinados comportamientos, la valía de ese niño como persona estará indiscriminadamente mezclada con la forma en que él —o ella— se comporte.

En el esquema psicológico de este niño, *hacer* algo «malo» se equipara con *ser* «malo»; y *hacer* algo «bueno» significa *ser* «bueno». La consecuencia de crecer en este entorno emocional condicionado es que el niño asocia el hecho de complacer a los otros con ser «bueno» y, por tanto, digno de ser amado. Por el contrario, ser «malo» significa que los otros te desaprobarán; esa desaprobación significará, a largo plazo, que ya no te aman porque no eres digno de ello. Cuando no eres digno de ser amado la gente te deja solo, te abandona; no estás seguro y te sientes desdichado.

Teniendo en cuenta lo que acabamos de afirmar, puede usted hacerse una idea cabal de lo que debe soportar un niño cuando el amor de sus padres está condicionado. La aprobación adquiere una importancia colosal en la mente del niño, ya que se ha convertido en un signo del amor paterno. Cuando el niño se gana la aprobación paterna a través de su actitud complaciente, se siente amado, digno y feliz. La aprobación indica que, aunque sea solo por ese instante, el niño está a salvo de ser abandonado.

Por el contrario, la desaprobación se convierte en algo sencillamente peligroso. Cuando los padres lo desaprueban, el niño se siente despojado de toda dignidad, valía y seguridad. Mientras que los signos de aprobación garantizan el amor y la seguridad, incluso un pequeño indicio de desaprobación amenaza con el abandono, el peligro y el miedo.

*Cuando los niños son amados incondicionalmente, reciben un mensaje verdaderamente importante; aprenden a distinguir entre su valor como seres humanos y lo correcto o incorrecto de su comportamiento.*

Cuando un niño se comporta inadecuadamente en un entorno de amor incondicional, el mensaje que recibe es: «Hijo, nosotros te amamos, pero no nos gusta lo que has hecho».

El contrato implícito en un entorno de amor incondicional es que los padres prometen amar a ese niño o a esa niña, sencillamente porque es su hijo o su hija. El elogio y la aprobación existen como un medio de influir en las elecciones de conducta del niño. La aprobación sigue siendo una recompensa y un estímulo. Pero, debido a que la aprobación del comportamiento está claramente diferenciada del reconocimiento de la dignidad del niño y del amor que este merece, esta aprobación no representa el único signo de seguridad y afecto, como sucede en aquellas familias donde el amor siempre depende de la conducta del niño o niña. En un entorno de amor incondicional, la desaprobación o la crítica no hacen saltar la alarma de peligro inminente ni constituye una amenaza de abandono en la mente de los niños.

Los niños criados como Samantha —a quien conocimos en el capítulo anterior— a menudo siguen cargando con sus miedos a la desaprobación y al abandono a lo largo de toda la vida. Cuando llegan a la edad adulta, están perfectamente sintonizados para detectar la más mínima señal de desaprobación de los demás. La carga emocional que vienen soportando desde su infancia hace que estos adultos adictos a la aprobación aún sigan respondiendo a las críticas con una intensa ansiedad.

Imbuidos de una gran rapidez para dejar el control de sus vidas en manos de otros, estas personas complacientes harán prácticamente cualquier cosa para reducir el dolor que les provoca el miedo al abandono. Este miedo aparece cada vez que escuchan una crítica, sienten una desaprobación o perciben algún indicio de que pueden no gustarle a alguien. Han desarrollado y refinado su capacidad para complacer a los otros y están preparados para evitar a cualquier precio la desaprobación con tal de sentirse seguros, aunque sea una sola vez más.

## Hijos adultos de padres alcohólicos

Un número muy elevado de personas complacientes son hijos adultos de padres alcohólicos. En su caso, el hábito de complacer y de obtener aprobación se ha desarrollado como respuesta a un comportamiento paterno incoherente, confuso y, a menudo, aterrador que es producto de su adicción al alcohol.

Visto desde la perspectiva de un niño o de un joven, un padre que es un bebedor compulsivo cambia de estados de ánimo y de comportamiento tan rápido como un camaleón. Por ejemplo, un padre puede ser cálido y amoroso en un momento, pero, después de un rato o después de algunas copas, este mismo padre puede convertirse en una persona distante, mostrase completamente ensimismado o volverse irracionalmente iracundo y explosivo.

Una madre alcohólica puede permanecer sobria durante toda la mañana y parte de la tarde y ocuparse eficazmente de las necesidades de sus hijos. Sin embargo, a medida que avanza la tarde y se acerca el regreso del marido a la casa, esta misma mujer puede empezar a beber unas copas. Para la hora de la cena, que a menudo no llega a la mesa, ella puede haberse dormido o sencillamente no ser capaz de responder emocionalmente a la presencia de los niños. Otro comportamiento habitual es que la madre comience a llorar lamentándose de su vida, ardua e infeliz.

El mundo de los adultos bebedores es un sitio muy confuso y demasiado cargado emocionalmente para que un niño viva en él. También es un entorno aterrador, ya que estos adultos todopoderosos, que se supone que tienen que cuidar y proteger a los niños de cualquier eventualidad, apenas pueden cuidar de sí mismos. Los adultos no son capaces de controlar su problema con la bebida, y los niños se sienten descontrolados con respecto a todo.

Al mismo tiempo, estos niños se sienten fuertemente responsables y tratan de «arreglar» a sus padres. Incluso cuando son todavía demasiado pequeños como para articular un razonamiento, estos niños intentan averiguar la causa del comportamiento de sus padres y de su compulsión a beber y, muy a menudo, se culpan a sí mismos por la conducta de los padres. Por ejemplo, los niños pueden creer que si sus padres no fueran tan infelices, o no estuvieran tan enojados el uno con el otro o con sus hijos, no serían tan propensos a tratar de ahogar sus penas en el alcohol.

En un intento desesperado por imponer un poco de orden en el caos en que viven, los hijos de padres alcohólicos tratan de mantener la situación controlada siendo «buenos» y haciendo cosas «agradables» para que los adultos sean felices. Si la madre o el padre está contento y lo aprueba, el niño deduce que quizá ahora no tenga ganas de beber o que, por lo menos, las consecuencias de la intoxicación serán más leves o no se descargarán sobre él.

Constantemente esperanzados y excesivamente responsables, los niños cuyos padres tienen problemas con la bebida intentan complacerlos y ganar su aprobación, pues de esta manera creen poder evitar que suceda «lo malo» —su adicción a la bebida y el comportamiento abusivo que acompaña a la intoxicación. Cuando el padre o la madre alcohólica no deja de beber, el niño se culpa por no haber sido lo suficientemente bueno como para detener o evitar esa conducta.

Cuando el niño descubre que ser bueno no consigue enmendar la actitud de sus padres, empieza a tener la esperanza de que si no se mete en problemas por lo menos evitará convertirse en el objeto de la ira, o de las quejas, del padre alcohólico. Tratar de pasar inadvertido y evitar la desaprobación y la crítica, es la técnica de supervivencia más segura para un niño que crece en una familia alcohólica.

> *En su vida adulta los niños de padres alcohólicos mantienen frecuentemente su miedo a la crítica y a la desaprobación. Incluso cuando son adultos, su actitud de complacer a los demás está condicionada por un recuerdo imborrable de la ira y del abuso verbal o físico asociado a la desaprobación paterna provocada por el alcohol.*

## El rechazo infantil y la adicción a la aprobación

La adicción a la aprobación no es siempre consecuencia de una actitud deficiente por parte de los padres. En algunos casos, las experiencias sociales traumáticas acaecidas durante la infancia o la temprana juventud pueden crear en el niño una excesiva necesidad de aprobación de unos padres cariñosos y que lo cuidan con esmero. Esta necesidad del niño se traducirá en una adicción a la aprobación que se hará más generalizada en su vida adulta.

Casi todos nosotros podemos recordar al menos algunos momentos dolorosos de aquellos años en que nuestros egos incipientes fueron dañados —intencionalmente o no— por algunos rechazos, insultos o exclusiones. Sin embargo, cuando el rechazo es un tema predominante en la historia infantil de una persona, esos momentos dolorosos pueden dejar una huella imborrable en su personalidad. Durante la vida adulta, este rasgo se puede manifestar en forma de una sensibilidad extrema o de una necesidad constante de aprobación y aceptación por parte de los otros.

Hay muchas formas y versiones de la exclusión que pueden intensificar la necesidad de aprobación. Samantha, por ejemplo, se cambiaba de una escuela a otra debido a la carrera militar de su padre. Cualquiera que haya sido, aunque sea una sola vez en su vida, el «nuevo» o la «nueva» de la clase, puede entender los múltiples desafíos sociales a los que se enfrenta un niño que cambia repetidamente de escuela. La forma de adaptarse de Samantha, moldeada por el ejemplo de una madre familiar y socialmente correcta, fue convertirse en una persona complaciente con el fin de poder entrar en los círculos de sus nuevas amistades.

Como sabemos, los niños puede ser crueles, y cualquier deficiencia física, impedimento o deformidad de otro niño puede ser la base para que este sufra un rechazo social o un total ostracismo. De la misma manera, las diferencias en cuanto a raza, sexo, preferencias sexuales u otros aspectos de la identidad pueden llevar aparejadas una profunda alienación social motivada por los otros niños.

En estos casos, el amor incondicional y el asesoramiento sabio de unos padres cariñosos pueden ser una balsa salvavidas a la que puedan aferrarse estos niños emocionalmente lastimados. La aprobación paterna se puede convertir en el único puerto seguro en medio del mar de rechazo social y de la negatividad. Para estos niños, la necesidad de tener aprobación —tanto de los padres como de otras figuras representativas de la autoridad— continúa a lo largo de sus vidas de adultos y puede parecerles indispensable para su supervivencia.

No ser capaz de alcanzar los estereotipos o los niveles establecidos en cuanto a belleza o a destreza deportiva o atlética, puede ser motivo suficiente para que los niños, y especialmente los adolescentes, se sientan impopulares y no deseados. Estas heridas pueden ser viejas, pero son tan profundas que pueden seguir sangrando aún en la vida adulta.

Uno de mis pacientes, un exitoso abogado de mediana edad, aún hoy se siente abrumado por la ansiedad y el miedo al rechazo cada vez que se encuentra en medio de un grupo formado por dos o más hombres. Este paciente ha podido seguir el rastro al origen de esta ansiedad hasta situarlo junto al dolor y la vergüenza que sentía cuando de pequeño era siempre el último que los otros chicos elegían para integrar los equipos de deporte.

Otra paciente, una actriz de unos cuarenta años, muy bella y muy atractiva, insiste en que, aún hoy, puede sentir la punzada del rechazo que le expresaban sus amigos y amigas en la adolescencia y que se reían de ella porque era «alta, desgarbada y de pecho chato».

Para estas dos personas, el hecho de conquistar, mantener y ampliar la aprobación y la aceptación social en su vida adulta es crucial para poder «nivelar la balanza» del rechazo social que sufrieron en sus años de crecimiento.

La mayoría de nosotros hemos soportado al menos cierto grado de rechazo en algún punto de nuestras vidas; sin embargo, a los adictos a la aprobación aún no les han cicatrizado las heridas.

## ¿Todavía está intentando cumplir las expectativas de sus padres?

No todos los adictos a la aprobación provienen de familias problemáticas o conflictivas donde las peleas y los enfrentamientos entre los padres y los hijos son frecuentes. En algunas familias existe un vínculo muy estrecho entre padres e hijos. Aun en su vida adulta, el niño criado en este tipo de familias siente el impulso incontrolado de complacer al padre amado, o a los dos, según sea el caso. A menudo, intentará seguir complaciéndolos y tomará las decisiones importantes de su vida según los deseos explícitos o implícitos de estos padres. Pendiente de la aprobación de uno de los padres o de ambos, este niño adulto busca vivir de acuerdo con lo que piensa que se espera de él para así poder obtener y mantener la aprobación paterna.

Si usted está aún intentando vivir de acuerdo con las expectativas de sus padres como medio para ganar su aprobación, es muy probable que provenga de uno de estos dos escenarios familiares. En el primero, es posible que los elogios y las alabanzas de ambos padres —o de uno de ellos— hayan sido tan extraordinarios que cualquier otra fuente de aprobación palidezca frente a la intensidad de la apreciación paterna. Nadie podía hacerlo sentir tan bien, tan especial, tan importante, tan querido y tan estimado como sus padres.

Es probable que, como adolescente y como adulto, haya intentado usted satisfacer las expectativas que sus padres tenían para poder seguir sintiendo esa aprobación inextinguible e incomparable, que solo su padre o su madre podían ofrecerle. Es probable que estos excesivos elogios paternos lo hayan hecho sentir muy bien cuando usted era un niño, pero en su vida adulta tenderá a desestimarlos, ya que, después de todo, provienen de sus padres.

En el segundo escenario, tal como sucedía en el caso de Samantha, sus padres pueden haber tenido niveles de perfeccionismo al mismo tiempo que se mostraban distantes, ensimismados o reticentes a darle su aprobación. Este estilo de padres puede crear en el niño la sensación de que nunca es lo suficientemente bueno o de que lo que hace nunca alcanza el nivel de excelencia esperado. Y, como le sucedió a Samantha, usted se queda fijado al hecho de lograr lo que siempre ha sido —y probablemente seguirá siendo— totalmente imposible: el amor *continuo* de sus padres.

Sea cual fuere la razón para seguir buscando la aprobación paterna: ya sea que de pequeño la obtuvo en grado sumo o, por el contrario, que escaseaba y solo la obtenía de vez en cuando, el precio que como adulto debe pagar para seguir viviendo de acuerdo con las expectativas de sus padres es muy alto.

*Vivir según las expectativas de los otros, aunque sean las de sus padres, lo aliena y lo separa de sus propios deseos y de su capacidad de satisfacerlos por sus propios medios. Utilizar el criterio de lo que haría felices a sus padres como brújula para orientarse en sus elecciones vitales es una estrategia equivocada. Recuerde que usted está viviendo su vida, no la de sus padres.*

Si bien usted puede preferir y desear que sus padres se sientan complacidos y orgullosos, debe estar atento para no lograr su cometido a expensas de su propia satisfacción y felicidad. La aprobación de sus padres nunca podrá recompensarlo por su propia insatisfacción o infelicidad. Si usted no se encuentra feliz con la escuela que ha elegido, la carrera que ha escogido o la pareja con la que se ha casado, usted es quien debe tomar la decisión final para modificar la situación. Obtener la aprobación de sus padres puede ser preferible o incluso deseable, pero no es obligatorio gozar de ella para sentirse bien consigo mismo o con las elecciones que ha hecho.

## CORRECCIÓN DE LA ACTITUD:
### Algunos consejos para tratar con mamá y papá

♦ Usted puede aspirar a la aprobación de sus padres, pero no la *necesita* para sentirse una persona satisfecha y feliz.

♦ Se sentirá más feliz si acepta a sus padres tal como son en vez de intentar cambiarlos o hacer que lo acepten o aprueben más. Lo más probable es que ellos no cambien, y usted corre el riesgo de desarrollar una sensación de falta de adecuación y de sentirse mal consigo mismo.

♦ Usted no está en este mundo para satisfacer las necesidades y expectativas de sus padres. Usted está aquí para vivir su propia vida.

♦ Sus hijos tienen que vivir su propia vida y no están aquí para satisfacer sus necesidades ni las expectativas que ha depositado en ellos.

♦ Si sus padres no aprueban su vida, usted no tiene por qué sentirse disgustado o infeliz. Es más importante que se respete y se apruebe a sí mismo.

♦ Si sus padres no le dieron aprobación o amor incondicional, la manera más sana de curar sus heridas es amar a sus propios hijos de la manera en que usted hubiese querido ser amado por sus padres.

# CAPÍTULO 9
# Amor a cualquier precio

MUCHAS MUJERES, especialmente aquellas que padecen la enfermedad de complacer, parecen encontrar las relaciones con los hombres muy problemáticas. Aunque a veces lo hagan de forma inconsciente, estas mujeres utilizan muy frecuentemente sus hábitos de personas complacientes como grilletes de seda para evitar que los hombres las abandonen.

Algunas tratan de crear dependencia en sus compañeros para prevenir el abandono. Su premisa básica es que si usted puede hacer que su hombre la *necesite* debido a todas las cosas esenciales y buenas que hace por él, él nunca la abandonará ni la hará sentirse desdichada.

En estos casos, la estrategia es utilizar el propio miedo al abandono de la persona complaciente como una forma benevolente de manipulación. La mujer se esfuerza y se agota intentando ocuparse de todas y cada una de las necesidades de su compañero, para demostrarle cuán esencial es ella en su vida. La persona complaciente deduce —de forma equivocada— que si tiene éxito al convertir a su compañero en una persona tan dependiente que no conciba la vida sin ella, se asegurará de que él se quede siempre a su lado.

*Esta mujer está desestimando la necesidad primordial de ese hombre: su deseo de que ella también lo necesite.*

Lamentablemente, la mayoría de las personas complacientes que han utilizado esta estrategia, finalmente descubren que manipular a un hombre para obligarlo a tener una posición excesivamente dependiente —no importa cuán *amables* y bienintencionados sean sus motivos— puede en realidad empujarlo a hacer exactamente lo que ellas más temen: abandonarlas.

Jennifer tuvo que aprender esta lección de una manera bastante dura.

*Jennifer estuvo casada con Ron durante cuatro años. Durante ese tiempo hizo absolutamente todo cuanto Ron quiso. Ya en la luna de miel, ella anunció que su vida estaría dedicada a «malcriar» a su marido. En pocas palabras, Jennifer canalizó todas sus necesidades con un único objetivo: lograr que Ron la necesitara. Sus esfuerzos estuvieron dirigidos a asegurarse la dependencia de Ron de tal manera que su matrimonio —al revés de lo que había sucedido con el de sus padres— fuera duradero.*

*Después del primer año, Ron estaba —efectivamente— malcriado. Había llegado a dar por hecho que Jennifer iba a cuidar de él y no hacía el menor esfuerzo para que esa actitud fuera recíproca. Durante el segundo año de matrimonio, Ron perdió todo interés sexual por su mujer. Y a pesar de que él atribuía esa falta de interés sexual a «las presiones y el estrés creado por el trabajo», Jennifer jamás se quejó. La realidad era que Ron seguía siendo muy activo sexualmente, solo que no lo era con Jennifer.*

*Ella decidió permanecer disponible por si el deseo sexual de Ron volvía a manifestarse; no tenía intenciones de añadir más presiones a las que su marido ya tenía a causa del trabajo, solo porque ella se encontrase sexualmente insatisfecha. Ella era lo suficientemente inteligente como para no hacerlo, o al menos eso era lo que pensaba.*

*Jennifer creía que tenía el secreto para permanecer casada toda su vida: lograría que Ron dependiese tanto de ella que no pudiera ni supiera vivir sin ella.*

*Pero una tarde regresó a su casa y encontró una nota sobre la cama, el armario medio vacío y ninguna de las cosas de Ron por la casa... Jennifer aprendió que había estado equivocada.*

*La carta decía que Ron quería el divorcio porque se había enamorado de otra mujer. También admitía que no había tenido el valor de enfrentarse a Jennifer y decírselo personalmente porque  no quería ver el daño que le estaba causando.*

*Ron le escribió: «Sé lo mucho que siempre has hecho por mí y debería estar muy agradecido, sin embargo, lo que en realidad estaba sucediendo en mi interior era que crecía mi resentimiento e incluso mi rabia porque cada vez me iba sintiendo más débil y con más necesidad de ti. Nunca sentí que tú me necesitaras y eso me impedía sentirme como un hombre. Tú te mereces un marido mejor. Por favor, no te culpes a ti misma, eres la persona más agradable que jamás haya conocido».*

*Tal como Jennifer llegó a descubrir, cuando usted planta la semilla de una dependencia desequilibrada en una relación, es muy posible que coseche mucho más de lo que esperaba. En una pareja, la persona que es excesivamente dependiente —especialmente si es un hombre— tiene muchas posibilidades de desarrollar sentimientos de ira y resentimiento debido a que su excesiva dependencia lo hacen sentir vulnerable y fuera de control. Al mismo tiempo, disminuyen el respeto por sí mismo y su sentido de autonomía personal.*

Tal como sucedió con Ron, las parejas de las personas complacientes pueden llegar a no reconocer la intensidad de su propia ira. En vez de hacerlo, el integrante de la pareja al que se ha hecho sentir dependiente puede responder encerrándose en sí mismo o adoptando comportamientos agresivo-pasivos como castigo.

Si, como Jennifer, usted es la persona complaciente en una relación desequilibrada, tarde o temprano se verá obligada a negar o a reprimir sus propias necesidades. Hasta la persona más agradable del mundo se siente frustrada y enfadada cuando sus necesidades emocionales y sexuales quedan permanentemente insatisfechas.

Lo que es peor aún, al promover una dependencia desequilibrada usted está creando unas condiciones de amor basadas en una deficiencia, en vez de fundamentarlas en la fuerza y en la integridad. A largo plazo, esto se convierte en el campo propicio donde crecerán la explotación y la falta de satisfacción y donde la autoestima resultará afectada.

*En las relaciones poco sanas el sentimiento preponderante es: «Te amo porque te necesito». En una relación sana, el sentimiento es: «Te necesito porque te amo». Estas no son solo sutiles diferencias de lenguaje, son diferentes posturas emocionales.*

Las relaciones sanas que perduran son aquellas que son equilibradas e interdependientes. Una interdependencia equilibrada en una pareja significa que ambos miembros son conscientes de las necesidades del otro y responden a ellas de una manera sensata.

## Un acto equilibrado

Existe otra forma en la que las necesidades de dependencia desequilibradas pueden dañar las relaciones entre los hombres y las mujeres que padecen la enfermedad de complacer.

A lo largo de los años he tratado a muchas mujeres que han destacado en sus carreras y en sus vidas profesionales, pero que se han quedado atrapadas en relaciones poco satisfactorias con los hombres debido a que se han impuesto a sí mismas una actitud servil destinada a complacer a los demás. Un gran número de estas mujeres que ahora están en el punto más alto de sus carreras creció en los años 50 y 60, en una época en la cual la femineidad y el atractivo sexual aún cargaban con ciertos estereotipos sexuales, tales como la sumisión, la dependencia, la pasividad y la sensibilidad.

En la actualidad muchas de estas mujeres —así como un número muy significativo de mujeres más jóvenes— temen que los mismos rasgos de carácter que son la llave de su éxito en el mercado laboral, como pueden ser su competitividad, su agresividad y sus opiniones firmes, puedan convertirse en una desventaja a la hora de relacionarse con los hombres.

> *Una de mis pacientes, una mujer soltera de 42 años, gerente general de una importante compañía, me dijo: «En realidad, pienso que los hombres creen conscientemente que pueden estar con alguien que, como yo, haya conseguido éxito financiero, poder y alcanzar sus objetivos gracias a su inteligencia y capacidad. Pero una vez que la relación empieza a desarrollarse, ellos terminan diciéndome siempre lo mismo: que soy tan fuerte y tan independiente que no necesito un hombre».*
>
> *«Lo que no saben es que muchas noches me duermo llorando, añorando la presencia de un hombre que sea tan fuerte como para comprender que yo también tengo necesidades —de ser amada y de ser halagada. ¡Probablemente más que cualquier otra mujer! ¿Por qué no lo pueden entender?» —dice con frustración.*

Como mi paciente, muchas mujeres albergan dudas acerca de si sus logros profesionales podrán golpearlas como un bumerán cuando se trate de establecer y mantener una relación amorosa con un hombre.

Estas mujeres soportan una doble carga: por un lado, el miedo a su propio éxito y, por el otro, la enfermedad de complacer a los hombres. Como consecuencia de esta peligrosa combinación, es muy posible que se vean envueltas en una serie de comportamientos tendentes a sabotear su propio éxito profesional o sus relaciones personales; y muy a menudo ambas cosas a la vez.

Si usted es una profesional de éxito y, al mismo tiempo, padece la enfermedad de complacer, es posible que esté tratando de reconciliar estos dos aspectos que compiten en su interior y que esté pagando un precio muy elevado por ello: el precio de su salud física y emocional.

Algunas mujeres complacientes intentan resolver este dilema dividiendo su personalidad en dos parcelas bien diferenciadas. Mostrarán su lado competitivo, firme y agresivo en el lugar de trabajo, mientras que en sus relaciones personales con los hombres mostrarán una «femineidad» exagerada adoptando una actitud pasiva, sumisa y obediente.

Por supuesto que esta comedia no es ninguna solución. Por el contrario, es la receta infalible para sufrir conflictos internos, ansiedad, crisis de identidad y una baja autoestima.

Cuando una mujer de éxito que sufre la enfermedad de complacer a los demás participa en su propio maltrato y abuso emocional al relacionarse con un hombre controlador y hostil, se establece una dinámica de relación altamente enfermiza y nociva. Si usted se da cuenta de que en su forma de pensar existen remanentes del miedo al éxito, deberá tomar conciencia de que la enfermedad de complacer a los demás puede disparar modelos de comportamiento peligrosos y perjudiciales en sus relaciones personales.

*Helene, por ejemplo, es una ejecutiva rica y poderosa que tiene mucho éxito tanto en sus negocios como en la política y* en los asuntos sociales de su entorno. Sin embargo, tras muchos años de infelicidad y de lo que ella considera varios fracasos sentimentales, Helene tiene miedo de no poder esperar ni merecer que el hombre al que ella ame la quiera, la mime y la proteja, por ser ella una mujer fuerte, exitosa, competente y con influencias.

Su pareja actual, Bob, es diez años más joven que ella. Bob es un ejecutivo medio, de relativo éxito empresarial que atribuye su poca ambición y su actuación profesional más que discreta a «las cuotas que impone el Gobierno para que las mujeres y otras minorías se incorporen al mercado laboral, perjudicando así a los hombres que en realidad están mucho más cualificados para ese trabajo».

Sin embargo, Bob proviene de una familia rica y está esperando heredar para que las cosas sean «un poco más justas». Como Bob es realmente un hombre guapo, educado y encantador, Helene siente que es alguien a quien «se puede presentar en cualquier ámbito».

Pero, a puertas cerradas y cuando están a solas, Bob la trata de forma abusiva. Parece aprovechar la intimidad para maltratarla, dominarla y despreciarla, verbal, emocional y sexualmente. Y esto no es todo, pues lo peor es que Helene defiende el comportamiento de Bob «comprendiendo» que para un hombre es difícil crecer a su sombra.

En la terapia, Helene descubrió las presunciones enfermizas que sustentaban tanto sus hábitos de complacer a los demás como los autodestructivos, como, por ejemplo, la tácita aceptación de los abusos de Bob. Helene se dio cuenta de que necesitaba corregir algunos de sus estereotipos sexuales. Por ejemplo, ella creía firmemente que al comportarse como una persona complaciente en sus relaciones personales con los hombres, lograba ser más femenina y, por tanto, más atractiva sexualmente.

*Es interesante puntualizar que, de cara al público, Helene tenía una bien ganada reputación de persona implicada en el movimiento de los derechos de la mujer y que era un modelo a imitar por parte de las mujeres empresarias más jóvenes.*

*En su empresa, Helene había impuesto una política de tolerancia cero respecto a cualquier expresión de acoso sexual. Sin embargo, y debido a su enfermedad de complacer a los demás, en la intimidad Helene en realidad no hacía más que recompensar a un hombre por tratarla de forma abusiva.*

## Talando trozos de su propia identidad

Si usted desea cambiar la dinámica enfermiza de sus relaciones, es imperativo que reconozca cuán peligrosas y autosaboteadoras son sus actitudes complacientes con los hombres. Si no lo hace, la enfermedad de complacer le servirá de reclamo para atraer hacia usted a todos los hombres que tengan una necesidad perversa de controlar y que estén ansiosos por dominar casi todos los aspectos de su comportamiento. Pero lo peor será que usted les dará permiso para hacerlo.

Ningún tema le es ajeno a un hombre controlador que se relaciona con una mujer que sufre la enfermedad de complacer: desde su apariencia hasta sus opiniones, desde su actuación en el trabajo a su actuación en la cama, desde sus relaciones con sus amigos a sus vínculos familiares. Él podrá moldearla a su antojo, y antes de que usted se dé cuenta, su ego y su autoestima habrán dejado de ser arcilla de modelar para convertirse en simple barro.

Cuando él haya acabado de jugar con usted o usted se aburra de ser un objeto con el que él juega (lo que suceda en primer lugar), tendrá que hacer un trabajo muy duro para reparar un ser que apenas reconocerá como propio.

A menos que repare el daño recibido y se cure de aquello que lo propició, o sea, de su enfermedad de complacer a los demás, usted saldrá de la relación cojeando y con un sello que diga: «Mercancía Defectuosa» estampado sobre su ego. A continuación, y cuando intente formar una nueva pareja, volverá a presentarse como una víctima complaciente a la espera del próximo hombre controlador que reconozca la vulnerabilidad que usted tiene frente a su poder.

Un hombre controlador siempre la mantendrá descentrada y ansiosa. Dado que él necesita cambiarla para demostrar el control que ejerce, usted nunca podrá estar cómoda o relajada, ni tampoco estará segura de si a él le importa su verdadero yo, la persona que solía ser antes de que él comenzara a talar trozos de su identidad.

*Cuando se conocieron, Gail era una aspirante a modelo y actriz, guapa y ambiciosa. Bruce tenía 50 años, 25 más que Gail y ya era un director de cine famoso. Gail no solo se «enamoró perdidamente» de Bruce, sino que estaba totalmente deslumbrada por su talento y por su poder.*

*Bruce estaba acostumbrado a tener el control de todas sus relaciones, y Gail se mostraba encantada de cumplir con todas sus solicitudes. En muchos sentidos, parecían hechos el uno para el otro. Gail solía hacer bromas con sus amigos diciendo que desde que había conocido a Bruce era «otra mujer».*

*Bruce, que adoraba moldear a las mujeres a imagen y semejanza de sus propios deseos, nunca se había sentido realmente satisfecho con ninguna de las muchas parejas que había tenido. Gail sufría la enfermedad de complacer a los demás, aunque su especialización eran los hombres. Esta pareja «perfecta» estaba destinada a convertirse en algo tóxico.*

*Para celebrar que llevaban un mes de relación, Bruce llevó a Gail a un exclusivo y renombrado salón de belleza donde le dijo al peluquero cómo cortar, teñir y peinar el pelo de Gail.*

*Bajo la dirección de Bruce, el cabello de Gail dejó de ser rubio para pasar a ser de color castaño.*

*Mientras estaban en el salón de belleza, Bruce «sugirió» un nuevo estilo de maquillaje e insistió en que el lápiz de labios fuese del mismo color rojo brillante que había elegido para las uñas de las manos y de los pies de Gail. Al mismo tiempo, le advirtió a Gail que tuviese cuidado de no llevar nunca el esmalte saltado ya que él «detestaba eso en una mujer».*

*Bruce también insistió, haciendo gala de gran generosidad, en comprar un guardarropa nuevo para su novia. Sencillamente, le encantaba llevarla de compras y poder elegir toda su ropa y sus zapatos.*

*«Mientras las pague, ¿por qué no va a poder elegirlas?» — decía Gail—. «Después de todo, la persona a quien más quiero complacer en el mundo es a Bruce.»*

*Bruce se mostraba reticente al matrimonio y estaba aún en el proceso de divorcio —el tercero— cuando comenzó a salir con Gail, pero insistía en que seguía creyendo en el «amor y en el romanticismo» y que esta vez todo «saldría bien» con Gail. Insistía en que su afán de «refinar» el aspecto de Gail nacía de su sincero deseo de convertirla en su esposa.*

*«Admito que no soy muy tolerante con los "defectos" de una mujer», comentó Bruce a Gail en el inicio de su relación. Hablando de sus anteriores esposas, le dijo: «Lo que realmente me hizo daño es que todas ellas dejaron de intentar hacerme feliz una vez que nos casamos. Obviamente, esta actitud me enfriaba sexualmente y, por supuesto, los matrimonios se acabaron». Gail le prometió que siempre haría todo lo que estuviera en sus manos para complacerlo.*

*Bruce obligó a Gail a entrenarse con él dos horas diarias en el gimnasio que había instalado en su casa con un entrenador particular. Al mismo tiempo, intentaba controlar todo lo que Gail comía o bebía. No le dejaba probar el alcohol, pues insistía en que ese hábito la haría parecer más vieja y le recordaba constantemente que si comía grasas contribuiría a empeorar la «celulitis» de sus muslos (que, por cierto, era casi imperceptible).*

*Durante los primeros meses de su relación, Gail se sentía halagada por toda esta atención, y la dedicación constante de Bruce por «mejorar» su aspecto. Sin embargo, después del primer año, empezó a sentirse agobiada por el control de Bruce. Sin embargo, cuando él salía de la ciudad para rodar alguna película, Gail se sentía terriblemente ansiosa por el miedo que le daba que Bruce se pudiera sentir atraído por otras mujeres.*

*Gail volvió a presentar síntomas de un desorden de la alimentación que había sufrido al principio de su adolescencia y que ella creía totalmente superado. Cuando la ansiedad la desbordaba, sin que nadie se enterara se daba un atracón de chocolate. Luego, cuando la atacaba el pánico de ganar peso y provocar de ese modo la desaprobación y el rechazo de Bruce, intentaba poner remedio a lo hecho con comportamientos bulímicos de vómito y de purgas. Finalmente, se encontró atrapada en una dinámica de comer en exceso y luego contar compulsivamente las calorías ingeridas y entrenarse durante horas en el gimnasio para eliminarlas. A veces, podía pasarse más de cuatro horas seguidas entrenando.*

*En el segundo aniversario de su relación, las «sugerencias» de Bruce llegaron aún más lejos; pero como había desplegado el señuelo de la boda, Gail le obedecía… siempre intentando morder la zanahoria.*

*Bruce pensaba que los pechos de Gail eran adorables pero «un poco pequeños» para el traje de novia que había seleccionado. La llevó a un cirujano plástico y, una vez allí, eligió el tamaño de implante que según él era el adecuado. Sin embar-*

*go, la creación de Bruce no se detuvo aquí. Seis meses más tarde, Bruce la volvió a llevar al cirujano plástico para, esta vez, «aumentar» sus pechos de manera más contundente. Bruce también le dijo que se pusiera implantes en los pómulos para mejorar su estructura facial; asimismo, sugirió que sería una buena idea que Gail se sometiera a un tratamiento de coloración permanente en los labios, las cejas y en el contorno de ojos —por un proceso de pigmentación permanente de la piel— para que estuviera guapa al despertarse por las mañanas. A pesar de que ya albergaba serias dudas, Gail obedeció.*

*La paradoja era que cuanto más insistía Bruce en modificarla, menos confianza sentía ella en su apariencia personal. En su intento de hacerlo feliz, Gail perdió el control de su propia identidad. Su extremada dependencia, incentivada por la excesiva necesidad de controlar de Bruce, hicieron de ella un ser completamente vulnerable con un miedo patológico al abandono que, a la larga, se convirtió en una dolorosa realidad.*

*«Lo peor de esta broma macabra —concluye Gail— es que él me dejó de todas maneras, sin importarle qué ni cuánto estaba dispuesta a sacrificar solo para hacerlo feliz. Lo más triste es que cuando me miro al espejo veo la imagen de Bruce y no la mía. Y, como no fui "suficientemente buena" como para conservarlo, me siento defectuosa a pesar de lo guapa que me puedan encontrar los demás.»*

La historia de Gail, si bien es un caso extremo, ilustra a la perfección un modelo de conducta altamente destructivo que está muy extendido entre las mujeres que sufren la enfermedad de complacer a la hora de relacionarse con los hombres. No es casual que las mujeres que padecen esta enfermedad se relacionen con hombres controladores que al principio se esfuerzan por anular su personalidad —con una total cooperación y obediencia por parte de ellas— para, más tarde, comenzar a criticarlas y eventualmente llegar a descartarlas porque se han convertido en personas demasiado dependientes que ya no son un desafío atractivo ni estimulante. Una vez que se someten a su voluntad, ya no sienten ningún interés por ellas.

Desafortunadamente, tal como Gail se vio obligada a aprender, el rechazo y el abandono que trataba de evitar con su obediencia y su complacencia a la larga se convirtió en una cruda y dolorosa realidad.

Al cambiar su propia personalidad para ajustarse a las fantasías que *él* tiene acerca de cómo tiene que ser usted, lo único que consigue es resultar cada vez menos atractiva a sus ojos —y de ninguna manera ganar su aprobación. Esto sucede porque su fantasía es una mera prolongación de él mismo y —parafraseando al inimitable Groucho Marx— este hombre, en realidad, no quiere pertenecer a ningún club que lo acepte como socio.

Uno de mis pacientes masculinos explicaba este modelo de comportamiento desde su propia perspectiva. «Me encantaba encontrar una mujer que accediera a complacerme en todo. Pero, tan pronto como me daba cuenta de que ella haría *absolutamente cualquier cosa* para complacerme, empezaba a soltar el sedal y a recogerlo alternativamente para ver cómo se debatía en el anzuelo de mi control. Durante un tiempo, me quedaba fascinado al comprobar hasta qué punto podía controlar su comportamiento.

Sin embargo, un buen día me di cuenta de que estaba sentado en la barca completamente solo. Ahora ya no me interesa esa clase de mujer que haría absolutamente cualquier cosa por mí. Es aburrido y solitario. Quiero una compañera que se siente a mi lado en la barca, que me haga compañía. Quiero que sepamos complacernos mutuamente sin perder los límites de nuestras personalidades.

Otro hombre explicaba así su punto de vista: «Es verdad que me gusta tener el control, pero lo que realmente quiero es alguien que sea capaz de ponerme en mi lugar. Me gusta comer un filete porque es algo sustancial que se puede morder, no quiero comer una papilla blanda para bebés que ya está prácticamente digerida. Y así es como me siento cuando me relaciono con una mujer que es capaz de tirar por la borda toda su esencia, todo su espíritu, solo por complacerme. No hay nada donde morder, no hay reto ni desafío; es sencillamente aburrido».

## Después de todo..., ¿de quién es el orgasmo?

*Dina está en mi sala de espera, llorando y temblando. Entra y se sienta, permaneciendo totalmente muda durante varios minutos. Cuando comienza a hablar, sus lágrimas hacen que las palabras se le atraganten en la garganta. Nos lleva casi treinta minutos lograr que Dina pueda empezar a contar qué la ha traído a terapia. La historia que relata da escalofríos.*

*Dina cuenta que su novio, Paul, la ha echado de la casa que han compartido durante los últimos cinco años; le ha dicho que no puede ni quiere casarse con ella y que ha conocido a otra mujer.*

*Hace cinco años, Dina —que ahora tiene 33— conoció a Paul, un millonario autodidacto de 38 años. Dina lo describe como «el hombre más excitante que jamás había conocido»; también recuerda que en el mismo momento en que lo conoció sintió que el suelo temblaba bajo sus pies.*

*Después de salir con él en la primera cita, Dina jamás volvió a su propio hogar; ese mismo día se mudó a la elegante casa de Paul. Al cabo de una semana, se prometieron que estarían juntos el resto de sus vidas.*

*Ahora bien, desde el mismo momento en que empezaron a estar juntos, Paul le explicó a Dina que su mayor problema* con las mujeres era que se aburría demasiado rápido de ellas, especialmente a nivel sexual.

«Esto me asustó un poco porque yo no quería perder a este hombre jamás. Pero yo sabía cómo hacer que un hombre se sintiera feliz y satisfecho en la cama y estaba dispuesta a que Paul nunca se aburriera de mí.»

«Ahora me doy cuenta de la forma en que me hizo caer en su trampa» —continúa Dina—. «Después de que terminábamos de hacer el amor, Paul me decía: "Prométeme que jamás me aburriré sexualmente contigo", y yo —por supuesto— se lo prometía, sin saber realmente lo que él quería decir.»

«Los primeros seis meses fueron como si todos mis sueños se hubiesen hecho realidad. Yo no me enamoré de él por su fortuna; lo hubiera amado de cualquier manera. Sin embargo, su dinero nos permitía ir a cualquier sitio y hacer lo que nos apeteciese. Dejé de trabajar y él cubría absolutamente todos mis gastos. Por supuesto, esto le dio aún más control sobre mí.»

«Al cabo de seis meses, empezó a sentirse inquieto. Me contó que se estaba empezando a aburrir de nuestra vida sexual y que necesitaba variedad y cambio. Al principio, pensé que quería salir con otras mujeres, y si bien en ese momento me sentí desolada, hoy veo que eso hubiese sido mucho mejor que lo que vino después», reconoce Dina.

«Una noche me dijo que quería que otra mujer compartiese nuestra cama. Pensé que estaba de broma hasta que vi que, efectivamente, otra mujer desnuda entraba en el cuarto y se metía en la cama con nosotros. En ese momento creí que iba a enloquecer y le dije a Paul que eso no iba conmigo.»

«Sin embargo, Paul me llevó aparte y me dijo que si no aceptaba, se aburriría sexualmente de mí y se acabaría nuestra relación. Esto sencillamente me aterrorizó e hice lo que él quería, pero después me sentí muy deprimida.»

*Poco después, Paul la llevó a un «sex club» privado e insistió en que Dina tuviese relaciones sexuales con otros hombres para que él la pudiese mirar. En otras ocasiones, contrataba prostitutas y prostitutos para que viniesen a la casa.*

*«Mientras todo esto sucedía, yo seguía esperando ser suficiente para él —yo sola—. La situación se volvió tan estresante que desarrollé graves problemas sexuales. Nunca más pude tener un orgasmo y, debido a mi ansiedad, las relaciones sexuales se volvieron dolorosas. Por supuesto que no dejé que Paul se enterara de todo esto, ya que estaba segura de que en ese caso me abandonaría irremediablemente. Al mismo tiempo, estaba aterrorizada por la posibilidad de contraer el sida y morir; sentía que me lo merecía... ¡Me sentía tan sucia y avergonzada!», dice Dina.*

*«Lo peor de todo es que sabía que este hombre estaba enfermo y que estaba haciendo que yo me odiara a mí misma. Muchas veces pensé en matarme. Dentro de mi corazón sabía que Paul no podía amarme; ni a mí ni a nadie. Pero... me sentía tan confundida, tan lastimada y tan culpable. Ni siquiera podía considerar la alternativa de abandonar a Paul, ¿quién iba a quererme después de las cosas que había hecho? O sea, estaba totalmente atrapada. Sentía que no tenía elección posible.»*

*«Empecé a beber mucho y a tomar drogas para olvidarme de lo que estaba haciendo o de lo que había hecho», admite Dina.*

*«Paul me había convertido en una puta», solloza. «Pero yo seguía repitiéndome que esta debía ser una fase que él estaba atravesando y que se pasaría, que si lo amaba lo suficiente y volvía a hacerlo feliz, él cambiaría y prestaría atención a lo que yo deseaba.»*

*«Después enfermé. No pude salir de la cama durante un mes. Creo que esa fue la única manera que tuve de parar*

*todas esas perversas actividades sexuales. Cuando me empecé a recuperar, Paul quiso hacer nuestro propio vídeo porno para ponerlo en Internet. ¿Se lo puede imaginar? ¡Mi padre y mis hermanos están conectados a la red!»*

*«Esto realmente me despertó. Finalmente, junté fuerzas para decir "no" y sugerí que abandonáramos de una vez todos esos experimentos sexuales. Le dije que yo quería casarme y tener una familia; en ese momento, Paul se rio en mi cara.»*

*«Nunca podré olvidar el desprecio que había en su voz: "¿Casarme contigo?" —dijo Paul—. "¡No estarás hablando en serio! ¿Cómo podría casarme con alguien que hace las cosas que tú has hecho? ¿Tú crees que yo podría elegirte como madre de mis hijos?". Fue insoportablemente cruel», relata Dina llorando con amargura.*

*«Luego, sin más, me dijo que lo había aburrido sexualmente y me echó de su casa.»*

Tras una breve pero intensa terapia de crisis, Dina contactó con su familia que vivía en el campo, lejos de nuestra ciudad. Fueron muy amorosos y comprensivos con su hija, brindándole un enorme apoyo para que superara su crisis. Dina sabía que el primer paso para su recuperación era poner muchos kilómetros de por medio entre ella y Paul. Dina también sabía que necesitaba mucha ayuda profesional y estaba convencida de que tenía que poner freno a su enfermedad de complacer a los hombres.

El control patológico de Paul pasó una factura muy elevada sobre la salud psicológica de Dina. Tuvo que ponerse en tratamiento para superar su depresión y sus ataques de pánico. En realidad, la experiencia con Paul fue tan intensa que le sirvió como una terapia de choque para enfrentarse a su enfermedad de complacer.

Finalmente, Dina entendió que el hecho de sacrificarse a sí misma para complacer a un hombre —en particular a uno tan nocivo como Paul— había estado a punto de destruirla por completo.

Tres años más tarde recibí una carta muy gratificante de Dina. Se había casado con su antiguo novio del instituto y acababa de tener su primera hija. Me contaba que la primera palabra que pensaba enseñarle a su hija era un «no» claro y enfático.

Estos dos ejemplos, el de Gail y el de Dina, sirven para ilustrar a los extremos que puede llegar este problema tan común y tan extendido entre las mujeres que sufren la enfermedad de complacer.

*Cuando una mujer complaciente se relaciona con hombres controladores en el terreno sexual, puede sufrir violaciones muy serias y peligrosas, tanto físicas como psicológicas.*

Cada mujer necesita saber dónde están sus propios límites, y cuando hablamos de sexualidad debe hacerlos respetar de forma firme y coherente. Cuando un hombre controlador se mete en la cama con una mujer complaciente, es él quien tiene la sartén por el mango. Esto quiere decir que, de forma implícita —o a menudo muy explícita—, este hombre espera que la mujer complaciente tenga sexo con él *cuando y como* él desea, *en la posición* que él impone, con la *frecuencia* que él quiere o puede, utilizando las *precauciones* que él propone y los *métodos anticonceptivos* que él permite.

Este arreglo es tan poco sano para la mujer complaciente, que el hombre controlador, que a menudo se engaña a sí mismo, incluso llega a asumir el mérito por los orgasmos que pueda sentir la mujer. Si la mujer no tiene un orgasmo evidente, el hombre controlador interpretará esto como un fallo personal por su parte y como un reflejo negativo de su capacidad, su fogosidad y de su talento como amante. Si, por el contrario, ella llega a tener un orgasmo, él lo interpretará como un logro personal, asumiéndolo como un halago y felicitándose por su propia y excelente actuación sexual.

Por esta razón, si la mujer no alcanza un orgasmo, al hombre controlador le preocupa más el daño que puede sufrir su autoestima como amante que el placer o la satisfacción sexual de ella. Al mismo tiempo, y debido a que la mujer sufre la enfermedad de complacer, ella también estará dispuesta a supeditar el tema de su propio placer orgásmico a las necesidades del delicado ego de él.

La forma en que esta pareja tiende a percibir la actividad sexual y la satisfacción que esta conlleva, a menudo resulta absolutamente destructiva para el placer de la persona complaciente, reduciendo o anulando su deseo sexual y, en definitiva, interfiriendo en el funcionamiento sexual de la mujer. La importancia que el hombre atribuye a los orgasmos de la mujer —o a la falta de ellos—, tomándolos como indicadores de su propia adecuación sexual, pueden provocar ansiedad, presión o vergüenza de sí misma en la mujer. La presencia de estos estados emocionales disminuye cada vez más la capacidad de esta mujer para alcanzar un orgasmo. Al cabo de un tiempo, se establece un ciclo vicioso de dificultades sexuales. La persona complaciente intenta permanentemente que el compañero controlador se sienta competente, lo cual interfiere con su capacidad de alcanzar una relajación orgásmica.

Con el objeto de reducir la ansiedad que *él* experimenta frente a su capacidad como amante y alimentar su ego, la mujer complaciente a menudo desarrolla problemas sexuales de difícil tratamiento.

Más allá de las trampas psicológicas en las que caen las mujeres complacientes en sus relaciones con hombres controladores, aprender a decir claramente «no» en el terreno sexual puede ser una cuestión de vida o muerte.

Si bien la mayoría de las mujeres no se verán obligadas a hacer frente a la clase de retos sexuales a los que Paul exponía a Dina, muchas de las mujeres complacientes tienen que enfrentarse a hombres que no quieren ponerse un condón porque «no tienen la misma sensación». También es usual que se encuentren presionadas para llevar a cabo el acto sexual en determinadas posiciones que no les gustan o para realizar ciertos actos que no desean hacer o que las hacen sentirse incómodas.

Cuando el problema del virus del sida explotó en la comunidad gay norteamericana, el miedo, junto con una profunda pena y dolor, hizo obvia la necesidad de cambiar los comportamientos sexuales de alto riesgo. La comunidad homosexual de ese país se unió y con una esmerada dedicación, y no pocos esfuerzos, se ocupó de la educación sexual para, entre otras cosas, enseñar básicamente a las personas a decir «no», a estimular el uso de los condones y a animarlos para que desarrollaran sus propios límites sexuales.

Ese esfuerzo demostró, sin lugar a dudas, que cuando las personas complacientes aprenden a decir «no» se salvan vidas. En nuestra cultura contemporánea, donde las violaciones durante una cita, el acoso sexual en el lugar de trabajo, la violencia doméstica, las enfermedades de transmisión sexual y la invasión de los límites sexuales personales son problemas que están a la orden del día, el comportamiento de las personas complacientes es de alto riesgo.

> *En el terreno del comportamiento sexual y de las relaciones con los hombres, la enfermedad de complacer a los demás puede ser —literalmente— una enfermedad mortal.*

## Recuerdos de abusos sexuales

Es muy frecuente, y a la vez muy alarmante, que muchas mujeres con historias de abusos sexuales domésticos desarrollen una fuerte tendencia a complacer a los demás en su vida adulta.

La relación entre ambos hechos produce sentimientos encontrados y confusos relacionados con el hecho de ser una mujer agradable y obediente, especialmente cuando estas características sugieren que su papel fundamental en la vida es el de satisfacer las necesidades de un hombre controlador y sexualmente dominante.

Muy a menudo, las mujeres que sufrieron abusos sexuales cuando eran niñas o adolescentes —frecuentemente por miembros de su propia familia— recuerdan que los agresores les decían que fueran «buenas chicas» y que se sometieran a sus requerimientos sexuales, en silencio y sin resistencia. Al mismo tiempo, existía la amenaza —explícita o implícita— de que si no eran «buenas» les harían daño.

En general, el abuso sexual que tiene lugar en el seno de la propia familia persiste durante años sin ser descubierto. Para «ser buena», la víctima tiene que proteger a su abusador y a su sucio secreto. Así, la víctima recibe instrucciones de su violador acerca de cómo comportarse frente a los demás en la vida diaria familiar. La víctima puede llegar inclusive a sentirse motivada para complacer o para apaciguar la ira del perpetrador con el objeto de que no la lastime la próxima vez que invada su cuarto y su cuerpo.

Como consecuencia de todo esto, la víctima debe negar o reprimir su ira. Esta ira no está tan solo —ni siquiera principalmente— dirigida contra el familiar abusador, sino que se convierte en resentimiento e ira profunda dirigida hacia el adulto que no ha sido capaz de protegerla o de creerle, generalmente la madre o la madrastra. La víctima tiene que aprender a reprimir esta ira mientras, simultáneamente, va refinando sus aptitudes de persona complaciente bajo el techo de su conflictiva familia.

Por tanto, no es extraño que los circuitos emocionales de la víctima se encuentren cruzados y enmarañados antes de que llegue a la edad adulta. Es posible que se sienta culpable por haber «sido buena» y por haber dejado que el adulto abusara de ella, o quizá se culpe por no haberse resistido.

También puede sentir que no fue lo suficientemente buena o agradable; de lo contrario —razona equivocadamente—, el perpetrador hubiera interrumpido su comportamiento antes o no hubiera llegado a abusar de ella. Es posible que la víctima piense que si ella hubiese sido más amable, el agresor la hubiera amado de una forma apropiada en vez de sexualizar y violentar la relación.

La víctima complaciente emerge de su oscura infancia y adolescencia profundamente confundida en relación con lo que debe hacer para ganarse el amor, el afecto y la aceptación del mundo. Tiene recuerdos ambiguos y contradictorios con respecto a los sentimientos que ella asocia a ser «buena» y obediente.

Por un lado, la víctima asocia el hecho de ser complaciente con la seguridad y lo interpreta como una protección contra males mayores: «Sé buena y no te haré daño mientras te fuerzo a tener relaciones sexuales conmigo». Al mismo tiempo, ser complaciente se equipara a ser sometida a una de las peores clases de explotación sexual femenina.

Si usted ha sido víctima de abusos sexuales, será difícil —pero ciertamente no imposible— cambiar su comportamiento de persona complaciente, especialmente con relación a los hombres. Podrá resultarle útil examinar de qué manera sus recuerdos personales relacionan el hecho de ser buena, obediente y sumisa con los hombres con la explotación sexual y la violación. Pero también es posible que su mente considere que ser agradable y darle a los hombres lo que quieren o exigen puede ser una forma efectiva de protegerse a sí misma.

Poder integrar su historia de abusos sexuales con sus hábitos actuales de persona complaciente, la ayudará a llegar al origen de su enfermedad de complacer a los hombres. Recuerde que tomar conciencia la ayudará a superar sus hábitos complacientes.

## Corrección de la actitud:
### Suprimir los hábitos complacientes en las relaciones con los hombres

♦ No hay nada de malo en querer hacer feliz y complacer al hombre que usted ama. Sencillamente, asegúrese de que usted no lo está haciendo a costa de sí misma.

♦ En una relación amorosa sana el sentimiento es: «Te necesito porque te amo». En el amor enfermizo el sentimiento es: «Te amo porque te necesito».

♦ Ningún hombre merece que usted se desprecie o se rebaje de ninguna manera.

♦ Cualquier hombre que se sienta amenazado o disminuido por su inteligencia, por sus logros, por su éxito o por su talento *no* es el hombre apropiado para mantener una relación satisfactoria con usted. Busque en otra parte.

♦ Si un hombre la ama de verdad, no intentará convertirla en una persona diferente. Apreciará la persona que usted *es* y la ayudará y la acompañará en su proceso de crecimiento personal. Intentar apartarla de lo mejor de usted misma no es amor; es una manipulación coercitiva y controladora.

♦ Conozca cuáles son sus propios límites sexuales y respételos. Insista en que cualquier hombre que quiera compartir su cuerpo acate esos límites. Recuerde: si no siente que un intercambio sexual es amoroso, es porque no lo es.

# CAPÍTULO 10
# Adicción romántica

*A sus 34 años, Louisa, que es pediatra, es consciente de que su reloj biológico le está indicando que ya está preparada para casarse. Dick, de 28 años, es un inversor financiero extremadamente guapo y sofisticado cuyas relaciones nunca han durado más de unos pocos meses.*

*Desde que se conocieron, la relación evolucionó de una forma que parecía muy promisoria. A partir de la tercera cita, ya estaban hablando de matrimonio y de hijos, aunque fuera hipotéticamente.*

*Después de un intenso cortejo que duró tres meses, Dick sufrió un ataque de pánico e inexplicablemente se distanció de Louisa.*

*«Debo aceptar que él se asustó», afirma Louisa. «De repente se "olvidaba" de nuestras citas o cancelaba nuestros planes en el último momento. En definitiva, me apartó de su lado.»*

*«Me armé de coraje y fui a verlo a su apartamento. Admitió que estaba terriblemente asustado y me dijo que habíamos ido demasiado deprisa en nuestra relación. Le pregunté cuáles eran sus miedos, para poder ayudarlo, pero francamente no estaba preparada para oír lo que me dijo.»*

*«Me explicó que no se sentía demasiado atraído por mí, y añadió que todas las novias que había tenido eran mujeres hermosas. Aseguró que desde un principio había esperado que*

mi "*cerebro y mi personalidad*" *le resultaran suficientes, pero que tenía serias dudas de que pudiese seguir siéndome fiel»*, cuenta Louisa mientras se enjuga las lágrimas y sacude la cabeza.

«*Estoy acostumbrada a superar los obstáculos, de modo que, como de costumbre, apelé a mi forma habitual de afrontar los hechos y decidí que la solución para el problema era sencillamente ocuparme de estar más guapa y más atractiva. Hice dieta, fui a un gimnasio, cambié de corte de pelo y de maquillaje y me compré ropa nueva. Todo el mundo me decía que estaba guapísima.*»

Después de un mes de separación, Dick llamó por teléfono a Louisa para suplicarle que lo perdonara.

«*Me dijo que no había tenido la menor intención de decir ni una sola palabra de lo que había afirmado acerca de mi aspecto. Cuando nos vimos, me dijo que estaba muy guapa —no solo tenía un aspecto estupendo, sino que yo tenía una "belleza interior" que otras mujeres no tenían. Lo creí porque necesitaba hacerlo. Dick también me explicó que había dicho todas aquellas cosas tan desagradables solo para apartarme de su lado, ya que en realidad tenía mucho miedo al compromiso. Una y otra vez me aseguró que estaba realmente enamorado de mí y que estaba preparado para asumir un compromiso... muy pronto. Me invitó a ir a su casa por Navidades y a conocer a su familia.*»

«*La verdad es que albergaba la esperanza de encontrar un anillo de pedida en el árbol de Navidad. Sin embargo, ni siquiera llegué a conocer la casa de su familia. Tres días antes de salir de viaje desapareció otra vez de mi vida. En esta ocasión me llamó para decirme que yo era demasiado buena para él —demasiado inteligente, demasiado seria y demasiado práctica. Y para colmo, terminó por afirmar que también era "demasiado buena" con él y que eso lo hacía sen-*

*tir culpable por no ser tan amable como yo. ¿Qué se suponía que debía hacer con todo eso?»*

*«Me fui a casa de mi madre, lloré durante todas las vacaciones de Navidad y me prometí que jamás volvería a salir con un hombre más joven que yo.»*

*«Diez días después de Nochevieja, Dick volvió a llamarme por teléfono. Me envió 50 rosas rojas y me rogó que volviese con él. Me aseguró que había empezado el año llorando porque había perdido a la única mujer que le había interesado en toda su vida.»*

*«Creo que me sentía tan desdichada que dejé que me convenciera. Sin él me sentía como un adicto sin su dosis. Me avergüenza admitirlo, pero creo que él es como una especie de "trofeo" masculino para mí. Cuando las cosas van bien entre nosotros, me siento genial; Dick es joven y guapísimo y quiero enseñárselo a todos mis amigos.»*

*«Por el contrario, cuando dice cosas que me hieren, mi ego se rompe en mil pedazos. Nada ni nadie puede hacerme sentir tan mal conmigo misma como él. Y en esos casos, nada ni nadie puede hacer que vuelva a sentirme bien... excepto él.»*

*Volvieron a estar juntos, esta vez durante varios meses, hasta que Dick empezó a perder interés sexual por Louisa. «Cada vez que estamos realmente unidos, empieza a tener ataques de ansiedad, le aterran los compromisos y vuelve a distanciarse de mí. Me doy cuenta de que el problema realmente lo tiene él —su ambivalencia. Aun así, debo admitir que esto está acabando con mi autoestima. Lo mire por donde lo mire, siempre llego a la misma conclusión: si él me amase lo suficiente —si yo fuera muy atractiva, muy excitante y muy sexy—, ¡ya estaríamos casados!»*

*«Hace ya mucho tiempo que me he dado cuenta de que necesito reunir el coraje para dejarlo. Ya no confío más en él. Ahora soy yo la que me asusto cuando las cosas van bien entre nosotros;*

*¡siempre estoy esperando que tire el otro zapato al suelo! Empiezo a esperar que me rechace. Luego reacciono aferrándome a él y actuando de forma insegura. Todo esto provoca que él quiera salir corriendo. ¡Estoy atrapada en un círculo vicioso!»*

Lo que Louisa está describiendo es el ciclo emocional de dolor y excitación, característico de la adicción romántica. No nos engañemos: no importa cuán románticas sean las trampas, cuán bellas las flores que se envíen para pedir disculpas, cuán sinceras las intenciones de reparación ni cuán grande sea el diamante del anillo de pedida… este ciclo alternativo de intimidad y rechazo, proximidad y distancia, idealización y devaluación, *no* forma parte de una relación amorosa sana. Es un comportamiento adictivo alimentado por la necesidad de las personas complacientes de evitar el abandono, el rechazo y la desaprobación.

Una vez que Louisa descubrió que estaba «enganchada» a Dick, la situación era exactamente la misma que existe entre un drogadicto y su camello. Esta historia ilustra perfectamente lo que se considera un modelo de adicción.

Louisa se está comportando como el pichón número 2 del experimento que mencionamos, intentando volver a conquistar el amor y la aceptación de Dick, que él le retira sin previo aviso y de una forma totalmente aleatoria e intermitente.

Louisa se da cuenta de que lo que realmente la motiva no es el deseo de reconquistar su amor, sino la necesidad de evitar el dolor y la afrenta a su autoestima que implica cada rechazo y cada desaprobación de Dick. De todos modos, ella ya no confía en su amor.

## No permita que nadie lo haga sentir inferior

Eleanor Roosevelt estuvo muy acertada cuando dijo: «Nadie puede hacer que usted se sienta inferior si previamente no cuenta con su permiso». Lamentablemente, fue necesario que se sintiera muy desdichada y ansiosa y que se sumiera en una fuerte depresión antes de que Louisa se diera cuenta de que era *ella* quien le estaba dando permiso a Dick para hacerla sentir inferior.

Las personas que sufren la enfermedad de complacer a los demás muy a menudo se equivocan al adjudicarle motivaciones e intenciones muy nobles a aquellos con quienes se relacionan románticamente. No es nada inusual que uno de los miembros de la pareja proyecte sus rasgos de personalidad, sus motivaciones y formas de ver el mundo sobre la otra persona, a la vez que adopta valores similares.

Para decirlo brevemente, las otras personas —incluso aquellas a quienes usted ama— pueden no ser tan agradables y tan amables como usted. Lamentablemente, su enfermedad de complacer a

> *Para protegerse adecuadamente, usted necesita ver a las personas tal como son en realidad y no a través de unas engañosas lentes de color de rosa que magnifiquen sus virtudes y minimicen o hagan desaparecer sus defectos.*

los demás hace que usted sea presa fácil para aquellos que buscan lastimarlo o explotarlo.

Louisa, por ejemplo, no pudo ver cómo era Dick en realidad hasta que fue capaz de discriminar y separar su ego de él. Mientras ella consideraba a Dick como su ideal y no como un ser humano separado de ella, no podía responsabilizarlo de la forma en que él la trataba. En vez de hacerlo, su mente seguía analizando de forma lógica un problema psicológico, diciéndose que si Dick fuera capaz de superar sus miedos y hablar de las verdaderas razones de su insatisfacción, ella sería capaz de desplegar todas sus habilidades para complacerlo: estaba dispuesta a cambiar de personalidad y de apariencia hasta convertirse en su ideal de mujer.

Dado que Louisa era tan «buena», pasó momentos muy duros hasta que pudo admitir que Dick no era en realidad el amor de su vida.

Cada vez que Dick la rechazaba, Louisa se quedaba ciega y no podía ver lo que realmente estaba sucediendo debido a lo que ella clasificaba de «amor». Objetivamente, lo que sucedía era que la percepción de Louisa estaba severamente distorsionada por los síntomas que le infligía su profunda adicción romántica.

Finalmente, cuando Louisa ya había sido suficientemente insultada y maltratada, se permitió sentir una rabia hacia Dick que resultó muy sana y curativa. Fue entonces cuando también pudo aceptar que la persona que realmente necesitaba «arreglo» era Dick y no ella.

Sin embargo, tal como aprendió Louisa a través de la terapia, fue su enfermedad de complacer a los demás lo que generó una conducta adictiva en su relación. En el más puro estilo de las personas complacientes, Louisa prácticamente le rogó a Dick que le dijese cuán inferior y defectuosa era su personalidad para que ella pudiera «arreglarla» con el fin de hacerlo feliz y evitar su rechazo y abandono.

Louisa le ofreció a Dick su autorización para tratarla como un ser inferior y después siguió rogándole que continuara maltratándola, de la misma manera que un drogadicto puede llegar a suplicar que le den una dosis.

## Personas complacientes que se confabulan con compañeros iracundos

La adicción romántica es solo uno de los diversos modelos de relación en los que una persona complaciente se expone inconscientemente a ser la víctima «buena» que es maltratada.

▶ *Muchas personas que sufren la enfermedad de complacer a los demás se relacionan con compañeros irascibles y agresivos. Si bien los motivos que impulsan a las personas complacientes a entrar en estas relaciones pueden ser inconscientes o no intencionados, estas asociaciones nunca son una coincidencia ni un accidente. Las personas complacientes no son víctimas inocentes, si no cómplices activos de sus iracundos —y a menudo agresivos— compañeros.*

Con el paso del tiempo, la confabulación entre ambos —por un lado, la persona iracunda y agresiva y, por el otro, su cómplice, que padece la enfermedad de complacer— se convierte en un juego peligroso.

Si usted tiene un compañero agresivo, se sorprenderá al saber que su hábito de persona complaciente lo convierte al menos en un colaborador activo de la hostilidad y la ira de su pareja y, muy probablemente, en un participante voluntario. También es muy probable que usted piense que su conducta complaciente está en realidad destinada a evitar los conflictos, eludir los enfados y a restarle importancia a las confrontaciones.

Sin embargo, la realidad es que su enfermedad de complacer lo convierte en el cómplice perfecto que necesita un compañero acusador e iracundo. Tal y como usted ya sospechará, ser complaciente no es una actitud eficaz para minimizar o erradicar esa tendencia a la ira o a la agresión que caracteriza a su compañero. Por el contrario, como podrá comprobar, sus hábitos complacientes solo logran que su compañero se enoje cada vez más y tienda a mostrarse cada vez más hostil y agresivo con usted.

## ¿Cuál es su colaboración en el maltrato que sufre?

Existen por lo menos cuatro formas en las que usted puede fomentar la hostilidad de su compañero aunque no tenga la intención de hacerlo:

1. *Usted está dispuesto a sentirse culpable en cualquier circunstancia.* Las personas complacientes están siempre dispuestas a asumir la culpa cada vez que surge un problema —cualquiera sea este— en su relación. Probablemente usted cree que al hacerlo está buscando una vía para evitar ulteriores agresiones o iras desatadas; sin embargo, la realidad es que al asumir automáticamente todas las culpas lo que está haciendo es reforzar y justificar la ira que su pareja canaliza hacia usted.

Por definición, la ira es una acusación en respuesta a algo que se percibe como error, fallo o mal comportamiento. O sea, que para que se desencadene la ira, alguien tiene que tener la *culpa* de algo no deseado. Con su actitud de persona complaciente, usted permite al acusador que encuentre un culpable, justamente lo que esta persona necesita.

> *Asumir toda la culpa no es de ninguna manera lo mismo que aceptar su parte de responsabilidad en el problema.*

La afirmación que acaba de leer presume que cuando ocurre un problema entre dos personas, la responsabilidad estará repartida de manera ecuánime y justa. Es posible que la responsabilidad no esté repartida exactamente al cincuenta por ciento, pero ambos integrantes de la pareja admitirán cierto grado de responsabilidad en el problema que ha surgido entre ellos.

Lo que sucede con la culpa es que siempre está de un solo lado de la balanza. El acusador rechaza cualquier responsabilidad y busca por todos los medios no solo que el otro sea el culpable, sino que tenga que responder por ello y sufrir un castigo por sus acciones, que son claramente catalogadas como erróneas.

2. *Usted utiliza tácticas agresivo-pasivas.* La segunda forma en la que usted se convierte en cómplice de un compañero hostil es la supresión o negación de su propia ira asumiendo formas de respuesta agresivo-pasivas. Como su nombre lo indica, el comportamiento *agresivo-pasivo* es hostil por naturaleza en virtud de ser pasivo. Esta sumisión le permite negar su lado agresivo, tanto frente a su pareja como ante sí mismo, y favorece que siga usted manteniendo la idea de que es una persona buena y agradable.

Alguno de los ejemplos más comunes de comportamientos agresivo-pasivos son: poner mala cara, hablar con mal tono o negarse a conversar. También existen otras formas como olvidar «casualmente» las citas o compromisos, llegar tarde, posponer las cosas importantes, encerrarse en sí mismo, evitar los encuentros sexuales, no prestar atención al compañero o dejar de quererlo. Es posible que usted lleve a cabo estas acciones sin darse cuenta del carácter retaliativo que conllevan.

Debido a lo incómodo que usted se siente cuando tiene que enfrentar su propia ira, es muy posible que haya desarrollado una amplia gama de comportamientos agresivo-pasivos como respuesta a la ira de su compañero.

*Los comportamientos agresivo-pasivos son especialmente peligrosos cuando están dirigidos a un compañero hostil.*

En realidad, las actitudes agresivo-pasivas incitan a su compañero a mostrarse aún más hostil. La combinación de su pasividad y la negación constante de su propia agresividad reprimida se convierten en algo muy frustrante para su pareja. Dado que la hostilidad nace de la frustración, su comportamiento agresivo-pasivo solo consigue que su compañero, que ya estaba enfadado, esté ahora totalmente iracundo.

Esto no quiere decir que usted sea responsable de la ira ni del comportamiento hostil de su compañero. Por el contrario, la ira de su compañero es su propia responsabilidad. Sin embargo, su conducta agresivo-pasiva hace que usted participe activamente en un modelo de conducta interactiva que *permite* que su compañero se enfade constantemente con usted.

3. *Usted se convierte en una víctima pasiva.* La tercera forma de colaborar con la hostilidad de su pareja es convertirse en una víctima pasiva cuando él se vuelve activamente agresivo. Al hacerlo, está creando y perpetuando un ciclo en el que ambos asumen papeles complementarios.

*Para poder dominar la situación mediante la intimidación, las amenazas o la agresividad, su compañero necesita tener una víctima a quien controlar. La ironía es que, incluso en esta dinámica enfermiza y negativa, usted continúa siendo una persona complaciente que satisface las necesidades de su compañero.*

Sería más enfermizo y posiblemente más peligroso que usted adoptara una respuesta agresiva a la hostilidad de su pareja. Sin embargo, al asumir una *actitud firme* —ni pasiva ni agresiva— usted estará defendiendo su propio derecho a no ser maltratado ni tratado como un saco de arena en el que su pareja descarga su ira, ya sea de forma verbal o física.

**4.** *Si su compañero siempre tiene razón, es que usted está siempre equivocado.* La cuarta forma en que, debido a su enfermedad de complacer, se convierte usted en cómplice de comportamientos iracundos es mediante su aceptación tácita a estar siempre equivocado.

Las personas hostiles necesitan ganar todas y cada una de las discusiones y demostrar continuamente que tienen razón para poder justificar y racionalizar su ira. Como compañero de una persona semejante, usted se encontrará permanentemente en el banquillo de los acusados. En una dinámica de «uno pierde y el otro gana» solo uno de los contendientes puede tener razón; el otro —por definición— tiene que estar equivocado.

Dado que usted desea ganar su aprobación y evitar los conflictos, su tendencia es a estar de acuerdo con su compañero y someterse pasivamente a su punto de vista.

> *Para permitir que su compañero siempre tenga razón, usted deberá admitir que siempre está equivocado.*

La determinación de ser usted quien siempre está equivocado no tiene nada que ver con los méritos de los argumentos de su compañero, ni con la realidad de su culpa o inocencia y tampoco con su rectitud moral. Solo tiene que ver con la necesidad de control y dominio de su compañero y con su persistente exigencia de tener siempre razón.

Someterse al papel del que «siempre está equivocado» lo hará sentir culpable en todas las circunstancias, ya sea cuando haya cometido un error como cuando tenga usted razón. Si en realidad es usted quien ha cometido un error, se sentirá aún más culpable y asumirá la pesada carga que su compañero —que pretende tener superioridad moral— deposita sobre usted. Si, por el contrario, usted sabe o cree que tiene razón, se culpará por ser emocionalmente débil o demasiado cobarde como para defender sus derechos.

> *Aceptar que usted siempre está equivocado —solo para que su compañero pueda ser el que siempre tiene razón— irremediablemente dañará su autoestima.*

Finalmente, alguien que siempre está dispuesto a aprovecharse de cualquier situación que demuestre que usted está equivocado, puede crear aún otro problema: *el perfeccionismo*. Cuando usted vive en un entorno psicológicamente opresivo en el que su actuación está siendo constantemente escudriñada, no podrá sentirse libre para asumir riesgos, para ser creativo ni para aceptar nuevos desafíos en los que el éxito y la perfección no están garantizados. Por ello, el perfeccionismo va socavando su capacidad de crecimiento y su rendimiento personal.

Por otro lado, también es posible que usted comience a disimular sus errores para evitar la desaprobación o las reprimendas de su pareja o de otras personas. Una vez más, sus intentos por encubrir estos errores se volverán en su contra. Cuando estos errores sean descubiertos, lo que es más que probable, usted perderá el respeto y la confianza de los otros. Más aún, considerará que ha cometido dos fallos: el error en sí mismo y su falta de sinceridad al intentar ocultarlo.

Los errores tienen valor porque podemos aprender de ellos. Si usted tiene tanto miedo a la desaprobación ajena como para no poder reconocer sus propios errores, se está perdiendo esa oportunidad de aprender.

## Usted no puede cambiar a su compañero, pero puede modificarse a sí mismo

¿Qué puede hacer si tiene un compañero irascible, hostil y punitivo? ¿Cómo puede estabilizar a alguien que lo tiene permanentemente atrapado en una montaña rusa emocional?

Lo primero es reconocer que usted no puede cambiar a su compañero directamente. Si usted alberga la esperanza de que su amabilidad y su naturaleza «bondadosa» algún día lograrán el cambio, ya es hora de que acepte que se trata de una vana ilusión y que advierta el precio que está pagando por sus esfuerzos.

En realidad, su tendencia a complacer a los demás produce un efecto exactamente *opuesto* a lo que usted desea: está premiando las conductas agresivas e inestables de su compañero.

En vez de seguir buscando la forma de modificar a su compañero, empiece a pensar por ejemplo: «Sé que no puedo ni podré modificar a esta persona, entonces… ¿qué puedo hacer para cambiar la situación en la que estoy?».

Este forma de pensar lo fortalecerá. Por el contrario, si se empeña en encontrar un modo de modificar a la otra persona solo conseguirá reforzar su sentimiento de inutilidad y su desazón, al tiempo que aumentará su depresión, su ira y su tendencia constante a sentirse una víctima. Estos sentimientos negativos lo paralizarán y permanecerá atrapado en la situación. A partir de allí la situación solo pueden empeorar.

Si usted se siente infeliz junto a su pareja, es muy probable que ya haya considerado la posibilidad de terminar la relación o, por lo menos, separarse de él o de ella. Una vez que comprenda que no es posible cambiar a su compañero… será una buena idea volver a considerar la opción de la separación. Recuerde: lo que usted sí puede cambiar es su propio comportamiento.

Ciertamente, si usted decide dejar a su compañero y terminar la relación, producirá cambios profundos en su vida. Sin embargo, si usted solamente lo abandona, pero no se cura de la enfermedad de complacer, su próxima relación bien puede ser una réplica exacta de esta.

Por supuesto que usted puede optar por quedarse en su actual relación por razones que solo le conciernen a usted. O quizá simplemente aún no esté preparado para dejarla en este momento. Pero, cualquiera sea la decisión, *usted debe dejar de participar en su propio maltrato.*

> ▶ Recuerde: El comportamiento de su compañero —como el de todo el mundo— está influenciado por sus actitudes. Esto quiere decir que si usted altera la forma de responder a su compañero, este gesto tendrá un profundo impacto sobre su comportamiento.

*Cuando usted deja de recompensar a su compañero por su conducta abusiva, o de colaborar con él/ella en su propio maltrato, su comportamiento se ajustará a las nuevas circunstancias y las consecuencias serán diferentes.*

No se olvide de que si usted recompensa un comportamiento negativo (por ejemplo, la ira), favorecerá que se repita frecuentemente en el futuro. Por el contrario, si usted deja de hacer concesiones frente a un comportamiento negativo, disminuirá las probabilidades de que se reitere una y otra vez. Finalmente, cuando usted recompensa un *comportamiento* diferente —es decir, una actitud *positiva*— fomentará que este nuevo comportamiento reemplace al anterior.

Esta afirmación que acabamos de hacer tiene enormes implicaciones en relación con la posibilidad de modificar el modelo de conducta negativa que existe entre usted y su compañero. Usted ya no se puede permitir seguir engañándose a sí mismo y seguir aferrado a la idea de que quizá pueda cambiar a su pareja gracias a su actitud amable y complaciente. Como usted ya sabe, insistir en ello solo empeorará aún más la situación.

Parafraseando a Dennis Wholey: «Pretender que tu compañero te trate mejor porque eres una persona buena y complaciente es como esperar que un toro no cargue contra ti porque eres vegetariano».

Es necesario que usted reconozca que perseverar en esa conducta complaciente crónica equivale a agitar un capote rojo delante de un toro furioso. O bien deja caer el capote y sale corriendo, o bien cambia de estrategia inmediatamente.

*Para curarse de la enfermedad de complacer a los demás, solo necesita cambiar un comportamiento (o un pensamiento o un sentimiento) para iniciar el ciclo; la situación empezará a cambiar mediante una reacción en cadena, como sucede con un ovillo de hilo cuando usted tira de una hebra.*

Puede ser que se hagan nudos, pero usted aprenderá las técnicas necesarias para desenredar el hilo.

## CORRECCIÓN DE LA ACTITUD:
### Cómo protegerse de la adicción romántica

♦ No le permita a nadie que lo haga sentirse una persona inferior, indigna o carente de méritos.

♦ Cuando usted está dispuesto a asumir la culpa de todo lo que va mal en su relación, lo que está haciendo es justificar la ira de su compañero. Asumir la culpa en cualquier ocasión es totalmente distinto a aceptar su parte de responsabilidad en la situación.

♦ Las tácticas agresivo-pasivas no solo son una forma de engañarse a sí mismo, sino que además son contraproducentes y muy peligrosas, especialmente si las utiliza con un compañero hostil y agresivo.

♦ Considerarse una víctima produce vergüenza; sentirse fuerte genera dignidad.

♦ Cuando usted admite que su pareja *siempre* tiene razón, acepta que usted está *siempre* equivocado. Esto no es verdad, ¿no es así?

# TERCERA PARTE

## *Los sentimientos de las personas complacientes*

AHORA YA PODEMOS ocuparnos del tercer lado del triángulo de la enfermedad de complacer a los demás; en esta sección del libro nos centraremos en los sentimientos de las personas complacientes. La motivación principal de los hábitos y pensamientos de quienes sufren esta enfermedad es evitar o escapar de aquellas emociones y experiencias emocionales que tanto temen o que les resultan incómodas o difíciles.

Básicamente, analizaremos todos los sentimientos de las personas complacientes que están relacionados con emociones negativas —la sensación de incomodidad que experimentan frente a la ira, la hostilidad, el conflicto y las confrontaciones y el miedo que dichas situaciones despiertan. Antes de poder vencer el síndrome de la enfermedad de complacer, usted necesitará conquistar y vencer estos intensos miedos, aprendiendo a manejar constructivamente los conflictos y a controlar y expresar la ira de un modo apropiado y efectivo.

Es probable que en este momento usted sienta un repentino impulso de dejar el libro de lado o de saltarse este capítulo, simplemente porque la perspectiva de tener que enfrentarse al miedo, a la ira y al conflicto le resulta aterradora. No lo haga; no se deje vencer por el impulso. Tal como sucede con otro tipo de conductas evitativas, solo conseguirá intensificar sus miedos cada vez que usted intente escapar de ellos. De hecho, sus hábitos complacientes y los pensamientos con los que suele sabotearse a sí mismo y que sustentan dicho hábito, se refuerzan y adquieren más poder cada vez que usted los utiliza para eludir estos sentimientos negativos y aterradores.

Como aprenderá a lo largo de este capítulo, los sentimientos que lo atemorizan se convierten en una profecía que usted mismo se encarga de realizar, precisamente porque evitan que usted tenga la oportunidad de expresar su ira o de manejar adecuadamente los conflictos.

Nunca aprenderá a discutir franca y efectivamente si sale corriendo ante la más mínima posibilidad de conflicto. Si no tiene la capacidad básica de la comunicación, que consiste en expresar sus propios sentimientos negativos o responder a los de otra persona, tampoco podrá resolver los problemas que surjan en sus relaciones con los demás.

Cuando utilizo el término *negativo* como contrario a *positivo* en la descripción de una determinada emoción, mi intención es diferenciar un sentimiento incómodo, doloroso o difícil de aceptar de otro agradable y fácil de reconocer y de expresar. Cuando hablamos de las emociones, los términos *negativo* y *positivo* no implican un juicio de valor. La ira es una emoción negativa para mucha gente porque no es cómoda y a menudo resulta difícil expresarla o comunicarla adecuadamente —pero no porque sea necesariamente algo bueno o malo. Usted aprenderá que la ira es un fenómeno normal y natural y, en determinadas circunstancias, incluso es una emoción muy útil y adaptable.

Si bien nos ocuparemos esencialmente de las emociones negativas, el tercer lado del triángulo también contiene emociones positivas. Es indudable que en algún momento de su historia personal, los hábitos destinados a complacer a los demás fueron gratificantes ya que a través de ellos usted obtuvo placer, aprobación, halagos, aceptación y gratitud como recompensa por atender las necesidades de otras personas. Complacer a los demás puede seguir siendo satisfactorio en alguna medida, aunque la amplia mayoría de las personas complacientes se sienten demasiado agotadas y agobiadas por su hábito como para seguir disfrutando de él

Durante sus experiencias vitales anteriores usted aprendió que complacer a sus seres más queridos era una forma muy efectiva de ganar su tan deseada aprobación. Los elogios, junto con las expresiones y gestos de amor y de afecto, formaban parte de la recompensa emocional obtenida por satisfacer las necesidades de los otros. Elegir la forma de cuidar o de atender a los demás (por ejemplo, dónde ir, qué comer) también puede reportarle una cierta dosis de *control,* que acaso usted considere como un sentimiento positivo.

*En algún momento del proceso usted también descubrió que al complacer, ser amable, obediente y sumiso con los demás, lograba eludir los conflictos con eficacia, evitar la ira de los otros, suprimir la suya y prevenir las confrontaciones.*

Una vez que su mente establece la conexión entre *ser bueno* y *salir airoso* de las dificultades, entre la sumisión y la evitación de los conflictos, la situación puede dar un giro peligroso y establecer un modelo de conducta compulsivo y adictivo tendente a evitar las emociones.

De la misma forma en que usted se entrenó para evitar la ira, los conflictos y las confrontaciones, ahora será capaz de aprender a gobernar de una manera efectiva y constructiva estas difíciles experiencias emocionales. Esta sección le ayudará a tomar conciencia de que en realidad sus hábitos complacientes solo consiguen aumentar sus miedos atentando contra su capacidad de comunicación, minando su «saber estar» y limitando su inteligencia emocional y su capacidad de desenvolverse en el mundo.

Cuando avancemos en el análisis del tercer lado del triángulo, aprenderá que solo cuando se arme de valor para enfrentarse a sus miedos emocionales podrá aprender a vencerlos. A partir de ese momento estará preparado para emprender el viaje hacia la recuperación de la enfermedad de complacer a los demás.

# CAPÍTULO 11

# Una vez más, sin sentimientos

Es MUY PROBABLE que usted se haya adaptado de tal manera a los hábitos comunes a toda persona complaciente que no tenga la experiencia necesaria para reconocer, aceptar y expresar su propia ira. También es muy posible que haya utilizado todas las tácticas destinadas a complacer a los demás para protegerse de los conflictos y la confrontaciones. Como resultado de haber evitado insistentemente exponerse a sus temidas emociones negativas, la ansiedad que ellas le despiertan logra que se conviertan en profecías que finalmente terminan por hacerse realidad.

Se encuentra usted en una posición semejante a la de una persona que jamás ha aprendido a nadar porque tiene miedo al agua. Este individuo evitará cualquier situación que implique estar cerca o dentro del agua. Con el paso del tiempo, y debido a una conducta evitativa reiterativa, este individuo carecerá de toda habilidad para mantenerse a flote en el agua y su miedo a ahogarse puede llegar a ser profético.

Si accidentalmente esta persona se cae en la parte más profunda de una piscina, o llega hasta allí sin darse cuenta, acaso experimente una ansiedad tan intensa que el individuo puede sufrir un ataque de pánico que puede llegar a ser mortal. Empezará a agitarse, a tragar agua y podrá llegar a perder el sentido. Finalmente, debido al miedo y a la conducta evitativa que en un principio habían impedido que aprendiera a nadar, la profecía de morir ahogado puede incluso convertirse en una funesta realidad.

Si, en otras circunstancias, esta misma persona hubiera entrado en la parte poco profunda de la piscina acompañada por alguien que supiera nadar y le diera confianza, podría haber aprendido a nadar y, por tanto, podría sobrevivir en una situación similar. Al meterse una y otra vez en el agua en la parte poco profunda y en condiciones seguras, probablemente su miedo tal vez hubiera disminuido paulatinamente hasta desaparecer.

Algo determinante, cuando se trata de superar una fobia, es que la única forma de sobreponerse a ella es *exponerse al objeto temido* para ser capaz de aprender respuestas apropiadas y efectivas. En nuestro ejemplo, la persona que sufría una fobia al agua solo podría haberla vencido metiéndose en el agua poco a poco, acompañada por alguna persona de confianza que la hiciese sentir segura; así podría haber aprendido a nadar. La evitación continuada o persistente solo intensifica el miedo y refuerza las conductas de huida adoptadas para evadirse de la ansiedad.

En su caso, usted evita la ira, el conflicto y la confrontación a través de una conducta complaciente repetitiva. Como consecuencia, nunca se ha ofrecido la posibilidad de aprender una forma eficaz para gobernar esas emociones difíciles. Ahora tiene la oportunidad de deshacerse de sus miedos y sus conductas evitativas, reemplazándolas por aptitudes que le permitan manejar la ira de manera eficaz y resolver los conflictos y enfrentamientos satisfactoriamente.

Si le piden que identifique los motivos emocionales de sus hábitos complacientes, probablemente los primeros que logre identificar serán aquellos que reconoce como motivos «positivos». Un examen más profundo de esos aspectos revelaría que el *miedo* y la *evitación* de los sentimientos negativos son incluso más poderosos a la hora de moldear sus hábitos destinados a complacer a los demás que las recompensas emocionales positivas.

El doctor Davis Burns, investigador de la terapia cognitiva, ha acuñado el término *emotophobia* para referirse al miedo excesivo e irracional a los sentimientos negativos [1]. En el caso de las personas complacientes, los miedos se relacionan específicamente con la ira, los conflictos, la agresión, la hostilidad y la confrontación. Conteste el siguiente cuestionario para determinar cuál es el papel que desempeñan los sentimientos negativos en sus problemas derivados de la enfermedad de complacer.

### CUESTIONARIO:
## ¿Sufre usted de miedo irracional a los sentimientos negativos?

Lea cada una de las afirmaciones y decida si puede aplicarse a su caso. Si la afirmación es verdadera, parcial o totalmente, marque «V»; si es falsa, elija «F».

1. Creo que no puede salir nada bueno de un conflicto. V o F.
2. Me disgusto mucho cuando sospecho que alguien que quiero está enfadado conmigo.   V o F
3. Haría prácticamente cualquier cosa por evitar una confrontación.   V o F
4. Casi nunca me quejo ni muestro mi insatisfacción a una persona que me esté atendiendo en una tienda o en un restaurante; incluso cuando sé que me están dando un mal servicio, una mala comida o un mal producto.   V o F

---

[1] D. Burns, *Therapist's Toolkit*, Los Altos Hills, Burns (publicado por el autor), 1997.

5. Creo que es mi responsabilidad calmar a las personas que tengo a mi alrededor si se agitan, se enfadan o se ponen agresivas. V o F

6. Creo que no debería sentir ira ni tener conflictos con las personas que amo. V o F

7. Cuando me enfado o me siento dolido, es mucho más probable que ponga mala cara, me niegue a hablar o use un mal tono en vez de expresar mis sentimientos de una forma clara. V o F

8. Creo que un conflicto casi siempre es un indicador de que hay serios problemas en una relación. V o F

9. Cuando otra persona se pone iracunda u hostil, me siento fácilmente intimidado. V o F

10. Cuando me enfado o me disgusto, a menudo tengo síntomas físicos como dolor de cabeza, erupciones, dolor de espalda o de estómago, o cualquier otro tipo de manifestación relacionada con el estrés. V o F

11. Estoy dispuesta a disculparme con otra persona, tenga o no tenga razón, con tal de poner fin a una pelea o una confrontación en la que se produzca una escalada de la ira. V o F

12. Creo que es muy probable que suceda algo desagradable o destructivo en una relación personal si se expresan la ira y los conflictos. V o F

13. Si alguien me culpa por algún problema, lo más probable es que me disculpe y evite posteriores discusiones en vez de correr el riesgo de enfadarme y tener una discusión aún más acalorada, aunque no tenga realmente la culpa de nada. V o F

14. Creo que es mejor sonreír y disfrazar los sentimientos negativos que expresarlos y correr el riesgo de complicarme la vida con una pelea o un conflicto. V o F

15. Haría prácticamente cualquier cosa con tal de evitar una confrontación.   V o F
16. Si alguien se enfada conmigo, lo más probable es que yo piense que tengo la culpa.   V o F
17. Creo que sería una persona más meritoria si jamás me enfadase ni me sintiese infeliz.   V o F
18. Mi propia ira me aterra.   V o F
19. La mayor parte de los problemas entre las personas que se quieren terminan resolviéndose solos y es mejor no hablar de ellos.   V o F
20. Casi nunca me opongo a lo que manifiestan los demás ni los desafío por miedo a provocar algún tipo de conflicto. V o F

## Cómo evaluar e interpretar sus respuestas

Sume la cantidad de veces que respondió «V» para obtener su puntuación.

◆ *Si su puntuación está entre 15 y 20:* Usted tiene un intenso miedo *irracional* a la ira, al conflicto y a las confrontaciones. Su necesidad de evitar los conflictos y de reprimir su ira es una carga muy pesada que, sin duda, le estará pasando factura sobre la calidad de sus relaciones y sobre su salud física y emocional.

◆ *Si su puntuación está entre 6 y 14:* Si bien su miedo a la ira y su necesidad de evitar los conflictos no constituyen una fobia, ciertamente están incentivando los hábitos comunes a toda persona complaciente, interfiriendo su capacidad de establecer y mantener relaciones personales sanas. Asimismo, su tendencia a reprimir su ira puede estar poniendo en peligro su salud física y mental.

◆ *Si su puntuación es 5 o menos:* Usted no tiene *mayores* dificultades a la hora de reconocer o expresar los sentimientos negativos. Sin embargo, si usted padece la enfermedad de complacer, puede estar restando importancia a lo incómodo que se siente ante la ira y los conflictos. Una de las razones para hacerlo es que sus hábitos complacientes lo han obligado a evitar con tanta frecuencia los conflictos que ya no puede saber con certeza cuál es su nivel de dificultad a la hora de gobernar la ira y otros sentimientos negativos. No obstante, puede estar seguro de que su incomodidad con respecto a estos sentimientos irá creciendo cada vez más si usted continúa utilizando sus actitud complaciente como una forma de evitar la ira y los conflictos.

*La supresión crónica y sistemática de la ira puede ser tan perjudicial para su salud como las explosiones de ira.*

La evitación crónica y sistemática de los conflictos no solo es un síntoma de una relación débil e inestable, sino que juega un papel muy importante socavando la posibilidad de establecer una relación sana que enriquezca su evolución personal.

Para poder superar los problemas relacionados con su complacencia, será necesario que aprenda formas sanas y efectivas de expresar la ira y medios constructivos y efectivos para superar los conflictos.

Las ganancias que usted obtiene a corto plazo utilizando sus habilidades de persona complaciente para eludir los conflictos, evitar la ira y eludir las confrontaciones, son ampliamente superadas por el alto precio que paga al no aprender otras tácticas que le permitan sentir y expresar la ira de una forma crítica y afrontar con otro talante los conflictos. Dichas técnicas son primordiales para que usted se sienta más satisfecho y sus relaciones sean más sanas y más felices.

## El peligro de evitar los conflictos

*Patricia, de 48 años, es la primera en reconocer que se comporta como un «felpudo» con los hombres.*

*«Cada vez que estoy con un hombre camino de puntillas, como si estuviera pisando huevos. Me aterroriza la posibilidad de que se enfade y exprese abiertamente su ira. Mi padre tenía un genio espantoso. Cada vez que se emborrachaba —lo que hacía todas las noches— se volvía loco, violento, agresivo, rompía cosas y abusaba físicamente de mi madre», explica Patricia.*

*Para protegerla, su madre le había enseñado a no responder jamás a su padre cuando la atacara, y mucho menos rebelarse contra él. «Haz exactamente lo que te diga, sonríe, responde "Sí, señor" y vete a tu habitación. Ya sé que es muy cruel cuando te dice todas esas cosas tan horribles, pero tu padre te ama. Es el alcohol que habla por él.»*

*De esta manera, Patricia aprendió a ser una persona complaciente, especialmente con los hombres. Si bien su padre murió antes de que ella cumpliera los 18, su terror a la ira —especialmente a la ira masculina— permaneció junto a ella de por vida.*

*«Lo curioso de este asunto, es que temo la ira de mi marido a pesar de que jamás la ha expresado. Nunca se enoja y jamás nos peleamos. La verdad es que no hablamos de nada tan profundamente como para tener alguna discusión. Sencillamente, yo estoy siempre de acuerdo con lo que él dice o quiere. Es mi manera de mantener la paz en casa» —dice Patricia en voz baja.*

*Patricia reconoce que, después de 25 años de matrimonio, ella ya sabe que su marido no tiene mal carácter. «Si no ha explotado hasta ahora, no creo que lo haga» —razona—, «pero todavía siento que no puedo cambiar mis reacciones.*

*Nunca le comunico si algo que él ha hecho me molesta o me hace sentir infeliz. ¡Siempre me digo que, sea lo que sea, no vale la pena pelear por ello!»*

*Cuando su marido la acompañó a algunas sesiones de terapia, Patricia aprendió algunas cosas acerca de su relación que nunca había comprendido. Alex, su marido, reveló que empezaba a sentirse atraído por una compañera del trabajo, pero que amaba a Patricia y que no quería «llegar a tener un romance» con la otra mujer.*

*«Sin embargo, ahora me doy cuenta de cuántas veces me he sentido solo en nuestro matrimonio en todos estos años» —le dijo Alex—. «Ya sé que tú intentas ser la mejor esposa del mundo, Patricia. Haces todo lo posible por complacerme, pero, cariño, nunca me expresas cómo te sientes de verdad. Filtras todos tus sentimientos porque tienes miedo de que me enoje y me vuelva violento. ¡Me has confundido con tu padre!»*

*Solo en ese momento, Patricia advirtió cuán cerca había estado de pagar un elevado precio por su tendencia a evitar los conflictos.*

*«Toda mi vida he tenido verdadero miedo a los conflictos debido a lo que aprendí con mis padres» —dijo Patricia—. «Sé que me casé con Alex porque él es amable y dulce, y estoy segura de que le hace daño que yo no confíe en él y no le comunique nada de lo que me pasa. Mi reacción automática ante posibles conflictos es hacer lo que supongo que él quiere o necesita —a pesar de que, obviamente, no siempre he estado acertada— y después dejarlo solo para que no se enfade conmigo.»*

*Una vez que Patricia tomó conciencia de que utilizaba sus hábitos complacientes para suprimir su propia ira (y otros sentimientos negativos) y controlar y eludir la ira de los otros, fue capaz de modificarlos.*

## Los hábitos de las personas complacientes y la huida a través de la «puerta blanca»

Patricia, como muchos de mis pacientes que sufren la enfermedad de complacer a los demás, ha aprendido a usar la expresión «la conducta de la puerta blanca» para etiquetar los hábitos que las personas complacientes emplean para evitar o desviar la ira o los conflictos. Esta frase es una manera abreviada de referirse a un condicionamiento o a un aprendizaje a través de estímulos negativos.

Como usted recordará después de haberlo leído en el capítulo 7, el término *estímulo o recompensa negativa* se refiere a lo que sucede cuando se premia un comportamiento evitando o interrumpiendo una experiencia dolorosa, negativa o, cuanto menos, desagradable. Los hábitos de las personas complacientes son *reforzados negativamente* puesto que disminuyen la ansiedad que despierta la tan temida desaprobación o el rechazo en situaciones amenazadoras.

Volveremos por un momento al laboratorio para ilustrar claramente cómo funciona la recompensa negativa en contraste con la recompensa positiva. Para esta observación de laboratorio, utilizaremos una caja dividida en dos partes iguales. La mitad de la caja está pintada de negro —el techo, el suelo y las paredes— excepto una puerta pintada de blanco que está en la pared y que divide ambas mitades. Esta puerta comunica con la otra parte cuyo techo, suelo y paredes están pintados de blanco. La puerta está pintada de blanco por las dos caras.

Los sujetos de este estudio son dos ratas blancas de laboratorio. Cada una de estas ratas se coloca en principio en la sección completamente negra. Se coloca primero una rata y después la otra. El objetivo es entrenar a cada una de las ratas para que abra la puerta blanca y entre en la sección blanca de la caja.

A la rata 1 se la entrena a través del método de la recompensa positiva. Para lograrlo, se pone un trozo de queso en el rincón más alejado de la sección blanca. A continuación se coloca la rata en la sección negra y se espera a ver qué sucede. La rata explora la sección negra de la caja por unos momentos; finalmente, descubre que puede abrir la puerta blanca empujándola o golpeándola y logra acceder a la sección blanca. Una vez que siente el olor del queso, la rata cruza la puerta y entra en la sección blanca. Se dirige luego hacia el rincón donde está el queso, se lo come y parece estar feliz.

El procedimiento se repite unas cuantas veces hasta que el hábito de pasar de la sección negra a la sección blanca a través de la puerta blanca está suficientemente arraigado. El próximo paso del experimento consiste en quitar el queso de la sección blanca de la caja. Volvemos a poner la rata en la sección negra de la caja y observamos cuántas veces continúa dirigiéndose hacia la sección blanca, aunque ya no exista la recompensa positiva —el queso— que había aprendido a recibir. Los efectos del condicionamiento positivo del entrenamiento se traducen en que la rata continuará abandonando la sección negra a través de la puerta blanca varias veces más aunque no obtenga una recompensa. La rata ha llegado a *asociar* el compartimento blanco de la caja con algo que tiene buen gusto y que, presumiblemente, la hace sentir bien. Sin embargo, luego de cinco o diez intentos sin encontrar el queso, la rata parece perder interés y renuncia a sus intentos ya que estos no son recompensados. Llegado este momento, cuando se la coloca nuevamente en la sección negra de la caja, la rata sencillamente permanecerá allí. En este punto, los científicos afirman que la respuesta a la puerta blanca ha «desaparecido».

A la rata 2 también se la ha entrenado para que abandone la sección negra de la caja a través de la puerta blanca. Sin embargo, esta rata recibe el condicionamiento de la recompensa negativa. Se la coloca en la sección negra de la caja, pero en la parte blanca no hay ningún trozo de queso. La sección blanca de la caja está vacía.

A través del suelo se aplican pequeñas descargas eléctricas a la rata. Las descargas no son tan fuertes como para provocar un dolor intenso ni para poner en peligro la vida del animal, pero son claramente desagradables para la infeliz rata.

El animal expresa su incomodidad saltando frenéticamente y orinando (tal como se ha comprobado que hacen las ratas cuando están enojadas o disgustadas). Mientras la rata brinca dentro de la caja azarosamente golpea la puerta blanca y la abre.

Es importante recordar que en la parte blanca no hay ningún trozo de queso ni ninguna otra recompensa positiva, pero una vez que la rata entra en esta sección cesan las descargas eléctricas. Esta *ausencia de dolor* constituye la recompensa negativa.

Se repite una vez más el procedimiento para asegurarse de que la rata ha «aprendido» la respuesta de huir a través de la puerta blanca. No debe usted preocuparse, pues una rata normal con una inteligencia normal para un individuo de su especie aprende la respuesta en cuestión de segundos y después de muy pocos intentos.

Con el objeto de comparar la intensidad del condicionamiento establecido a través de la recompensa negativa con el que se ha logrado por medio de la recompensa positiva, se repite el procedimiento con la rata 2, pero sin conectar las descargas eléctricas. El propósito es observar cuántas veces la rata seguirá saltando y huyendo a través de la puerta blanca, incluso ahora que ha cesado la recompensa que consiste en interrumpir las descargas eléctricas.

Cuando se coloca a la rata 2 en la sección negra *sin aplicar ninguna descarga eléctrica*, el animal sigue saltando y escapando por la puerta blanca tan pronto como se la mete en la caja. Se repite la observación una y otra vez y el resultado es que la rata 2 continúa saltando y huyendo por la puerta pese a que no existe ningún estímulo desagradable que evitar excepto, presumiblemente, el recuerdo de la descarga eléctrica y el miedo a la misma.

En el caso de la rata 2, la conducta evitativa que manifiesta al salir por la puerta blanca tardará realmente mucho tiempo en «desaparecer».

Sus hábitos destinados a complacer a los demás deben ser entendidos como la respuesta de atravesar la puerta blanca que ha sido condicionada a través de recompensas positivas *y* negativas.

Las recompensas a corto plazo (o recompensas positivas) que usted asocia a la actitud de complacer a los demás incluyen: la aprobación, los elogios, la gratitud y su propia gratificación. Estas respuestas se pueden equiparar al queso que obtiene la rata 1.

La recompensa negativa que justifica sus hábitos complacientes —es decir, la evitación del conflicto y de la ira (tanto ajena como propia), de la desaprobación, del rechazo o de la crítica— es análoga a la respuesta de la rata 2 frente a la interrupción de las descargas eléctricas. Cuando usted utiliza los hábitos complacientes, su actitud es análoga a la respuesta de la rata que salta y escapa a través de la puerta blanca.

*El impacto que tiene la recompensa negativa en su empeño por mantener sus hábitos complacientes es mucho más poderoso que el que puede tener cualquier recompensa positiva o consecuencia agradable.*

Su miedo a la ira y al conflicto es tan solo una de las experiencias negativas análogas a las descargas eléctricas de la caja negra. Las otras incluyen: el miedo al rechazo, a la desaprobación, al conflicto o a la confrontación, y el miedo a herir a otros. De la misma manera que la rata 2 continuaba saltando y huyendo a través de la puerta blanca *incluso cuando las descargas eléctricas ya no existían,* usted continúa evitando estas experiencias negativas, sin permanecer en ellas el tiempo suficiente como para poder determinar si podría existir otra forma de respuesta que fuera más beneficiosa y efectiva.

Recordemos el caso de Patricia: a lo largo de toda su vida matrimonial esta mujer ha estado huyendo a través de la puerta blanca para evitar la ira de su marido, pese a que nunca, ni siquiera una sola vez, lo ha visto perder los nervios. Si hubiera controlado su impulso a escapar, hubiera tenido ocasión de enterarse de que su marido estaba ansioso por tener una relación emocional más íntima y más franca con ella.

Muchos de los comportamientos de las personas complacientes tales como: decir siempre «sí», satisfacer continuamente las necesidades de los otros y aceptar las culpas indiscriminadamente, en realidad les ofrecen la posibilidad de huir de estas emociones negativas a través de la puerta blanca.

A usted lo han condicionado para utilizar la actitud de complacer a los demás con el fin de evitar la ira y los conflictos. Es más, usted mismo ha obstaculizado la posibilidad de enfrentarse con sus propios miedos. Como resultado, jamás se ha dado la oportunidad de dominar esos miedos aprendiendo formas apropiadas para manejar la ira y los conflictos.

## Complacencia preventiva

Volvamos a ocuparnos del ejemplo de Patricia. Durante toda su vida ha empleado una estrategia equivocada: utilizar sus hábitos complacientes para evitar las expresiones de ira y otras emociones negativas, tanto de su marido como las propias. De esta manera, Patricia creía evitar todo aquello que pudiera convertirse en un problema de pareja.

Patricia está inmersa en lo que se denomina complacencia preventiva. Su comportamiento es preventivo en cuanto intenta evitar que otras personas —especialmente los hombres— expresen su ira. De forma activa, Patricia trata de anticiparse a las necesidades de los hombres de su vida y de satisfacerlas antes de que ellos tengan cualquier oportunidad de enfadarse con ella.

Los hábitos complacientes de Patricia se vieron reforzados y potenciados puesto que le facilitaban huir de una situación que ella creía inevitablemente peligrosa y destructiva: la manifestación de la ira y el conflicto. A lo largo de la terapia, pudo admitir que su matrimonio hacía tiempo que estaba estancado. Al no tener una comunicación íntima, real y efectiva, las quejas, la infelicidad y los problemas quedaban enmascarados; el matrimonio duraba, pero no florecía.

Al igual que la mayoría de las personas complacientes, Patricia aprendió de pequeña el valor evitativo de la enfermedad de complacer. Su madre le dio instrucciones explícitas de escapar a través de «la puerta blanca». Durante toda su infancia y su adolescencia y hasta la muerte de su padre, Patricia puso en práctica sus hábitos de persona complaciente para evitar los ataques de furia descontrolada de un padre borracho. Su estrategia no era perfecta, ya que de cualquier modo estaba expuesta a sus abusos verbales; pero mientras se portaba como una niña buena y dulce, por lo menos no sufría abusos físicos.

A lo largo de su tratamiento, Patricia aprendió que ahora podía responder a las conductas abusivas de los hombres de una manera diferente a la que había utilizado de pequeña. Como un ser humano adulto, Patricia puede tomar decisiones que las ratas o los niños no pueden tomar.

En el caso de que su matrimonio se hubiese tornado abusivo, Patricia podría haber abandonado a su marido o podría haber optado por defender sus derechos y no ser cómplice en su propio maltrato. En otras palabras, como adulta, Patricia podría haber pedido o incluso exigido que su marido no la maltratara.

El caso de Patricia ilustra el profundo impacto que los condicionamientos que vienen de la infancia tienen sobre el comportamiento humano. A pesar de que los hechos y la situación de

Patricia eran ahora totalmente diferentes, ella sequía comportándose como si su marido fuera un hombre descontrolado y violento, exactamente igual a su padre.

Aunque nunca había sido testigo de una escena violenta por parte de su marido, creía estar más protegida si se aseguraba de que todas y cada una de sus necesidades estuviesen cubiertas. Tal como descubrió a lo largo de la terapia, la necesidad más imperiosa de su marido —conquistar la intimidad que se crea cuando se comparten tanto los sentimientos negativos como los positivos— permanecía completamente insatisfecha.

## La complacencia protectora

Su complacencia está tan arraigada porque usted está convencido de que lo protege de la ira y de los conflictos. Sin embargo, la actitud de complacer a los demás tiene exactamente el efecto contrario. En vez de agradar a los otros a través de su amabilidad, es probable que de una manera inconsciente esté provocando la frustración y eventualmente la ira de las personas a las que más quiere.

Tal como le pasaba al marido de Patricia, aquellos con los que usted utiliza su técnica de complacencia preventiva (usted los complace *antes* de que ellos puedan hacerle daño) pueden sentirse irritados y frustrados por su falta de disposición para discutir los problemas y su rechazo a expresar cualquier sentimiento negativo. Mientras usted está convencido de que su complacencia preventiva lo protege e incluso resulta beneficiosa para mantener una relación íntima, aquellos que realmente desean una relación profunda con usted pueden estar resentidos por la estrategia que usted emplea.

Quizá le sorprenda descubrir que esas personas que usted intenta complacer consideran que su complacencia preventiva es una conducta manipuladora, coercitiva y controladora aunque esté disfrazada de amabilidad. Para ellos, su persistente *cortesía* y su insistencia por evitar los conflictos puede ser un comportamiento agresivo-pasivo que usted emplea para mantenerse emocionalmente apartado de ellos.

Sin embargo, si usted se mantiene tan distante a fin de que nadie pueda hacerle daño, también estará demasiado lejos como para que puedan abrazarlo. De esta manera, esta «zona de seguridad» que usted ha creado a su alrededor puede convertirse en un terreno muy solitario y finalmente peligroso.

Su costumbre de ser amable con todo el mundo solo puede reducir su ansiedad y sus miedos a corto plazo e inmediatamente después de haberlos utilizado para evitar una respuesta iracunda o un conflicto. A largo plazo, sin embargo, su miedo a las emociones negativas acabará siendo cada vez más intenso. A menos que aprenda a reemplazar su conducta evitativa por otras formas de conducta que sean efectivas y apropiadas para expresar la ira y para afrontar los conflictos, la enfermedad de complacer seguirá creciendo al mismo ritmo que crecen sus miedos.

*La actitud de complacer a los demás como estrategia de evitación solamente es efectiva hasta cierto punto; a partir de ese momento puede precipitar la ira y el conflicto.*

Como sucede con muchos miedos, es muy probable que los suyos se basen en conceptos falsos. Los personajes de *El mago de Oz* estaban asustados e intimidados por el «Todopoderoso y grandioso Mago de Oz» hasta que lograron armarse de coraje para abrir la cortina que lo ocultaba y descubrieron que solo era un hombre muy pequeñito que estaba creando una aterradora ilusión mediante humos y ruidos amenazadores.

Las emociones a las cuales usted tanto teme parecen tan peligrosas y terribles porque usted las ha mantenido ocultas tras la cortina de sus hábitos complacientes. En el próximo capítulo comenzaremos a correr la cortina de los miedos y las conductas evitativas.

---

CORRECCIÓN EMOCIONAL:
**Para la actitud de evitación frente a los sentimientos
que despiertan temor**

Mientras se prepara para vencer su miedo a la ira, a los conflictos y a las confrontaciones y para aprender a afrontarlos de una forma eficaz, recuerde lo siguiente:

♦ La supresión crónica de su ira puede ser tan perjudicial para su salud como descontrolarse con frecuencia.
♦ Utilizar su actitud de complacer a los demás para eludir la ira y evitar los conflictos puede convertir sus miedos en profecías.
♦ Debe exponerse a las experiencias que le producen temor a fin de reducir su ansiedad y desarrollar aptitudes que le permitan afrontarlas eficazmente.
♦ Utilizar la complacencia preventiva para evitar las emociones negativas puede provocar la ira y la hostilidad de los demás, que consideran dicha conducta como un intento por manipularlos, controlarlos y frustrarlos.
♦ Si la expresión de las emociones negativas es algo prohibido en sus relaciones, el precio que pagará será el sacrificio de su verdadera intimidad, de su honestidad y de su autenticidad.

# CAPÍTULO 12
# El miedo a la ira

E N EL MOMENTO en que usted descubre que está evitando a los otros por miedo a que le pidan algún favor, sabrá que la enfermedad de complacer ha tomado el control de su vida. Como persona complaciente, usted no ha podido decir «no» a las solicitudes ajenas, incluso cuando no tenía tiempo, ganas, energía ni interés por satisfacer los deseos de los demás.

Hay varias razones por las que usted se puede sentir impulsado a decir «sí» cuando en realidad quiere decir «no». Es posible que tema que esta persona se enoje con usted o deje de quererlo si usted no satisface sus deseos. También es posible que usted se preocupe por no parecer una persona egoísta, despreocupada, holgazana o desagradable.

Incluso antes de que pueda pensar en alguna razón plausible para decir «no», la fuerza incontrolable del hábito tras tantos años de condicionamiento hace que el «sí» salga automáticamente de su boca antes de que pueda controlarlo. El peso de la *culpa* —la compañía emocional que jamás lo abandona— hace que no pueda denegar ese favor.

Tal como es su costumbre, usted llega a la conclusión de que es más fácil decir «sí» que atravesar el complicado laberinto de emociones negativas que la mera idea de decir «no» parece crear. Sin embargo, usted no es capaz de advertir que al aceptar un favor en contra de su propia voluntad está generando sentimientos que son aún más difíciles y amenazadores.

Después de haber dicho «sí», e incluso antes de haber hecho el favor que le han solicitado, usted se encuentra inundado por la ira y el resentimiento hacia la persona que ha manipulado su *amabilidad* y su incapacidad para decir «no» de una forma tan efectiva. Para complicar aún un poco más la situación, usted se siente avergonzado y culpable por albergar tales sentimientos, ya que están totalmente prohibidos para una persona complaciente.

Para usted sencillamente es inimaginable la posibilidad de expresar su ira y su resentimiento a la persona que le ha pedido el favor y comunicarle su rechazo a que se aproveche de usted y de su naturaleza complaciente. Después de todo, usted no puede ni siquiera decir un simple «no». Usted razonará adecuadamente que el problema realmente lo tiene *usted* y no el otro. Todo esto hace que usted tome «el camino más seguro» y vuelva contra sí mismo la rabia, la culpa y el torbellino emocional que experimenta. Y todo esto por hacer un favor que, desde el principio, no le apetecía hacer.

La paradoja es que usted terminará evitando ciertas amistades y familiares que suelen pedirle favores debido a su propia compulsión a complacerlos. Pero la realidad es que usted no quiere evitarlos ni aislarse. Por el contrario, lo que sucede es que está reaccionando ante su miedo a la ira y al resentimiento —propio y ajeno— y a las tan temidas confrontaciones y conflictos emocionales.

## La ira es una cuestión de intensidad

Tal como sucede con la mayoría de las personas, es muy probable que usted tenga una serie de conceptos equivocados sobre la naturaleza de la ira; estos falsos conceptos contribuyen a incrementar sus miedos. Para empezar, es posible que usted equipare la ira, que es un estado emocional, con la agresividad, que es una conducta.

La agresividad incluye una intención deliberada de dañar, lastimar o herir a otro o de causar daño a un objeto inanimado. Su miedo a la ira está basado en la presunción de que la ira *siempre* conduce a una acción agresiva, expresada unilateralmente o en forma de conflicto interpersonal.

Bajo determinadas circunstancias, en efecto, la ira puede llevar a la agresión. Sin embargo, no es necesario ni inevitable que esto suceda. Aprender a manejar los propios sentimientos negativos y a expresarlos de manera efectiva y apropiada reduce, en gran medida, la posibilidad de que se produzca una agresión cuando surge la ira.

El segundo concepto equivocado es que la ira actúa como un interruptor de encendido-apagado. De acuerdo con este concepto, uno está calmado y tranquilo o bien terriblemente airado e iracundo. Cuando la ira está «apagada», usted se comporta como una persona sensata y racional sin signos visibles de incomodidad o de rabia interna. Una vez que pulsa el interruptor y «enciende» la ira, las emociones negativas se manifiestan de forma indiscriminada, furiosa, agitada y peligrosa.

*Esta visión en blanco y negro de la ira es incorrecta. La ira no tiene solo dos posiciones: «encendido y apagado». Por el contrario, la ira se desarrolla, acumula e incrementa de forma paulatina.*

Existen múltiples variaciones individuales con respecto a la velocidad con que la ira va subiendo de nivel en cada persona.

Algunas personas tienen lo que se llama una «repuesta caliente»; es decir, cuando los fusibles de su ira saltan demasiado rápido. Para estas personas, pasar del estado cero (sin ira) al estado cien (ira desatada) es un proceso tan rápido que incluso llega a parecer un fenómeno de «encendido-apagado». Sin embargo, incluso aquellas personas que tienen una «respuesta caliente» van acumulando la ira de forma progresiva.

Para los individuos que se caracterizan por una «respuesta fría», la ira se va acumulando más lentamente a lo largo de la escala. Pero, finalmente, un individuo de «respuesta fría» puede acabar tan iracundo y tan descontrolado como otro de «respuesta caliente», con la única salvedad de que llegará a ese estado de una forma más lenta y deliberada.

Las personas también difieren en cuanto a la frecuencia o el nivel de incidencia de sus respuestas iracundas y en relación con el tipo de incidentes a los que responden con ira.

Las primeras investigaciones realizadas sobre las personalidades del Tipo A revelaron un alto nivel de riesgo de enfermedades cardiovasculares asociadas a características tales como la llamada «enfermedad de la prisa» (es decir, estar constantemente bajo la presión de hacer muchas cosas en muy poco tiempo), la impaciencia, la competencia exagerada y un cierto nivel de ira flotante que siempre está preparada para manifestarse[1]. Sin embargo, investigaciones posteriores han revelado de forma inequívoca que el verdadero motivo de esa tendencia a sufrir males cardiacos era la hostilidad crónica y las frecuentes explosiones de ira.

## Las cuatro fases de la ira

El miedo a la ira está íntimamente relacionado con otro miedo más ambiguo y persistente: el miedo a perder el control. Este miedo está sustentado por la idea errónea de que cuando la ira se

---

[1] M. T. Friedman y R. Rosenman, *Type A Behavior and Your Heart*, Knopf, Nueva York, 1974.

desate usted se sentirá tan desbordado por las emociones que, necesariamente, perderá el control y también toda capacidad para dominar tanto sus sentimientos como la forma en que los expresa. Considerar que la ira actúa como un mecanismo emocional de «encendido-apagado» es el combustible que mantiene viva la idea de que la irrupción de la ira invariablemente termina en una pérdida de control.

De hecho, la ira discurre a través de cuatro fases bien discriminadas. La primera fase es la denominada *ira amarilla,* y comprende las primeras señales físicas y psicológicas de que *puede* llegar a enfadarse. Aprender a dominar la ira requiere que usted sea muy sensible a cómo se siente precisamente *antes* de que lo invada la ira.

Por supuesto, su miedo irracional a los sentimientos negativos le ha impedido reconocer sus propias señales de *alerta amarilla.* Esto sucede porque, como persona complaciente, usted ha estado demasiado ocupado en negar que puede tener sentimientos iracundos o negativos.

Existen señales tempranas de la ira que usted puede aprender a reconocer como una advertencia de un inminente enfado. También puede aprender a reconocer estas señales de alerta amarilla en otras personas y ser capaz de anticiparse a la escalada de la ira.

Sentirse acosado por el tiempo, estar estresado o sometido a una presión continua son indicios de ira e irritabilidad. Algunos síntomas fisiológicos como la retención de líquidos, la hinchazón o el síndrome de tensión premenstrual que padecen algunas mujeres, son indicadores físicos —*alerta amarilla*— de cambios de ánimo muy marcados, irritabilidad o ira inminentes.

En el campo laboral, un empleado que se siente poco valorado, humillado o despreciado por su jefe o su supervisor, se convierte en una *alerta amarilla* andante y emite señales que alertan sobre la posibilidad de que su ira pueda incluso alcanzar niveles de violencia.

La segunda fase de la ira, la de *encendido,* tiene lugar cuando la ira efectivamente funde sus fusibles. El control efectivo de la ira depende de que usted sea extremadamente sensible a sus indicadores internos, tanto físicos como psicológicos, y pueda reconocerlos cuanto antes. Adoptar las estrategias para gobernar la ira tan pronto como se percate de que se ha «encendido», le ayudará a lograr un control más inmediato y efectivo que si espera a que sus emociones se hayan desatado por completo.

La tercera fase de la ira es la *escalada*. Obviamente, el objetivo de dominar la ira es evitar la pérdida de control. Aprender a regular tanto el ritmo de la escalada de su ira como el grado de intensidad —desde una leve irritación hasta una furia total— le ayudará a expresar sus emociones tal como usted piensa que es correcto hacerlo. Una vez más, es importante advertir que la escalada de la ira se relaciona con el de nivel de intensidad de la misma y no con un fenóneno de «todo o nada».

Como sucede con tantas enfermedades físicas, la detección precoz y la intervención oportuna son las claves del éxito para dominar su ira y mantener la expresión de la misma bajo un prisma adecuado y constructivo. Cuando su ira está en el punto más bajo de intensidad, responde adecuadamente a la aplicación de estrategias de control tales como la interrupción, la distracción, los pensamientos divergentes, entre otras. Por ello, una vez que usted logra tener el control emocional de la situación, su ira pasará paulatinamente de la etapa de *encendido* a la de *resolución* omitiendo la etapa de la *escalada*.

*Dominar satisfactoriamente la ira significa ser capaz de evitar que la intensidad emocional pueda llegar más allá del umbral donde se pierde el control.*

La cuarta fase es la etapa de la *resolución*. Este es el periodo para serenarse, centrarse y reflexionar sobre lo que acaba de suceder con el fin de intentar reparar cualquier daño emocional que se haya infligido a una relación como resultado de no haber sido capaz de controlar la ira.

Esta es la fase de la resolución efectiva del conflicto durante la cual las últimas secuelas de la ira se utilizan de forma constructiva para identificar con claridad los problemas y definir las soluciones posibles. Cuando el conflicto se resuelve verdadera y eficazmente, sobran las futuras referencias al mismo problema.

La clara diferenciación entre las formas adecuadas e inadecuadas de expresar la ira y entre los conflictos constructivos y los destructivos —y lo que estos representan para las personas complacientes—, son el tema de este capítulo y de los siguientes. Por el momento, un primer paso muy importante para desarrollar el control de esta emoción es tomar conciencia de que la ira es una cuestión de intensidad y *no* un fenómeno de encendido-apagado. Asimismo, es vital que comprenda que la ira se desarrolla en etapas o fases para que sea capaz de controlarla.

Cuando usted puede pensar correctamente la ira en términos de fases y de grados de intensidad, su sensación de que la ira *puede ser controlada* irá en aumento y será cada vez más sólida. Recuerde que la razón por la cual usted se siente vulnerable a la ira, emocionalmente desbordado y fuera de control es la idea errónea de que no hay ninguna manera de gobernar esta experiencia, ni forma eficaz de separar las distintas fases por las que atraviesa la ira.

## ¿La ira es siempre algo malo?

La respuesta es «no». La ira tiene un propósito real e importante.

La ira es un componente primordial de su aparato emocional que está incorporado a su circuito impreso de ser humano. Su cerebro y su cuerpo disponen de la capacidad de enfadarse como una característica de protección. *La ira es la respuesta emocional que indica que algo va mal y que usted puede salir perjudicado.*

En un sentido primario, la ira desempeña un papel importante en relación con su supervivencia. Si usted fuese incapaz de sentir ira, estaría psicológicamente discapacitado y sería peligrosamente vulnerable frente a los depredadores sociales y a otras personas que quisieran aprovecharse de su pasividad —o de su naturaleza amable.

Si alguien invadiera sus propios límites o atentara contra sus derechos, si usted fuera objeto de abuso, explotación o maltrato, su ira sería una reacción completamente oportuna. Sin embargo, tal como le sucede a la mayoría de las personas complacientes, es muy probable que usted se sienta culpable cuando siente ira, especialmente cuando la expresa con sus seres más queridos. Pero la culpa encierra algunas connotaciones morales. Dado que cuando se trata de *sentir* ira no es posible aplicar el concepto de correcto o equivocado ni de bueno o malo al respecto, su culpa está fuera de lugar. Como ser humano, usted no puede sentirse culpable por tener emociones; sin embargo, sí es responsable de la forma en que trata a las otras personas —y de cómo expresa sus sentimientos.

Al reaccionar con culpa cuando se enfada solo logra empeorar las cosas añadiendo otra emoción negativa a los sentimientos contra los que ya está luchando. Psicológicamente, la culpa y la depresión son meros reflejos de su ira, que usted dirige contra sí mismo. Por tanto, cuando usted reacciona frente a su propia ira con sentimientos de culpa y con una depresión, no hace más que encubrir la situación, puesto que en realidad se siente enfadado por estar enfadado. Y este ejercicio emocional supone un esfuerzo colosal.

Aceptar su ira como una emoción humana normal —en vez de resistirse a ella o desviarla mediante la culpa, la depresión o cualquier otro sentimiento destinado a evitarla— es un paso fundamental para gobernarla.

## ¿De quién es la ira que usted tanto teme?

Probablemente, una de las razones por las que usted teme la irrupción de la ira de los demás sea la preocupación latente de que pueda desatar su propia ira. Dado que su actitud complaciente con las personas que lo rodean lo ha convertido en un perfecto extraño frente a su propia ira, la posibilidad de que esta se manifieste lo hace sentir inseguro y ansioso. El aspecto más amenazador es la *pérdida de control* potencial que conlleva la expresión de su propia ira.

Como usted es una persona complaciente, su propia ira reprimida durante tanto tiempo bajo una aparente pasividad y sumisión pugna por salir a la superficie y poder expresarse. Si usted decide ignorar el tema y no ocuparse de cómo expresar más adecuadamente su propia ira y, por el contrario, decide seguir ocupándose de cómo complacer a los demás, solo conseguirá reforzar y reafirmar la solución crónica de las personas complacientes a cualquiera de sus problemas: «Tú piensa en las necesidades de los demás y deja las tuyas siempre para el final».

Para poder aprender a gobernar eficazmente la ira, usted necesita tomar la decisión de que a partir de ahora *sí* expresará su ira —de una forma apropiada. Usted puede trabajar muy duro para poder suprimir su ira por completo; incluso puede llegar al punto de negar la presencia de todos o casi todos los sentimientos negativos que experimenta, incluida la ira. Pero, como ya hemos mencionado, la represión y la negación son mecanismos perniciosos para su salud mental y física.

Es posible que usted piense que el mayor problema —y el de peor solución— es cómo afrontar la ira de los demás y no cómo aprender a expresar *su* ira. Quizá intente convencerse de que la ira no constituye ningún problema por la sencilla razón de que usted «no se aventura» en ese terreno. Esto es exactamente lo mismo que si una persona que padece agorafobia (miedo intenso e irracional a encontrarse en espacios abiertos con otras personas, que condena a quien la padece a estar encerrado en casa) afirmara: «Yo no tengo ningún problema con los espacios abiertos porque no salgo de casa».

La supresión crónica de la ira o la utilización de métodos pasivos para expresar la agresividad son mecanismos peligrosos. En realidad, el hecho de reprimir reiteradamente la expresión de la ira es la causa principal de las irrupciones descontroladas. Si bien es cierto que las explosiones de ira y hostilidad que se repiten con frecuencia ponen en peligro su sistema cardiovascular, la represión crónica y continuada de las emociones negativas es muy contraproducente para la salud en general.

Las investigaciones científicas han descubierto que los individuos que reprimen su ira y otras emociones negativas de una manera crónica y reiterada corren un alto riesgo de desequilibrar la función principal de su sistema inmunitario, quedando así a expensas de enfermedades contra las que no pueden luchar tales como: cáncer, infecciones u otras enfermedades contagiosas.

Volviendo a lo que aquí nos ocupa, es necesario que usted tome conciencia de que aprender a aceptar y a expresar su ira de manera constructiva y apropiada es un primer paso vital en el camino hacia la curación de su síndrome de complacer a los demás.

*Controlar la ira de los demás no es responsabilidad suya. Sin embargo, usted es responsable de comprender y controlar su propia contribución e intervención en conversaciones o confrontaciones potencialmente iracundas. Sus palabras —y la forma de expresarlas— pueden contribuir a incitar la escalada de la ira de otras personas. Por otro lado, su forma de actuar en estas circunstancias puede contribuir a calmar a la otra persona y ayudarla a reflexionar sobre la forma de resolver una confrontación o un conflicto potencialmente destructivo.*

La negación y la represión no lograrán que su ira disminuya ni desaparezca. Inevitablemente, habrá situaciones en su vida en las que usted *sentirá* ira, independientemente de sus esfuerzos por suprimirla o negarla. Cuando esto suceda, su incapacidad o su falta de disposición para comunicar esa ira de manera efectiva con el fin de que promueva soluciones para los problemas y se resuelvan los conflictos, lo dejarán completamente frustrado, insatisfecho y con la sensación de no haber actuado correctamente.

Un axioma de la psicología es que la frustración conduce a la agresividad. Con el paso del tiempo, la ira permanentemente reprimida crea una frustración volcánica que, a su vez, puede producir una irrupción de hostilidad. La paradoja es que al suprimir esa ira que usted tanto teme, está propiciando el terreno para que surja la aterradora explosión descontrolada de esa misma ira.

A continuación, leeremos el caso de Billy, quien tuvo que aprender que al intentar evitar la ira y los conflictos puedes provocar las catastróficas consecuencias que tanto temes.

## El miedo a la ira y el compañero con fobia al compromiso

*Bill se describe a sí mismo como el «producto de un divorcio». Sus padres se divorciaron finalmente cuando él tenía 15 años, después de pelearse constantemente durante años y no dejaron de hacerlo durante el proceso de divorcio ni siquiera una vez que su matrimonio ya había terminado.*

*«Lo que más recuerdo de mi infancia son las terribles peleas que había en casa y que presencié desde el mismo momento en que comencé a hablar», recuerda Bill con tristeza.*

*«Mis padres se insultaban constantemente. Nadie podía enfurecer a mi padre tanto como mi madre, y viceversa. Sencillamente, detestaba oírlos pelear.»*

*Debido a estas desdichadas experiencias infantiles, Billy fue realmente muy cauto a la hora de comprometerse y casarse. Desarrolló una actitud típica de las personas complacientes —especialmente con las mujeres— como un escudo para protegerse de la ira y de los conflictos que él creía habían destruido el matrimonio de sus padres. Como tantas personas complacientes, Bill estaba convencido de que la ira y las discusiones solo pueden acarrear resultados desastrosos.*

*Cuando Bill tenía 42 años conoció a Connie, que tenía 30; ninguno de los dos había estado casado anteriormente. Connie provenía de un ambiente familiar estable y esto era algo que atraía mucho a Bill.*

*Tras dos años de relación, Connie estaba ansiosa por casarse y así se lo hizo saber a Bill. Sin embargo, su respuesta fue que jamás se casaría sin haber vivido durante algún tiempo con ella. Bill explicó textualmente: «Tenemos que asegurarnos de que nos llevamos bien y de que nunca nos veremos obligados a divorciarnos».*

*Sin estar completamente de acuerdo con él, Connie accedió a mudarse al piso de Bill. Si bien ella no compartía los miedos de su novio, Connie intentó mantener su propia ira reprimida conociendo la exagerada sensibilidad de Billy con respecto a las peleas. Connie estaba acostumbrada a que en su casa siempre se había expresado la ira de una forma apropiada y constructiva, y el hecho de manifestarla nunca había sido motivo de resentimiento ni provocado una separación.*

*«El único motivo de discusión que había entre Bill y yo era el tema de nuestra boda» —nos dice Connie.*

*En realidad, los dos se encontraban en un callejón sin salida debido a los miedos de Bill. Después de seis meses de vivir juntos y sin que Bill le hubiera propuesto que se casaran, Connie decidió abordar el tema del matrimonio. Bill se negó rotundamente a considerar el tema y argumentó que no ha-*

*bían vivido juntos el tiempo suficiente como para saber «si se llevarían bien».*

*Connie reaccionó airada ante sus palabras: «¡Bill, me parece que dos años y medio es tiempo suficiente como para que sepas si me quieres, y si quieres casarte conmigo o no!».*

*Ante el enfado de su novia, Bill replicó: «¡Ves! ¡Ya estás enfadada y eso es precisamente lo que no puedo tolerar! Si te pones furiosa y me gritas, terminaremos divorciándonos. No me casaré hasta estar totalmente seguro de que nos llevaremos siempre bien».*

*Esta escena siguió repitiéndose una y otra vez durante otros dos años, con mayor intensidad y sin que llegaran a ningún acuerdo sobre el tema del matrimonio. La frustración de Connie aumentaba con el paso del tiempo y ella, de tanto en tanto, volvía a sacar el tema de la boda: «¿Nos vamos a casar o no? No me conformo con que vivamos juntos. Nunca he querido ese tipo de relación. Quiero un matrimonio y una familia. ¡No quiero que esto sea como un juego! ¡Me estás volviendo loca!».*

*Pese a las constantes demandas de su novia, Bill seguía sosteniendo obstinadamente su negativa a establecer un compromiso. Su justificación era que Connie seguía perdiendo los nervios y expresando su ira. En tanto hubiera cualquier indicio de ira en la relación —de acuerdo con el modelo de conducta que Bill había aprendido en la infancia— existiría el riesgo de las peleas matrimoniales y del posterior divorcio.*

*Connie respondía que ella no era una persona esencialmente colérica, y que la causa de su rabia era la frustración y el rechazo que sentía como resultado de la poca disposición de Bill para casarse con ella.*

*De hecho, al principio de la relación Connie no gritaba ni discutía con su novio. Sin embargo, con el paso del tiempo su frustración fue en aumento y llegó a perder el control sobre su ira. A veces se encontraba gritando desesperada: «¡Dame una respuesta! Dices que me quieres, jamás discutimos por nada excepto por la fecha de nuestra boda, pero tú sigues insistiendo en que no nos compenetramos lo suficiente como para casarnos. ¡No aguanto más!» —sollozaba Connie llena de frustración.*

*Transcurrieron aún dos años más antes de que Connie hiciera las maletas y se marchara. Al principio, Bill no perdió la compostura y se decía a sí mismo que se había librado de un divorcio seguro gracias a la «prueba» de la convivencia que le había permitido comprobar si la relación era realmente «a prueba de ira».*

*Después de seis meses de estar separado de Connie, Bill se dio cuenta de que había perdido a la mujer que más había amado en toda su vida. Connie se negó a vivir con él si no se casaban antes y si Bill no asistía a una terapia que le ayudara a superar su miedo a la ira y su evitación de todo tipo de conflictos.*

*El final feliz de esta historia es que Connie y Bill llegaron finalmente a casarse y hasta el momento siguen felizmente casados (aunque ocasionalmente se pelean y airean sus conflictos de manera sana y constructiva). La última vez que se pusieron en contacto conmigo fue para comunicarme el nacimiento de su segundo hijo.*

## Los orígenes del miedo a la ira

El miedo a la ira de las personas complacientes puede desarrollarse por diversos motivos. Las raíces más profundas del miedo están enterradas en los traumas de la infancia, tal y como sucedía en el caso de Bill. Para un niño pequeño, un padre que tiene un temperamento explosivo y sufre ataques de ira es algo aterrador.

A un niño pequeño todos los adultos le parecen poderosos, aunque solo sea por su tamaño, su voz y su autoridad. Debido a que los niños tienen una dependencia prácticamente total de los adultos, *necesitan* que ellos tengan las situaciones bajo control. Los niños necesitan que los adultos se comporten racionalmente y de forma coherente para poder sentirse protegidos y seguros.

Cuando un padre o una persona que cuida a un niño despliega su ira de manera descontrolada, furiosa y explosiva, socava la sensación de confianza del niño. El niño piensa que el adulto que tiene ataques de furia es una persona irracional, irresponsable y que le despierta temor.

Y lo que es peor, si la ira del padre desencadena su agresividad o violencia física, el mundo del niño se convierte en un lugar aterrador, poblado de peligros muy reales y que amenazan su integridad física. La familia y el hogar de estos niños deja de ser un refugio que le ofrece seguridad y se convierte en una fuente de terror.

Si agregamos a este escenario el alcohol o las drogas, la ira del adulto se vuelve aún más caprichosa, impredecible e irracional. Dado que el alcohol y las drogas disminuyen todavía más el escaso control que tienen estos adultos sobre sí mismos, las probabilidades de agresión física —incluso con armas— suponen un enorme riesgo. En estos escenarios donde tiene lugar la pesadilla del terror doméstico, el niño —que también puede ser objeto de abusos físicos— recibe mensajes psicológicos muy dañinos relacionados con el peligro y la destrucción que trae aparejada la ira.

A través del aprendizaje imitativo y del ejemplo del modelo de comportamientos, el niño aprende que hay tan solo dos alternativas para gobernar la ira y que ambas son enfermizas e inapropiadas. Cuando mira a la madre, este niño (o niña) advierte que reprime su ira y se torna pasiva y sumisa y que, a pesar de todo, su actitud es castigada con más violencia. Cuando el niño mira al padre —o al hombre adulto—, observa cómo la ira se transforma en una agresión que se descarga sobre las víctimas más débiles, incluido él mismo.

En esta casa no hay nadie que sea capaz de enseñar a ese niño cómo expresar su propia ira de una manera *segura,* firme, directa y constructiva; en realidad, nadie le informa al niño de que esa posibilidad existe.

Es lamentable que con excesiva frecuencia se observe que los adultos que maltratan y abusan físicamente de su familia, han sido —a su vez— víctimas de abusos familiares en su infancia. Como no han tenido ningún modelo de comportamiento constructivo, estos niños crecen con la idea de que frente a la ira solo existen dos opciones, y al llegar a la edad adulta deciden que no quieren ser la víctima pasiva, sino el victimario. Es típico que después de un episodio de violencia, las personas abusadoras sientan remordimientos y comiencen a hablar del miedo y la falta de control que tienen frente a su propia ira.

También es posible que, cuando llegue a la edad adulta el hijo de padres abusadores, se identifique con la víctima del maltrato. Como tales, estos adultos desarrollan un comportamiento sumiso y complaciente con el propósito de ocultar su propia y temida ira latente.

Algunas veces, los adultos con historias de abusos infantiles asumen papeles intercambiables totalmente opuestos en los que unas veces son la víctima y otras los victimarios. La mayor parte del tiempo, estos adultos de papeles mixtos son personas muy controladas que niegan y reprimen su propia ira. Luego, cuando el estrés y la presión llegan a límites intolerables, tienen episodios periódicos de ira descontrolada.

Muchas de las personas que se enfrentan a la enfermedad de complacer a los demás —aunque no todas— tienen antecedentes de abusos infantiles en el seno de la familia. Estas personas experimentan internamente la ira como una emoción que solo tiene dos posiciones: «encendido o apagado»; este concepto refleja la forma en que observaron el fenómeno de la ira en su entorno familiar, donde uno de sus padres ejercía de abusador y el otro era la víctima pasiva. El miedo que sienten las personas complacientes frente a la ira —la propia y la ajena— puede llevarlos a alcanzar niveles cada vez más altos de complacencia o de «amabilidad».

## ¿Puede matar la ira?

Para algunas personas complacientes, el miedo a la ira tiene su origen en la creencia de que la ira puede, literalmente, llegar a matar.

Es posible que usted ni siquiera se dé cuenta de cuán profundas son las raíces de su miedo. Tal como le sucedía a mi paciente Arlene, cuyo caso veremos a continuación, es posible que usted sienta un miedo *mortal* a provocar la ira de alguien a quien ama. No porque usted tema que esa ira descontrolada se pueda traducir en una agresión física o psicológica dirigida hacia usted, sino porque su miedo a la ira ajena está basado en la creencia de que la ira producirá consecuencias terribles, catastróficas o incluso letales *para la otra persona*.

> *Arlene, de 33 años, y Gary, un médico de 40 años, llevan siete años casados. La pareja decidió buscar ayuda terapéutica debido a un episodio reciente en el que Arlene sufrió un grave ataque de pánico frente a una expresión de ira por parte de Gary.*
>
> *Sin embargo, ambos están de acuerdo en que la raíz del problema está en el intenso miedo y en la aversión a la ira que siente Arlene, y no en la actitud de Gary, que no había sido desmedida ni inadecuada en relación con la circunstancia que la había provocado.*

*El incidente se produjo cuando Gary escuchó por casualidad una conversación telefónica entre Arlene y su madre en la que su mujer se disculpaba entre sollozos con su madre por haber sido «una mala hija».*

*«Mi madre sabe cómo hacerme sentir culpable» —reconoce Arlene—. «Yo entro en su juego y sufro mucho. Es un modelo de conducta, antiguo y enfermizo, que ambas repetimos.»*

*«Cuando colgué el teléfono, Gary estaba frente a mí, obviamente enfadado» —explica Arlene—. «Se disgusta mucho cuando dejo que mi madre me manipule de esa manera y, francamente, sé que tiene razón. Me di cuenta de que me estaba sintiendo cada vez más ansiosa y le pedí que me hiciera el favor de no enfadarse. Esto lo frustró aún más; me dijo que él era un hombre adulto y que dejara de decirle que no se enojara. Estaba realmente furioso y elevó el tono de su voz, pero no había perdido el control. Gary es un hombre dulce y gentil» —continúa Arlene—. «No puedo recordar qué más me dijo porque todo empezó a dar vueltas a mi alrededor. Mi corazón latía con fuerza y comencé a transpirar y a temblar.»*

*«Pensé que me iba a desmayar. Estaba convencida de que me iba a dar un ataque al corazón, que me estaba volviendo loca o algo así» —describe Arlene—. «Cuando Gary vio lo que me estaba pasando, dejó de recriminarme para asegurarse de que me encontraba bien. Se percató de que tenía un ataque de pánico.»*

*Durante una de las sesiones de terapia le formulé a Arlene una pregunta clásica de diagnóstico: «¿Sintió miedo de morirse durante el ataque de pánico?». La respuesta de Arlene fue muy interesante y ofreció la clave para la comprensión de su intenso miedo a la ira. «No, lo que sentía era miedo de que Gary pudiera morir debido a que yo lo había enfadado...» Arlene hizo una pausa y continuó: «Exactamente como le pasó a mi padre» —concluye mientras rompe a llorar.*

*El padre de Arlene murió cuando ella tenía 15 años. Arlene lo describe como «una bomba de relojería andante», debido a su tensa personalidad y a sus hábitos de vida poco sanos.*

*Lo más significativo de la historia de Arlene era que su padre había sido un hombre muy agresivo. Tenía mal carácter y un temperamento explosivo, agudizado por su adicción al alcohol, y con demasiada frecuencia sufría episodios de ira descontrolada.*

*«¡Mi padre estaba siempre a punto de explotar!» —explica Arlene—. «Siempre estaba enojado con alguien. Mi madre estaba totalmente intimidada por su mal carácter y se preocupaba mucho por su salud. Mi hermana y yo salíamos corriendo a escondernos cuando mi padre estaba borracho y furioso. En realidad nunca nos golpeó, pero sus ataques de furia eran francamente aterradores.»*

*«Aún puedo recordar a mi madre advirtiéndole a mi padre que un día su ira lo iba a matar. Sin embargo, lo que no puedo olvidar es que mi madre siempre me decía: "No disgustes a tu padre; si consigues hacerlo enfadar, le va a dar un ataque al corazón y morirá"».*

*«La noche en que mi padre murió habíamos tenido una gran discusión. He olvidado por completo cuál fue la causa, pero lo que sí recuerdo perfectamente es que se había puesto furioso conmigo por alguna razón. Mi padre estaba realmente iracundo, gritaba y maldecía, y de repente, con la cara roja y fuera de sí, se volvió hacia mí y me mostró los puños como si me amenazara con pegarme», recuerda Arlene.*

*«Dijo que necesitaba cigarrillos y salió de casa dando un portazo. Esa fue la última vez que lo vi. Tuvo un accidente con el coche y murió», continúa Arlene con una mezcla de ira y tristeza en la voz. «Afortunadamente, se estrelló contra una columna y no hirió a nadie más.»*

*«Lo peor de todo esto es que siempre había pensado que mi padre había sufrido un ataque al corazón mientras estaba al volante»*, continúa Arlene. *«Eso fue lo que mi madre le dijo a todo el mundo, incluyéndome a mí. Sin embargo, el año pasado, justo antes de morir, mi tía me dijo que aquella noche mi padre había estado bebiendo durante horas antes de salir de casa y coger el coche. Fue entonces cuando me enteré de que se había matado porque conducía borracho y perdió el control del coche. Supongo que mi madre necesitaba una historia que ocultara el hecho de que mi padre estaba borracho. Creo que, poco a poco, ella comenzó a creer su propia mentira.»*

*«Después de enterarme de la verdad, aún seguía sintiéndome culpable porque pensaba que si yo no lo hubiese puesto tan furioso no hubiera bebido tanto. Al creer la historia de mi madre —que mi padre había sufrido un ataque al corazón— todas sus advertencias se hicieron realidad: yo había matado a mi padre por haber conseguido que se enfadara tanto conmigo»*, reflexiona Arlene.

*«¿Sabes? Creo que fue muy cruel por parte de mi madre echarme toda la culpa de lo que sucedió. Mi padre estaba enfadado todo el tiempo con todo el mundo. Era un hombre agresivo que estaba amargado y furioso con la vida»* —dice ahora Arlene—. *«Mi madre me ha hecho sentir culpable desde que ocurrió el accidente. Creo que necesita culpar a alguien que no sea mi padre ni ella misma.»*

Después de relatar su historia, Arlene fue capaz de ver con claridad lo que había sucedido durante su discusión con Gary: *«Cuando vi que Gary estaba tan disgustado, solo escuchaba la voz de mi madre»* —recuerda Arlene—. *«Lo único que podía pensar era que había hecho enfadar a Gary y que por mi culpa se iba a morir y me iba a dejar sola. Y en ese preciso instante tuve un ataque de pánico»* —concluye Arlene.

*El incidente del ataque de pánico ayudó a Arlene a comprender cuál era el origen de su miedo. A partir de entonces comenzaron a aflorar muchos recuerdos durante el transcurso de la terapia que le permitieron empezar a cambiar su forma de pensar y, con el tiempo, fue capaz de superar su enfermedad de complacer a los demás.*

La fascinante historia que nos contó Arlene ilustra a la perfección el poder nocivo y amenazador que se le puede atribuir a la ira en situaciones en las que existe una enfermedad que puede resultar amenazada por la hostilidad, los conflictos y el estrés que producen este tipo de emociones y de comportamientos. Entre estas enfermedades destacan los problemas cardiovasculares, como los ataques al corazón y los infartos; el cáncer, el alcoholismo y los trastornos emocionales bipolares (síndrome maniaco-depresivo). Estas enfermedades se agravan especialmente cuando existe una historia de intentos de suicidios o antecedentes suicidas en la familia.

Cuando un individuo padece estas enfermedades, la preocupación de su familia y de su círculo más cercano es que algo terrible puede sucederle si ellos disgustan al «paciente» o consiguen que se enfurezca. Por ejemplo, si una persona sufre del corazón o es propenso a los infartos, el impacto de un episodio de ira descontrolada puede ser fatal.

En el caso de las personas alcohólicas, el miedo de sus allegados es que un ataque de ira pueda producir un consumo indiscriminado de alcohol. O, si la persona en cuestión es un alcohólico recuperado, el miedo subyacente es que tenga una recaída y vuelva a beber. Si un maniaco-depresivo sufre un ataque de ira, puede expresarla de una forma maniaca. Pero también puede dirigir la ira contra sí mismo, y en este caso el peligro es que caiga en una depresión profunda o incluso llegue a un intento de suicidio. Dado que a los pacientes que padecen cáncer o sida se les recomienda que mantengan bajo su nivel de estrés, el miedo de las personas de su entorno es que se agrave la enfermedad si se disgustan o se enfadan.

Si bien es cierto que existe una relación entre estas enfermedades y el estrés y la ira, la relación causa efecto es mucho más compleja. En el caso de las enfermedades cardiovasculares existe una relación directa entre la ira o la hostilidad y la aparición de problemas cardiacos. Sin embargo, en el caso de las otras enfermedades, la relación causa efecto parece ser más compleja e indirecta.

Con relación a los temas que nos ocupan, lo que importa no son las justificaciones científicas sino la *creencia* que dicta que la ira ocasionará daños adicionales al enfermo, interferirá en su recuperación o provocará una recaída. Como en el caso de Arlene, su propio miedo a la ira y la conducta evitativa que se deriva del síndrome de complacer a los demás pueden estar directamente relacionados con la preocupación por su propia salud o por la salud de alguna persona cercana. Si, como le sucedía a Arlene, usted ha llegado a creer o sospechar que la ira puede matar literalmente a las personas, esta idea intensificará su miedo a la ira, rasgo crónico de las personas complacientes.

La culpa que sentía Arlene comenzó a disminuir cuando fue capaz de atribuir la muerte de su padre a su personalidad autodestructiva y al estilo de vida que llevaba. La relación con Gary fue mejorando y enriqueciéndose a medida que Arlene empezó a aceptar que la ira es un componente normal, y muchas veces necesario, en una relación íntima.

Recuerde que la ira en sí misma no es peligrosa ni mala. Lo que hace que la ira sea potencialmente peligrosa es la manera en que se expresa.

## ¿Le hace bien desahogarse de una manera explosiva?

La sabiduría popular dice que es bueno desahogarse de vez en cuando. No cabe duda de que en algún momento habrá escuchado usted alguna versión de esta creencia tan errónea como peligrosa.

Las personas que exhiben episodios de ira explosiva y descontrolada son los que en general divulgan esta falsa información médica como una forma de racionalizar su propio comportamiento inadecuado.

Este concepto equivocado afirma que cuando usted reprime la ira se acumula presión en los vasos sanguíneos y que esos vasos explotarán *a menos que*, ocasionalmente, se manifieste la ira de una forma explosiva, eliminando de este modo la presión del sistema vascular.

Nada más lejos de la realidad. *El verdadero peligro consiste en permitir que tengan lugar esas explosiones de ira y no en el hecho de controlarlas.* Nadie se beneficia expresando violentamente la ira. En realidad, es en ese preciso momento cuando la persona iracunda *puede* sufrir un ataque al corazón o un infarto debido a la sobrecarga fisiológica que el ataque de ira impone sobre su sistema vascular.

Aunque esta persona sobreviva a sus ataques de ira descontrolada, su sistema cardiovascular resultará un poco más dañado cada vez. A pesar de todos los gestos y los gritos con los que la persona furibunda trata de llamar la atención de aquellos a quienes va dirigida su reacción, estos terminan por dejar de escuchar sus manifestaciones aunque aparenten seguir haciéndolo. Lo que sucede es que pierden el respeto por la persona colérica mientras esta, sencillamente, «pierde los nervios».

Mezclar la ira explosiva con la disciplina es una receta ideal para meterse en problemas. En el mercado laboral, ningún empleado que haya sido objeto de la ira descontrolada y humillante de su jefe llegará a convertirse en un empleado o una empleada modelo. Por el contrario, alguien a quien se ha descalificado en su ámbito de trabajo por medio de un ataque de ira explosiva se sentirá saboteado, humillado, resentido y muy poco inclinado a convertirse en un empleado ejemplar o a esforzarse por hacer un buen trabajo la próxima vez. También puede suceder que el empleado responda aparentemente a las amenazas e intimidaciones del empleador furioso, sin embargo, su moral herida tenderá a socavar su buen rendimiento en la empresa y sus potenciales propósitos de reformarse.

Los empleados que están inmersos en un ambiente laboral hostil creado por un supervisor o una supervisora que no sabe controlar su mal humor ni su ira, pueden denunciarlo alegando que sufren síntomas físicos o psicológicos relacionados con el estrés laboral. En el panorama actual, donde las demandas y los litigios laborales están a la orden del día, una política de disciplinar a los empleados mediante irrupciones de ira —especialmente cuando se trata de ataques personales— suele terminar en los juzgados.

Sencillamente, no es necesario gritar, ni ponerse rojo de rabia, ni mostrar los puños, ni utilizar un lenguaje ofensivo para enfatizar la seriedad o la gravedad de un determinado mensaje. Por el contrario, esta actitud resulta contraproducente.

En vez de lograr que los demás le presten atención, esta exhibición de inmadurez colérica hace que la atención del que lo escucha se aparte por completo del mensaje para centrarse en la falta de control emocional del que lo enuncia. Una explosión de furia *no* solo no consigue que se tome en serio el mensaje que se intenta transmitir, sino que desvía la atención de las personas que la presencian.

### ¿Qué decir cuando usted necesita expresar su enfado?

▶ *Cuando se expresa la ira de una manera clara, firme y directa, es una emoción sana y constructiva.*

El objetivo de su mensaje es intercambiar información precisa —en este caso se trata de un intercambio de información emocional— que permita resolver con efectividad el conflicto. De hecho, usted le informa a la otra persona que empieza a enfadarse en un momento determinado con el fin de no tener que enfadarse por la misma causa en el futuro.

Para que su acción sea constructiva, usted debe asumir la responsabilidad de su ira; las otras personas no *lo obligan a* sentir determinadas emociones. En vez de decir «Me has hecho enfadar cuando xxx», será mucho más constructivo que usted afirme: «Cuando tú xxx, yo me siento disgustado y enfadado».

La culpa y las acusaciones no juegan absolutamente ningún papel en la expresión constructiva de la ira; tampoco lo hacen los insultos, las amenazas, los ultimátums o las manifestaciones de la agresión. Las afirmaciones firmes, claras, directas y no dubitativas logran más respeto y atención que los gritos, las amenazas, las humillaciones y un uso impropio y hostil del lenguaje que, por otra parte, constituyen un tratamiento abusivo.

La intimidación a través de palabras o acciones no es sana ni constructiva, a pesar de que pueda lograr su intento de aterrorizar al sujeto que la recibe. Por el contrario, usted será mucho más efectivo al expresar sus sentimientos si dice algo como: «¡En este momento estoy tan enfadado que incluso me es difícil hablar contigo!», y no: «¡Estoy tan enfadado que podría partirle la cara!».

Los gestos amenazadores tales como: blandir los puños delante de la otra persona, dar puntapiés, tirar objetos al suelo, etc., además de no ser constructivos son intimidatorios y hasta podrían constituir un caso de abuso. Cualquier acto de violencia en el proceso de expresar la ira —real y explícito o potencial e implícito a través de una amenaza— es destructivo e inaceptable.

Una afirmación directa como «Me enfadé cuando tú xxx... porque sentí que... o porque pensé que...» expresa apropiadamente la ira que usted ha sentido frente a determinada circunstancia. A su interlocutor le queda claro que usted está reaccionando con ira porque se lo está *verbalizando* en vez de demostrarlo por medio de la intimidación física o verbal.

Cuando la ira se expresa de una forma sana existe la posibilidad de analizar el problema mediante preguntas tales como: «¿Por qué has hecho eso?». Su interlocutor percibe que usted está genuinamente interesado en la respuesta y dispuesto a escucharla.

Sin embargo, en las expresiones retóricas siguientes: «¿Cómo puedes hacer algo semejante?» o «¿Cómo demonios puedes hacer algo tan estúpido?», el que formula la pregunta agrede verbalmente al interrogado.

Llega un momento en que el propósito de expresar su ira también incluye su deseo de entender sus propios sentimientos. En ese caso, quizá prefiera hablar de su ira con un amigo, con su marido o su mujer, con su terapeuta o con cualquier otra persona que, sin jugar ningún papel determinante ni contribuir a su ira, quiera escucharlo para ayudarlo a comprender mejor sus reacciones.

Para poder solucionar sus problemas o resolver los conflictos que lo afligen, posteriormente deberá completar el círculo y expresar sus sentimientos a la persona con la que está enfadado. Si usted le oculta cómo se siente y por qué está enfadado, convencido de que es la mejor forma de proteger su relación, en realidad solo conseguirá que esa persona carezca de la información necesaria para tratarlo mejor o de una forma diferente en el futuro.

*Al contrario de lo que creen las personas complacientes, la ira y los conflictos no son necesariamente destructivos para una relación. Por el contrario, un conflicto constructivo puede ser enormemente beneficioso para enriquecer una relación afectiva.*

## CORRECCIÓN EMOCIONAL:
### Vencer su miedo a la ira

- La ira no funciona como un mecanismo de «encendido-apagado». Se desarrolla gradualmente a través de etapas o fases bien definidas. La comprensión de este hecho puede ser de gran ayuda para expresar y gobernar su propia ira.

- La ira se puede expresar de una manera sana y adecuada, tanto para usted como para sus relaciones. Para poder mantener relaciones satisfactorias es necesario y constructivo que usted sea capaz de expresar su ira clara, firme y directamente.

- Cuando la ira se expresa de una forma tan inapropiada como son la falta de control o la violencia, resulta peligrosa. La ira (que es un estado emocional) no es lo mismo que la agresividad (que es una conducta hostil).

- Cuando usted reprime la ira de forma crónica y sostenida, o cuando la expresa frecuentemente mediante la hostilidad y la agresión, solo consigue perjudicar su salud. La idea de que desahogarse de una forma explosiva es beneficioso es un mito muy peligroso. La ira no es buena para nadie.

- Usted no es responsable de controlar la ira y el mal temperamento de los otros; ellos son los responsables de sus propias reacciones emocionales. La relación entre la ira y la enfermedad es compleja. Sin embargo, no es muy probable que usted pueda causar daño físico a alguien cuando expresa su ira de manera apropiada.

# CAPÍTULO 13

# Las palabras realmente *pueden* hacerle daño

DURANTE MUCHO TIEMPO he observado con tristeza que las cicatrices producidas por los abusos físicos reales se curan, mientras que aquellas producidas por los abusos verbales, emocionales y psicológicos duran toda la vida. Exponerse a la violencia física puede ser *una* de las causas del miedo a los conflictos o a la ira, pero de ninguna manera es la única. Los niños que crecen en un ambiente en el que abundan los malos tratos psicológicos —donde los insultos y el maltrato emocional se utilizan para intimidar y castigar— a menudo se sienten agobiados por un intenso miedo a la cólera a lo largo de toda su vida.

Los padres que se infligen malos tratos verbales y emocionales mutuamente y/o a sus hijos producen heridas psicológicas muy dolorosas que, aunque son invisibles, de cualquier modo son muy profundas. Cuando se pronuncian palabras crueles, dañinas y desvalorizantes, el resultado es un trauma psicológico o un intenso miedo a la cólera.

En algunas familias en las que abunda la violencia, los enfados y los malos tratos emocionales no se reducen a crisis de ira episódicas, sino que se produce una corriente continua de hostilidad que caracteriza las relaciones familiares conflictivas. Estas insidiosas formas de abuso debilitan con el tiempo a las personas, obstaculizan las relaciones y crean un terreno fértil para que se desarrollen los hábitos de complacer a las personas.

Por ejemplo, un padre que chilla de forma sarcástica y se burla o humilla a su hijo por su gordura, su falta de complexión atlética y su torpeza desde el borde de un campo de fútbol donde se juega un torneo, puede menoscabar la autoestima del muchacho bastante más que un padre ausente a quien no le interesa ir a ver los partidos. O el padre que acusa a su hija adolescente de promiscua, llamándola «zorra» o «guarra» cada vez que se maquilla o lleva ropa a la moda, puede perjudicar el concepto que ella está desarrollando de sí misma creando confusión sexual, ansiedad y culpa.

Una persona complaciente que ha sido sometida a malos tratos emocionales durante su infancia y/o en su estado adulto es extremadamente sensible al daño potencial que pueden producir las palabras. La mayoría de las veces el miedo a la confrontación verbal alimenta el ciclo de evitación de la puerta blanca del que hablamos en el capítulo 11. Aquellos que han sufrido abusos verbales pueden terminar por convertirse en personas abusadoras tanto a nivel verbal como emocional.

*Molly, de 23 años, tiene una cara muy bonita y alrededor de 35 o 40 kilos de exceso de peso contra los que lucha constantemente.*

*Con lágrimas en los ojos recuerda las amenazas verbales y las burlas de los otros chicos debido a su gordura. En realidad rompe a llorar cuando recuerda el abuso verbal al que la sometieron sus hermanos y sus padres, particularmente por sus hábitos alimenticios y por su peso.*

*Todos los miembros de la numerosa familia de Molly, que consta de cinco hermanos y sus padres, la atacaban verbalmente. Ella describe las escenas diarias que se producían durante la cena, que siempre incluían bromas y juegos de palabras, pero inevitablemente a expensas de alguien —normalmente de ella misma. Afirma Molly: «Nadie escatimaba esfuerzos, ni siquiera mis padres. La "broma" familiar era que la cena no terminaba hasta que alguien abandonaba el comedor llorando».*

*«Ahora me doy cuenta de que crecí en un ambiente amargamente hostil»,* reflexiona. *«Incluso temo reunirme con mi familia en vacaciones porque las pugnas verbales comenzarán a volar entre nosotros y las cosas se pondrán realmente feas.»*

Molly afirma que cada vez que alguien se enfada en su familia, como sucedía con frecuencia mientras ella era pequeña, las peleas son brutales. Ella ha tenido que aprender a defenderse verbalmente y «salvar la cara» frente a sus hermanos.

Como adulta, lucha por controlar su propia tendencia a la hostilidad verbal. Tiene una lengua afilada y puede mostrarse verbalmente grosera, especialmente si se la presiona hasta el punto en que pierde el control de su carácter. Entonces puede pronunciar observaciones crueles y sarcásticas relacionadas con los puntos débiles de otras personas.

*«En mi familia tenías que aprender a defenderte mostrándote verbalmente agresiva. No estoy orgullosa de ello, pero puedo producir mucho daño con mis palabras»,* explica Molly.

*«La mayor parte del tiempo soy una persona verdaderamente complaciente porque temo las cosas terribles que puedo llegar a decir en un enfrentamiento. Siempre espero que me insulten y me rechacen»,* admite Molly. *«Si puedo lograr que los demás me necesiten y me quieran, entonces quizá puedan olvidarse de mi peso y aceptarme.»*

*«Si pienso que alguien se está irritando o disgustando conmigo, me preparo para escuchar observaciones sobre mi gordura. Luego, si la otra persona realmente está enfadada, el miedo que me produce su cólera me empuja a "atacar primero" para hacerle daño, conseguir que se calle y evitar así que ella me haga daño a mí. El lema familiar era que "una buena ofensa es la mejor defensa"»,* explica Molly.

*«Cuando salgo al ataque puedo decir cosas muy crueles. Luego me siento tan culpable que tengo que disculparme e intentar conquistar el perdón de la persona en cuestión. Lo único que consigo es no complacer a nadie y que las cosas se pongan peor.»*

*En terapia, Molly se ha dado cuenta de que sus estrategias para complacer a las personas y evitar de este modo la confrontación no son efectivas. Ha desarrollado una gran habilidad para evitar los conflictos y la ira y se ha entrenado a sí misma para dominar su impulso a ser la primera en expresar verbalmente su hostilidad.*

*Finalmente, Molly advierte ahora que la mayoría de la gente no es como su familia y no se muestra inclinada a dirigir ataques verbales personales hacia ella. Ha aprendido que incluso si alguien la insulta, puede optar por responder de una forma diferente y sin enfadarse.*

## ¿Puede la «sinceridad total» disimular la ira?

Existe una forma particular de maltrato emocional que es practicado por personas que ocultan su ira y su agresividad bajo la excusa de una «sinceridad total». La idea es que la sinceridad total es siempre «la mejor política».

El problema aquí no es el concepto de total, sino el concepto de sinceridad. Con excesiva frecuencia se pronuncian afirmaciones mezquinas, gratuitas, maliciosamente críticas y destructivas, bajo el rótulo interesado de «sinceridad total». Cuando los comentarios están dirigidos a hacer daño y no tienen ningún valor productivo para quien los recibe, ponen de manifiesto la cólera, la agresividad y la envidia del comentario más que su carácter de «sinceridad total». Es posible argüir que ser *totalmente* sincero sin tener ningún tacto, y a expensas de los sentimientos ajenos, puede ser considerado más como un defecto de carácter que como una virtud.

Es comprensible que quien recibe palabras tan poco solícitas y gratuitamente dañinas, aunque supuestamente cándidas, a menudo responde con enfado o expresando su dolor. El que habla intenta reparar el dolor causado preguntando retóricamente: «¿Pero qué te pasa? Solo pretendo ser absolutamente sincero», sugiriendo que el aludido debería apreciar el comentario e incluso mostrar su gratitud.

A una de mis pacientes le fue diagnosticado un cáncer de mama hace algunos años. Como había una historia familiar de la enfermedad, se le hizo una prueba genética y los médicos determinaron que pertenecía a un grupo de alto riesgo. Se le aconsejó una mastectomía doble preventiva y una histerectomía total. Esta mujer de gran valentía tenía un grupo de amigas que la ayudaban y la apoyaban enormemente. Sin embargo, su marido le comunicó que iba a tener «graves dificultades» en considerarla como una mujer y relacionarse sexualmente con ella después de la cirugía.

Cuando la mujer comenzó a llorar como respuesta a sus palabras, el marido exclamó: «¿Por qué te sientes tan insegura? Sabes que te amo; solo intento ser completamente sincero contigo. Eso es lo que tú quieres, ¿no es verdad?».

Las personas complacientes, consideradas como un grupo, generalmente no son quienes pronuncian este tipo de mutación abusiva y disfrazada de sinceridad. Lamentablemente, quizá sea usted víctima de ella.

En su conjunto, las personas complacientes a veces se sienten como un saco de arena que es golpeado constantemente por unos guantes «completamente sinceros» de medio kilo de peso.

La verdadera sinceridad e integridad son los puntales centrales de la ética y la moral. Pero tal como hemos ilustrado, incluso la sinceridad y la integridad puedan expresarse con tacto y ser mitigadas por la empatía y la sensibilidad. Utilizar la palabra sinceridad como un escudo para racionalizar la crueldad es corromper una conducta moral. También la amabilidad es un valor moral.

## Las burlas y las bromas representan una actitud hostil

La hostilidad puede asumir otras formas más sutiles de expresión que de cualquier modo son destructivas. En ciertas familias, como, por ejemplo, en la de Molly, la burla es considerada como un deporte sangriento. Durante una ronda de burlas en el transcurso de una cena, un niño puede recibir un mensaje confuso de uno de los padres o de un hermano: «No te lo tomes como algo personal, solo estoy bromeando», o: «Realmente no ha querido decir eso, no te enfades, pues se trataba de una simple broma».

Burlarse de otra persona es por definición una actitud hostil. Siempre que uno hace una broma a expensas de otra persona está expresando cierto grado de agresividad e ira.

*Comunicar a un niño o a un adulto que no se sienta dolido por las bromas que se le hacen es tan desconcertante como decirle que no llore ni se estremezca cuando alguien le da una bofetada en la cara por el simple hecho de «divertirse».*

En contra del mito que afirma que las bromas ayudan a que los niños desarrollen una piel más dura, los adultos que padecen la enfermedad de complacer y que han sufrido las burlas cuando eran niños —especialmente en el seno de su familia— tienden a ser excesivamente sensibles al sarcasmo y a las bromas que se hacen a sus expensas.

Si usted es muy sensible a las bromas, no tiene por qué disculparse. Permitir que los demás lo conviertan en el blanco de todas las bromas o de un humor hostil no es admirable ni un signo de salud emocional. Cuando usted se ríe con aquellos que se burlan de usted, no solamente se desvaloriza, sino que los recompensa por su crueldad.

La vieja y falsa canción de niños que dice «Los palos y las piedras pueden romper mis huesos, pero las palabras jamás me harán daño» requiere una revisión. En realidad, los huesos rotos pueden curarse relativamente rápido, pero las palabras pueden —y de hecho lo hacen— dejar profundas heridas que no llegan a curarse.

Si reflexiona sobre su infancia, probablemente no podrá describir ningún palo ni piedra que se haya cruzado en su camino o que le haya hecho daño. Sin embargo, no dudará en recordar con absoluta claridad las palabras que le han hecho un daño emocional, aunque hayan sido pronunciadas con un humor «bien intencionado» o «de corazón».

Como persona complaciente, su aversión a la ira y a los enfrentamientos probablemente no se base en el miedo a ser herido o castigado con un arma, sino en el temor que le despiertan las palabras dañinas y hostiles. Aprender a manejar la ira le permitirá advertir la potencia de sus palabras y utilizarlas para desvanecer un desacuerdo y convertir una confrontación potencial en la resolución constructiva del conflicto.

## Amor agresivo y mensajes ambivalentes

Si usted se identifica con alguna de las prácticas familiares o infantiles que acabamos de mencionar, es probable que no solo sienta miedo de la ira, sino que también se muestre confuso y ambivalente en relación con algunos de sus sentimientos positivos. Esto es comprensible, dado que con excesiva frecuencia los malos tratos —físicos, emocionales o verbales— están conectados mediante actos y palabras a expresiones de amor y de afecto. Cuando el amor y la cólera se mezclan, el resultado puede ser un mensaje ambivalente muy doloroso.

En el ciclo del abuso, una vez cometido el daño surge un periodo de autoreproches, culpa, remordimiento y disculpas hasta que finalmente la persona que ha expresado su violencia ruega a su víctima que lo perdone. La fase del perdón incluye muchas referencias al amor que la víctima despierta.

Luego tiene lugar la fase de la luna de miel, en la cual el abusador se dedica a «seducir nuevamente» a su víctima intentando reconquistar su amor. Aquí, una vez más, el énfasis se pone en el amor que siente el abusador por la persona a quien ha sometido a cualquier tipo de malos tratos.

La confluencia del amor en el mismo ciclo que el abuso crea una gran tensión psicológica para la víctima. Por ejemplo, cuando una esposa maltratada expresa: «Me pega porque me ama», su afirmación refleja su confusión. Y también refleja su confusión cuando justifica la cólera del marido aceptando su culpa: «Claro que me pegó. Pero ha sido mi culpa, pues sé perfectamente que le gusta el filete poco hecho. Soy una estúpida».

Las víctimas de la violencia doméstica generalmente tienen una historia de reiterados abusos psíquicos y emocionales. Esto implica que la víctima permanece en esa relación. Si se le pregunta a una mujer maltratada por qué no se marcha de casa, su respuesta a menudo es: «Porque lo quiero».

A los niños maltratados normalmente se les explica que ese maltrato se debe a que los quieren y los cuidan. «Sabes que papá te quiere mucho» puede expresar una madre para consolar a un niño o a un adolescente que ha sido maltratado física o emocionalmente por el padre. O aún peor, un violador sexual puede comunicar a su joven víctima que su así denominada «intimidad» es un vínculo secreto de amor entre ellos.

*Cuando la ira y el afecto se combinan inadecuadamente, el mensaje ambivalente es que el amor duele o que le infligen un castigo porque en realidad lo aman.*

Si su historia personal incluye episodios en los que se combinan de una forma curiosa y confusa el amor y la agresión, puede ser que actualmente usted no se fíe de *ninguna* emoción. La intimidad para usted puede representar la antesala de la agresión, y su actitud complaciente con los demás puede ser su forma de evitarlas.

Quizá haya tenido malas experiencias como víctima de malos tratos en los que la agresión era sucedida por declaraciones de amor y remordimiento. Quizá usted haya permanecido demasiado tiempo en una relación donde la reparación mediante un intercambio sexual (comúnmente denominado, «sexo de maquillaje») era la mejor parte de un enfrentamiento destructivo.

Basándose en su historia individual y única, su reacción frente a la ira y el conflicto puede ser compleja y acaso no pueda ser caracterizada como un simple temor. Es probable que sienta usted simultáneamente excitación y repulsa ante una confrontación. O tal vez se sienta temeroso y ansioso porque se siente muy confundido en relación con sus sentimientos.

Lo fundamental en las personas que muestran una tendencia a complacer a los demás es que sus hábitos les impiden aprovechar la oportunidad de superar sus miedos, aprender a reaccionar de una manera más sana y descubrirse a sí mismas.

## El miedo de herir a los demás

*Meredith es una profesional atractiva y soltera que padece la enfermedad de complacer. A sus 39 años intenta conocer «al hombre adecuado» para poder casarse y formar una familia. Sueña con todas las cosas que hará para que todos sean felices.*

*Durante los últimos seis meses ha estado saliendo con Fred, un divorciado de cuarenta años que es padre de dos hijos. Meredith dice que ambos comparten momentos «bastante buenos» y que él es «amable y considerado».*

*«Pero», explica Meredith, «sé perfectamente que no es el hombre de mi vida. No me siento realmente atraída por Fred y no estoy segura de que tengamos muchas cosas en común. Me preocupa que él pueda sentir por mí mucho más de lo que yo siento por él, pero no quiero hacerle daño y por eso no le diré ni una palabra».*

*El pasado noviembre, cuando se acercaban las vacaciones, Fred pidió a Meredith que lo acompañara a él y a sus dos hijos a Cleveland para conocer a su familia. Meredith sintió pánico ante el mero hecho de pensar en conocer a los padres de Fred.*

*«Todo parecía demasiado serio y yo no estaba enamorada de Fred», explica Meredith. «No podía negarme, pero tampoco podía aceptar su propuesta.»*

*«No lograba decidirme a romper la relación con él y, para ser franca, no me apetecía pasar las vacaciones con un "intermedio" en nuestra relación. Es tan deprimente estar sola en esa época del año. Fred es un tío muy dulce. Sabía que se iba a quedar desolado si le comunicaba lo que sentía. Rechazaba la mera idea de hacerle daño», me comunica Meredith. «Tenía miedo de conocer a su familia. Cuando era sincera conmigo misma, sabía que las oportunidades de casarme con Fred eran prácticamente inexistentes.»*

*«En lo más profundo de mi mente había estado planeando romper la relación después de las vacaciones», admite Meredith.*

*Ella siguió posponiendo el tema de las vacaciones. Finalmente, una noche de diciembre, después de la cena de Navidad que Fred había celebrado con sus compañeros del despacho, Meredith bebió un poco de alcohol y se animó a comunicarle lo que sentía —o lo que no sentía— en relación con él.*

*«No estaba preparada para su reacción», afirmó Meredith, «se puso furioso pero no porque le hubiera dicho la verdad,*

*sino porque yo no había sido sincera y directa con él. Actuando de ese modo, dejé que se enamorara de mí».*

*«Me dijo que ya les había dicho a sus padres y a sus hijos que iba a presentarles a la mujer con quien se iba a casar.»*

*«Me comunicó que al intentar no hacerle daño, realmente lo había humillado», continuó Meredith. «Fred me dijo que era un hombre adulto, y que si yo me hubiera comportado como una adulta y hubiera sido sincera con él tan pronto como me había dado cuenta de mis sentimientos —lo que, para ser franca, sucedió tras tres semanas de conocerlo—, nos hubiera ahorrado a ambos un tiempo muy valioso.»*

*«Durante los meses que estuvimos juntos, Fred frecuentemente me pedía que le dijera lo que sentía y pensaba de nuestra relación. Me resultó más sencillo dejar que creyera lo que él quería que hacerme cargo de mis verdaderos sentimientos.»*

*«El día posterior a la fiesta volvimos a hablar. Lo que realmente me afectó fue que Fred opinaba que mi comportamiento había sido verdaderamente irrespetuoso. Afirmó que si a los pocos meses de estar juntos yo le hubiera comentado que ya no deseaba estar con él, se hubiera sentido desilusionado, pero eso no hubiera atentado contra su dignidad ni lo hubiera avergonzado. Me comunicó que se sentía como un adolescente ridículo y muy poco competente ante un enamoramiento imposible.»*

*«Creo que tiene razón», concluye Meredith. «Puede que no me haya enamorado de Fred, pero me gusta mucho como persona y jamás tuve la intención de herir su orgullo además de romperle el corazón. Me siento francamente mal conmigo misma por la forma en que he manejado todo este asunto.»*

*Meredith ha aprendido una importante lección a partir de la experiencia vivida con Fred, aunque el precio psicológico que ambos han pagado ha sido muy alto.*

## Saber cuándo «plantarse»

Como regla general, las personas complacientes sobrestiman en gran medida la probabilidad de que cualquier problema dado termine en un enfrentamiento agresivo o se convierta en una crisis emocional. Del mismo modo que Meredith interpretó mal a Fred, usted probablemente tienda a pensar que las demás personas responderán de una forma negativa a menos que usted respete las «reglas» de la enfermedad de complacer a los demás que se ha impuesto a sí mismo.

Por ejemplo, muchas de las personas que padecen la enfermedad renuncian a la idea de pedirle al camarero que se lleve una comida que han pedido en un restaurante aunque esta sea completamente inaceptable. ¿Cuál es la razón para esta reticencia a quejarse? ¡Que las personas complacientes no quieren que el camarero ni el dueño del restaurante se disgusten! ¡O no desean insultar al *chef* ni herir sus sentimientos!

Este miedo a herir los sentimientos de alguien o provocar su ira o su desaprobación lo obliga a evitar ciertas actitudes. La exagerada y distorsionada expectativa de que los otros reaccionarán con enfado, con pasión o agresivamente, es uno de los motivos principales por los que no se atreve a decir «no», no defiende sus derechos, no se ocupa de sus propias necesidades y no realiza una gran cantidad de acciones sanas que le ayudarían a afirmarse.

Esencialmente, predice que los demás se enfadarán con usted, lo rechazarán, desaprobarán o abandonarán si no consigue contentarlos. Y luego, sobre la base de su predicción, atraviesa de un salto la «puerta blanca» para evitar las emociones negativas que más teme.

Cuando aparece la mera sombra de hostilidad o de emoción negativa, usted automáticamente invoca las estrategias de evitación típicas de las personas complacientes. Sin embargo, al evadir la mayoría de los conflictos, rara vez tiene la oportunidad de comprobar la exactitud de sus predicciones ni de desarrollar formas adecuadas para manejar las emociones negativas.

Los psicólogos se refieren al vínculo erróneo que existe entre los pensamientos y los sentimientos con la frase *razonamiento emocional*. El miedo a la hostilidad y a la cólera lo fuerza a actuar como si fueran reales. De este modo, justifica usted todas las contorsiones practicadas por las personas complacientes para desmontar la agresividad de los demás, aun cuando, en realidad, todavía no se hayan expresado dichas emociones negativas.

Meredith reveló una forma particular de razonamiento emocional que es bastante común entre aquellos que se empeñan en complacer a los demás. Se relaciona con situaciones en las que, por ejemplo, la persona en cuestión está comprometida en una relación en la que no es feliz, en la que no se siente satisfecha o que no le despierta ningún interés. A pesar de que desea fervientemente terminar la relación, aparentemente no encuentra el coraje para hacerlo. Sus motivos, en las formas clásicas de la enfermedad de complacer a los demás, es que no quiere herir los sentimientos de la otra persona.

Pero si analiza un poco más profundamente su motivación, descubrirá que el miedo a la emergencia de un conflicto se oculta tras su deseo de no herir los sentimientos ajenos. Su temor oculto es que si da por terminada la relación, la otra persona no solo estará dolida sino también enfadada. Entonces acaso deba afrontar una temida discusión.

Esta particular aversión de las personas complacientes a ser la persona que concluye la relación aparece generalmente en las relaciones amorosas, ya sean pasajeras o formalizadas. No obstante, he observado muchos casos del mismo fenómeno básico en relaciones supuestamente amistosas.

En estos casos, el amigo o la amiga puede haber hecho sufrir reiteradas veces a la persona complaciente que, sin embargo, se niega a ser la que rompe la relación —aunque se haya convertido en una clara situación de maltrato emocional— sobre la base de que puede herir los sentimientos de quien la ha maltratado.

Otra variante de esta aversión ocurre en el lugar de trabajo. Una vez más, la persona complaciente puede tener buenas razones para desear abandonar su trabajo —en ocasiones aduciendo malos tratos, acoso o explotación. Aun así, para evitar una reacción de desaprobación, agresiva o cruel de su jefe es posible que permanezca en su puesto de trabajo incapaz de reunir el coraje para dimitir.

Cualquiera sea la forma de la relación, la evitación mantiene a la persona complaciente en una trampa que se ha impuesto a sí misma, mientras que, al mismo tiempo, paga el elevado precio de perder el tiempo y también la oportunidad de encontrar un compañero o compañera sentimental, un amigo o un jefe más compatible con su forma de ser.

Como ilustra de forma conmovedora la historia de Meredith, el impacto negativo de estas conductas evitativas recae en las dos partes involucradas en la relación. Al seguir adelante con la relación para no enfrentarse con los sentimientos de Fred, Meredith terminó por hacer lo único que pretendía evitar (herir los sentimientos de Fred y hacerlo enfadar), además de sufrir ella misma las consecuencias.

### Corrección de la actitud:
## Las palabras realmente *pueden* hacerle daño

♦ No intente crear relaciones a prueba de cólera. Es mejor construir relaciones fiables y seguras en las que la ira, cuando sea oportuna, se pueda expresar sin miedo.

♦ Permanecer en una relación amorosa porque desea evitar herir los sentimientos de la otra persona supone una falta de respeto para ambas partes.

♦ Usted tiene la obligación de examinar sus motivos, supervisar sus intenciones, comprender y comunicar sus sentimientos, especialmente cuando afectan a una persona con la que tiene una relación íntima o estrecha. ¿Ha estado usted intentando proteger los sentimientos ajenos o realmente ha estado evitando la posibilidad de una confrontación agresiva que se siente incapaz de soportar?

♦ Si está realmente preocupado por el hecho de ser amable con terceras personas, tome conciencia de sus acciones y sus razones. Tome buenas decisiones sobre la forma de tratar a los demás.

♦ Las palabras realmente *pueden* herirlo. Las bromas y las burlas son hostiles, y una absoluta sinceridad al servicio de disfrazar la hostilidad no puede defenderse en término morales ni psicológicos.

# CAPÍTULO 14

# ¿Hasta dónde llegaría
# para evitar una confrontación?

LA MAYORÍA DE LAS PERSONAS complacientes creen errónea-mente que todo conflicto es destructivo. Por este motivo, usted probablemente sea propenso a evitar incluso el aroma de una confrontación. La idea de que el conflicto podría servir a un propósito provechoso o productivo es completamente extraña para usted. Por el contrario, todo conflicto y enfrentamiento parece peligroso, oscuro y destructivo y le despierta temor. Usted cree que definitivamente es una experiencia que se debe evitar casi a cualquier precio.

La idea de que un conflicto puede ser sano y constructivo para una relación parece una contradicción. Sin embargo, cuando se aborda de una manera productiva un conflicto, *puede* ser positivo para una relación.

A diferencia de lo que le indica su intuición, las parejas felices no difieren mucho de aquellas que están insatisfechas y son desgraciadas, cuando se trata de la presencia o ausencia de un conflicto. En otras palabras, *todas* las relaciones —tanto las buenas como las malas— se caracterizan por la presencia de conflictos.

La diferencia esencial reside en la forma en que se abordan dichos conflictos. Las parejas felices resuelven sus conflictos y las desdichadas, como regla general, no los solucionan. Como resultado, las parejas insatisfechas discuten una y otra vez por los mismos temas. Mientras que las parejas felices aprovechan la ocasión de un conflicto para aumentar su mutua comprensión y enriquecer la relación, las parejas insatisfechas consideran los conflictos como una lucha de poder donde un solo lado puede ganar y el otro, por definición, debe perder.

Las parejas felices solucionan *constructivamente* los conflictos para que progresen los objetivos y las necesidades de la relación. Las parejas desdichadas destruyen el vínculo que debería mantenerlos unidos debido a los desgarradores efectos de los conflictos *destructivos.*

Analicemos un ejemplo típico de conflicto que puede surgir cuando un matrimonio se prepara para salir un domingo por la noche. El conflicto aquí se basa en las preferencias. A la esposa le apetece la comida china y el marido prefiere comer pasta. Él desea ver una película de ciencia-ficción; su mujer prefiere una comedia romántica.

Es evidente que sus preferencias están en conflicto desde el comienzo. No obstante, es absolutamente posible que ellos expresen sus respectivas preferencias y puedan resolver tranquilamente sus diferencias sin enfadarse.

Pueden arrojar una moneda al aire y decidir que el ganador elegirá el restaurante *o* la película, dejando la otra decisión para el perdedor. Pueden acordar arrojar dos veces la moneda —una para seleccionar el restaurante y otra para elegir la película. De forma alternativa, la mujer puede decidir renunciar a su primera elección porque desea complacer a su marido. O acaso sea el marido quien ceda ante la mujer. Finalmente, pueden estar de acuerdo en no ponerse de acuerdo y encontrar una solución intermedia: pueden comer hamburguesas y ver una película *sexy* de suspense, pues el mero hecho de estar juntos los hace sentir felices.

Ahora consideremos una segunda pareja que debe afrontar el mismo conflicto para resolver las preferencias individuales en relación con el restaurante y la película. En vez de encontrar una solución común, esta pareja se enzarza en una discusión que finalmente se convierte en una pelea apasionada. El diálogo podría ser parecido al siguiente:

> *Esposa*: «Siempre vamos al lugar que tú eliges y vemos las películas que tú quieres, que normalmente son las típicas películas tontas que le gustan a los hombres. No es justo, eres muy egoísta. Guiso para ti todas las noches y ahora ni siquiera me dejas escoger el restaurante. Si realmente me amaras, intentarías complacerme al menos alguna vez».
>
> *Marido:* «Dame un respiro. Eres la persona más controladora que jamás he conocido. Controlas toda la casa y no voy a dejar que me controles a mí. Si te ocuparas más de mí como hombre en vez de tratarme simplemente como un "vale de comida", te relajarías y vendrías conmigo al cine. Creo que prefiero quedarme solo en casa en vez de ir a ver una ridícula película para mujeres. Creo que será mejor que nos olvidemos de salir esta noche».

Y así sucesivamente. Enfrentados con los mismos hechos objetivos, las dos parejas toman caminos muy diferentes para resolver el conflicto y, de hecho, solo una de ellas lo logra. La segunda pareja no parece poder ponerse de acuerdo salvo para quedarse en casa. Esto se debe a que no discuten realmente por el restaurante o la película, sino por el poder y el control. Como se puede ver, la discusión refleja que existen tensiones en la relación.

La comparación entre las dos parejas es útil por dos razones. Primero, demuestra que un conflicto no es necesariamente precursor de una pelea. Segundo, ilustra cuán rápidamente puede desembocar un conflicto en un territorio peligroso, especialmente cuando se utilizan tácticas destructivas.

La primera pareja resuelve el conflicto de un modo amistoso y cooperativo, dando prioridad a llevarse bien, hacerse mutuamente felices y evitar una discusión que podría atentar contra la calidad del tiempo que pasan juntos.

La segunda pareja, sin embargo, adopta un enfoque de «ganador o perdedor» para solucionar el problema. El conflicto que surge ante el mero hecho de elegir un restaurante y una película rápidamente se convierte en una lucha de poder para terminar con acusaciones personales, amenazas y coerción.

Puede resultar difícil creer que un matrimonio pueda terminar discutiendo por algo tan mundano como la elección de un restaurante o una película. No obstante, si alguna vez ha participado en una relación conflictiva o ha sido testigo de ella, la discusión en la que se enzarza la segunda pareja puede tener visos de realidad, incluso quizá resulte más verídica que la serenidad y el intercambio cooperativo de la primera pareja.

## Los beneficios de un conflicto constructivo

*Cuando se aborda correctamente un conflicto, puede ser extremadamente beneficioso.* Mediante la experiencia de un conflicto, las personas que intervienen en una relación pueden, por ejemplo, aumentar su mutua comprensión dialogando sobre los temas que les están causando problemas, desdicha o insatisfacción.

Cuando el conflicto avanza hacia el objetivo de la *resolución*, se puede llegar a nuevos acuerdos que estipulen lo que es aceptable o deseable en el futuro. Cuando el conflicto es constructivo, las personas involucradas se apartan de posiciones extremas para adoptar soluciones intermedias con las cuales se comprometen, a fin de satisfacer los deseos y necesidades de las dos partes. Cuando un conflicto se resuelve *de forma efectiva,* existen muchas menos posibilidades de que el mismo desacuerdo se convierta en un problema en el futuro.

Un conflicto constructivo puede ser la ocasión para reafirmar sentimientos positivos y compromisos. Un conflicto constructivo no permite que ninguna de las partes sufra un daño emocional ni que se desintegre o debilite la pareja. Esta forma adecuada de abordar un conflicto aumenta la sensación general de confianza, seguridad y respeto que los individuos tienen respecto de su relación, de sus compañeros y de sí mismos.

Cuando dos o más individuos se comprometen a respetar las pautas de un conflicto constructivo, logran controlar la escalada de la ira y proporcionan un contexto seguro en el cual es posible hablar de las diferencias individuales y de los temas problemáticos. De este modo, logran contribuir a mejorar continuamente la calidad de la relación mientras resuelven sus problemas, solucionan temas conflictivos y satisfacen sus mutuas necesidades. A su vez, estos compromisos crean intimidad, gratificación emocional y una mayor felicidad.

Si un conflicto puede generar recompensas tan valiosas, ¿por qué las personas que sufren de la enfermedad de complacer a los demás lo encuentran tan aterrador y amenazador? ¿Por qué las personas complacientes están dispuestas a hacer cualquier cosa para eludir un conflicto y una confrontación?

## El coste que supone evitar un conflicto

Cuando alguien me dice que nunca discute ni pelea con su marido/esposa o compañero/a sentimental, me parece sospechoso y también me preocupa.

Evitar un conflicto no es una virtud psicológica de la cual jactarse, sino un síntoma de una dificultad que atenta contra la intimidad de una relación y contra la proximidad y la confianza.

En cualquier relación, personal o laboral, los conflictos son inevitables. Y esto por no decir que las peleas y las confrontaciones directas están garantizadas; antes o después surgen diferencias de opinión, de preferencia, de estilo y/o de intereses. La forma en que se expresen estas diferencias y el hecho de que se resuelvan de una forma efectiva determina si el conflicto es constructivo o destructivo.

Evitar el conflicto mediante la actitud de complacer a los otros o utilizando cualquier otro método, no lo elimina. La evitación de un conflicto realmente se refiere a los esfuerzos realizados por suprimir la comunicación relacionada con un conflicto. Sin embargo, el conflicto persiste a pesar de los esfuerzos por evitarlo.

Piense en un conflicto como si fuera un elefante que está en el medio de su salón. Puede evitarlo caminando simplemente a su alrededor. Puede rehuir hablar con él, pero el elefante aún estará allí. Usted lo sabe y también lo sabe el elefante.

Cuando los conflictos no se resuelven, vuelven a reiterarse y pueden ser cada vez más frustrantes y más dañinos para la relación. A menudo se convierten en una peligrosa lucha de poder, tal como hemos visto en el ejemplo anterior.

*Si usted no reconoce ni se involucra jamás en un conflicto, sus problemas tienen muy pocas oportunidades de encontrar una solución.*

Los sentimientos conflictivos que generan los problemas sin resolver se extienden destructivamente en toda su relación. Finalmente, la relación sufre el peso de un conflicto recurrente que puede terminar... muy mal.

Usted probablemente cree que todo lo que hace por contentar a los otros le ayudará a evitar la mayoría de los conflictos, si no todos. Su estrategia puede protegerlo de un conflicto destructivo o de una confrontación hostil, pero también puede impedirle aprender a resolver los problemas mediante un compromiso constructivo y, por tanto, no será capaz de cosechar los beneficios de la resolución del conflicto.

Esto es como intentar evitar un accidente al no viajar jamás en tren ni en avión. Estas estrategias de evitación pueden ahorrarle un trauma, pero también restringirán enormemente sus oportunidades de desplazamiento.

De una forma similar, su actitud complaciente acaso lo ayude a evitar un conflicto destructivo, pero sus relaciones tampoco prosperarán. El conflicto y su resolución positiva son necesarios para el crecimiento personal y también para el progreso de la relación. Para avanzar en su relación, tiene que montarse en el tren.

Su bienintencionada tendencia a complacer a quienes lo rodean, que lo protege de cualquier conflicto, puede realmente ser muy dañina para las personas y relaciones por las que usted ha trabajado tanto para ofrecerles su protección.

## Cómo se produce la escalada de un conflicto

Durante los veinticinco años en los que he trabajado como psicóloga clínica, a menudo he observado un curioso fenómeno que se produce en las parejas que acuden a la terapia para solucionar los problemas de su relación. Esto sucede cuando una pareja intenta representar o recrear una discusión que han tenido en casa.

Cuando los individuos comienzan a discutir, el ciclo del conflicto inevitablemente sube de tono y ambos terminan por perder los nervios y la situación desemboca en una verdadera pelea. En un momento oportuno, digamos tras cinco minutos de comenzada la discusión, los interrumpo para hacerles una pregunta aparentemente inocua: «¿Por qué comenzó esta pelea? ¿Cuál era el asunto o el tema por el cual discutían inicialmente?».

Durante algunos segundos hay una pausa que suele ser muy elocuente. La pareja se siente perpleja, ambos se miran mutuamente y luego me miran a mí. A continuación surgen las risas y ambos admiten que no conocen la respuesta a mi pregunta. ¿A qué se debe esta amnesia compartida sobre el origen del conflicto?

La respuesta reside en la comprensión del mecanismo por el cual los conflictos se acentúan y se transforman en una pelea. El caso que exponemos a continuación es muy ilustrativo:

> *George comienza la sesión informándome que él y su mujer, Alice, han tenido graves discusiones durante la semana desde la última cita. Les pido que recreen el desacuerdo en la consulta. Tras ciertas dudas iniciales, George y Alice se olvidan de mi presencia y comienzan una acalorada discusión.*
>
> *El enfrentamiento comenzó inicialmente cuando Alice, que es abogada, llegó tarde a casa debido a su trabajo y encontró que George había dejado los platos de la cena sin lavar en el fregadero.*
>
> *Alice afirma que esto «realmente la exaspera», porque trabaja tanto como su marido y generalmente muchas más horas. Afirma que siempre han acordado compartir las tareas domésticas y el cuidado de los niños. Considera que la actitud de George de dejar los platos en el fregadero es una clara evidencia de que está violando las condiciones de su acuerdo.*
>
> *George, que es juez de una corte municipal, replica que ha preparado la cena para sus dos hijos y para él mismo, pero que simplemente se olvidó de lavar los platos.*
>
> *«Es una reacción completamente desmedida. De lo único que se trata es que simplemente me olvidé de fregar los condenados platos», protesta George.*
>
> *«Oh, por favor», reacciona a Alice. «¿Simplemente te has olvidado? ¿Y por qué me resulta difícil creerlo? Sí, y no me digas que estoy reaccionando exageradamente. Bien sabes que eso me pone furiosa».*
>
> *«Quizá no pueda creer que simplemente te has olvidado de fregar», continúa Alice, «porque tú siempre haces este tipo de cosas. Haces las cosas por la mitad y luego te desentiendes. Dices*

que estás convencido de las ventajas de compartir responsabilidades, pero de alguna manera siempre termino por hacerme cargo de la mayoría de las tareas».

«Es un problema de ser hombre o mujer», exclama Alice. «Y, como soy la mujer, se supone que debo hacer más tareas que tú en la casa. Tú has dejado esos platos sin fregar intencionadamente porque sabes que no soporto irme a la cama dejando los platos sucios y sabías que me encargaría de fregarlos. Simplemente creo que es absolutamente injusto. Ambos trabajamos mucho. ¿Por qué tengo que fregar los platos?»

«¿Por qué tengo que cocinar?», responde de inmediato George. «Yo cocino, tú friegas. ¿Acaso no es eso compartir?»

«Sabes muy bien, cariño», dice Alice con una voz algo sarcástica, «que siempre discutes por todo. Dime la verdad, ¿cuántas veces por semana cocinas... una? Yo hago la compra, cocino casi todas las noches y friego más de la mitad de las veces porque tú dices que tienes trabajo que hacer. ¡Pues yo también!»

«Me temo, Su Señoría», continúa Alice provocativamente, «que no es usted tan equitativo como cree a pesar de ser juez. En lo más profundo de su corazón usted cree que aunque una mujer haya asistido a la facultad de Derecho de Harvard, como he hecho yo, su lugar es la casa. Realmente me preocupa el mensaje que le transmites a los niños acerca de cómo deberían tratar a la mujer de su vida».

Frente a esto, George se disgusta enormemente. «Venga, no tires por ahí. No me acuses de ser un mal padre además de ser un mal marido. Estoy seguro de que no deseas que se juzgue tu actuación como esposa y madre, ¿verdad?» George continúa con cierta agresividad. «Además, los niños tienen ocho y diez años. Será mejor que no nos preocupemos por saber cómo tratarán a sus mujeres. Eso es absurdo.»

*Ahora Alice se siente herida. Se le saltan las lágrimas y dice: «¿Por qué insistes en hacerme sentir tan culpable respecto de los niños? ¡Eres como mi madre! Cualquier conversación termina por convertirse en una crítica relacionada con mi trabajo como madre. ¡Eres cruel!».*

Precisamente en este momento surge mi oportunidad para intervenir y les pregunto: «¿Qué es lo que ha iniciado esta discusión?». La pregunta es puramente táctica, pues sé perfectamente cuál ha sido el incidente que ha iniciado la pelea, pero también sé que probablemente ellos no lo recuerden.

George y Alice están irritados. Él está enfadado; Alice se siente triste y culpable, además de disgustada. En este momento el conflicto ha llegado a un límite, la causa original está sujeta a una pérdida de memoria transitoria y a corto plazo. Finalmente, lograron reconstruir que los platos sucios de la cena que George dejó en el fregadero han encendido la mecha de este conflicto.

Lo que ilustra este ejemplo es la tendencia que tiene un conflicto a agravarse. La pelea que George y Alice recrean pone en evidencia que, una vez iniciados, los conflictos crecen y se descontrolan rápidamente hasta desembocar en los peligrosos escenarios del ataque personal.

## Niveles de conflicto

Los conflictos se agravan de un modo bastante predecible en tres niveles que se pueden especificar y describir[1]. Para que la reso-

---

[1] Para una descripción más detallada de los tres modelos de conflicto, véase H. Braiker y H. Kelley, «Conflict in the Development of Close Relationships», en *Social Exchange in Developing Relationships,* ed. R. L. Burgess y T. E. Huston, Nueva York, Academic Press, 1979.

lución del conflicto fuera más efectiva debería tener lugar en el nivel que mejor se adapta al problema o que lo describe. El ejemplo de George y Alice ayuda a comprender el modelo y traerlo a la vida real.

Los conflictos normalmente comienzan en el nivel 1: *el conflicto se relaciona con la conducta*. Este nivel incluye los desacuerdos o diferencias relacionados con lo que la gente hace o dice (para los psicólogos, hablar es una forma de comportamiento). George dejó los platos en el fregadero después de preparar la cena; Alice llegó a casa y encontró los platos sucios, lo que la enfadó y la alteró. Este es el nivel de la conducta en el conflicto de la pareja.

Los conflictos entonces pasan al nivel *2: el conflicto se relaciona con los valores, los principios, las reglas o las creencias colectivas que caracterizan la relación*. En un sentido real, estos principios gobiernan la relación del mismo modo que las leyes rigen las naciones o que los reglamentos controlan las corporaciones. Estos principios caracterizan las expectativas de las personas respecto de cómo deben tratarlos los demás y cómo deben ellos mismos tratar a las personas con quienes comparten una relación.

Para George y Alice, el conflicto se agrava hasta este nivel en cuanto se invoca la idea de justicia y del acuerdo previo de compartir las tareas domésticas. La discusión tiene lugar porque George considera que si él cocina y ella friega se respeta la regla de compartir las tareas. Sin embargo, Alice piensa que George la ha manipulado para que friegue porque tiene la convicción oculta de que las mujeres tienen que hacer más en la casa que los hombres.

George y Alice se pelean por valores de igualdad, de papeles femeninos o masculinos, de justicia y por la división de las responsabilidades del hogar. Se pelean por los principios, las reglas, los valores y las creencias a los que se suscriben como pareja. Esto significa que están en el nivel 2 de un conflicto.

Sin embargo, en cuanto las acusaciones se tornan personales, se produce una escalada del conflicto hasta el peligroso y grave nivel 3: *el conflicto se relaciona con la personalidad, los estados mentales, los sentimientos, las intenciones y la motivación.* Este nivel del conflicto se refiere a lo que cada persona infiere sobre los rasgos de personalidad, las emociones, los esquemas mentales y las intenciones de la otra. En el nivel 3, una pelea puede resultar realmente dañina.

George afirma que los sentimientos de Alice son una *reacción desmesurada,* dando a entender que ella es una persona muy emocional. (Por cierto, este es un conflicto de nivel 3 muy común entre las parejas.) Como reacción, Alice cuestiona la verdadera naturaleza de George, sugiriendo que no es una persona equitativa aunque sea juez. Al hacerlo, Alice está insinuando que George es un hipócrita.

La discusión se acalora realmente cuando aparecen las mutuas recriminaciones relacionadas con su función como padres. Alice acusa a George de hacerla sentir culpable, igual que su propia madre.

George, que está a la defensiva, le advierte que no llegue «hasta ese punto» y que no critique su papel de padre, además de acusarlo de ser un mal marido. Llena de ira, Alice lo acusa de ser «cruel».

Las acusaciones se tornan muy personales cuando la discusión llega al nivel 3. No obstante, existen importantes diferencias que aún permiten distinguir los dos tipos de conflicto en este nivel altamente personal. Y sus diferentes estilos pueden ejercer un impacto significativo en la salud y la fuerza de su relación.

Un conflicto constructivo protege a la pareja de cuestionarse su amor, su lealtad y su compromiso esencial con la relación. Los valores fundamentales que los unen se afirman en vez de ser cuestionados y, por tanto, no resultan contaminados por la discusión.

En un conflicto destructivo, surgen temas nocivos y peligrosos que llevan a la pareja a preguntarse si ambas partes están realmente comprometidas en la relación y si se aman mutuamente. Incluso se puede llegar a cuestionar el respeto, la confianza y el amor. Una vez que surge la duda en relación con estos temas fundamentales, la relación se deteriora. Un conflicto destructivo se desarrolla rápida y peligrosamente, pasando desde su origen —cuando se relacionaba con una determinada conducta— a las recriminaciones mutuas, las condenas, las amenazas y la coacción.

Las parejas que discuten de una forma constructiva afirman su relación de una forma explícita o implícita (es decir, en virtud de no cuestionar los valores básicos). Como resultado, los conflictos se circunscriben a límites sanos y seguros a pesar de que se exprese la insatisfacción o incluso un enfado transitorio. El proceso de resolver acuerdos relacionados con un comportamiento, tal como quién guisa y quién lava los platos o cómo ajustarse a las normas acordadas, puede realmente enriquecer la intimidad de la pareja y profundizar la comprensión mutua.

La resolución efectiva de un conflicto se produce generalmente en el nivel 2. Esto significa que los nuevos acuerdos sobre las reglas que gobiernan la relación no se respetan. Es posible entonces llegar a nuevos acuerdos que pueden solucionar las diferencias como sucedió en el caso de George y Alice. Los acuerdos en el nivel 2 a menudo reducen la posibilidad de futuras discusiones porque se puede recurrir a ellos para resolver problemas potenciales.

Alice y George discutían básicamente por la división de sus responsabilidades. Finalmente, esta pareja adoptó una solución que fue la de establecer turnos. De lunes a jueves alternaban la responsabilidad de cocinar y fregar los platos, cada uno de ellos asumía ambas tareas dos días por semana. De viernes a domingo comían fuera de casa de modo que nadie tuviera que fregar ni cocinar. Este acuerdo ayudó a eliminar futuros conflictos relacionados con las tareas del hogar.

Es evidente que George y Alice tenían otros problemas además de los que suponían las tareas del hogar, pero este tema era motivo de frecuentes discusiones e intercambios de insultos. Cuando lograron resolver sus diferencias, Alice se sintió satisfecha porque la resolución le pareció equitativa, y además pensaba que George se estaba comportando nuevamente de una manera justa.

George y Alice tuvieron también que resolver algunos acuerdos sobre las peleas relacionadas con lo que cada uno consideraba justo. Aprendieron a resolver constructivamente los conflictos y encontrar a través de ellos una forma de relacionarse menos dañina y más simple.

## Cómo discutir de una forma constructiva

Es obvio que el *contenido* o *tema* de un desacuerdo se basa en la probabilidad de que tenga lugar la expresión de sentimientos negativos y, con ellos, la escalada del conflicto. Cuando una pareja tiene un desacuerdo relacionado con el hecho de si comparten o no una relación monogámica comprometida, es muy probable que manifiesten sus emociones y muy posible que terminen por enfadarse.

Cuando un conflicto se refiere al dinero, la probabilidad de que suba de tono la discusión es relativamente elevada. Y si, por otro lado, el conflicto tiene que ver con la reserva de una mesa en un restaurante, es menos probable —aunque, como hemos visto, de ninguna manera imposible— que surja una discusión.

Independientemente de la importancia del tema central del conflicto, hay ciertas formas comunes a casi todos los conflictos —o conflictos potenciales—, desde la más grave a la más mundana.

*Cualquier conflicto puede ser abordado de una forma constructiva o destructiva, dependiendo de la forma en que se relacionan las dos partes involucradas. De una forma similar, cualquier conflicto referido a cualquier tema puede desembocar en un nivel altamente personal y posiblemente muy dañino.*

Al comprender las diferencias entre las tácticas constructivas y destructivas, y al tomar conciencia de la dinámica por la que se produce la escalada de un conflicto, usted tendrá más recursos para manejar tanto el conflicto como el resultado. Cuanto más aprenda y más hábil sea para abordar el conflicto y la ira, menos temores tendrá. Por consiguiente, será capaz de eliminar el modelo de complacer a los demás.

De modo que analicemos más detenidamente las diferencias esenciales que existen entre una pelea constructiva y una pelea destructiva.

**Más información frente a menos información.** La primera diferencia que debemos establecer entre una pelea constructiva y una destructiva se refiere a la cantidad de información que intercambian ambas partes. En un conflicto constructivo, se aumenta la cantidad de información. El hecho de que surja un conflicto ofrece la oportunidad de dialogar.

En la discusión resultante se puede intercambiar información sobre los pensamientos, las actitudes, los sentimientos y los valores de cada una de las partes. Los socios comerciales, por ejemplo, pueden expresar su opinión personal sobre el crecimiento de la compañía o sus miedos respecto de un posible fracaso financiero.

Cualquiera sea la naturaleza de la relación o el contenido de la conversación, a través de un intercambio verbal se dispone de nueva información que tiene lugar en una situación conflictiva constructiva.

En contraste, un conflicto destructivo se caracteriza por la disminución de la información. Esto significa que, durante el mismo, una de las partes —o cada una de ellas— se retrae de la conversación o se reserva los comentarios.

Esto ocurriría cuando uno de los individuos se opone a hablar unilateralmente del problema, demora la discusión, cuelga el teléfono, abandona el sitio donde se encuentran, se desconecta de la conversación en curso o impone un «tratamiento de silencio». Cualquiera sea el método elegido o la combinación de tácticas que se emplee, el indicador de cuán destructivo es el enfrentamiento es la cantidad total de información que se silencia durante el conflicto.

**Flexible frente a rígido.** La segunda diferencia es que las partes involucradas en un conflicto constructivo mantienen una actitud esencialmente amistosa y cooperativa. Ambas partes asumen un enfoque flexible para resolver el problema, están dispuestas a negociar y abiertas a un compromiso que dará prioridad al bienestar y al mantenimiento de la relación frente a los deseos individuales de ganar una discusión o de persistir en un desacuerdo a cualquier precio.

En un conflicto destructivo, las partes interesadas mantienen una posición opuesta. Se consideran mutuamente competidoras en una situación en la que solo una de las partes puede ganar. Los intereses egoístas individuales se anteponen a los intereses de la relación. Lo único que importa es ganar.

Más aún, en un conflicto destructivo ambas partes adoptan una postura rígida y se empeñan de un modo obstinado en mantener sus diferencias iniciales. No se pone sobre la mesa la posibilidad de comprometerse en algún acuerdo ni de negociar.

**Confianza frente a desconfianza.** En un conflicto constructivo existe una confianza mutua y cada uno se expresa abiertamente; por el contrario, en un conflicto destructivo hay una desconfianza mutua que solo permite expresarse con cautela, y además se caracteriza por la reserva y la ocultación.

**Persuasión amistosa frente a persuasión hostil.** En un conflicto constructivo jamás se utilizan las amenazas; siempre se apela a la persuasión, la discusión o incluso a un argumento apasionado para influenciar a la otra persona en vez de la coerción y la manipulación. Las estrategias que incluyen amenazas, coerción y manipulación son meros signos inequívocos de un conflicto destructivo.

**Responsabilidad frente a culpa.** Un conflicto constructivo no da lugar a insultos ni a ataques personales. No admite que se culpabilice a la otra persona. Aunque no siempre es necesario determinar el motivo por el cual ha surgido un determinado problema o conflicto, sin embargo resulta muy provechoso analizar las razones. Cuando dicho análisis parece valioso, los que están participando de la discusión intentan permanecer lo más neutrales y objetivos que les resulte posible.

> *El propósito fundamental de un conflicto constructivo es aprender de la experiencia como una forma de prevenir futuras recurrencias de los mismos temas y no insistir en encontrar un culpable, pues esto significaría ocuparse únicamente del pasado.*

Un objetivo secundario del hecho de buscar la causa de un conflicto es aumentar la comprensión mutua. Se debe ser cauto para no esgrimir excusas ni racionalizaciones en vez de una genuina introspección y toma de conciencia.

En un conflicto constructivo, el que habla asume la responsabilidad de sus sentimientos, pensamientos y conducta. En un conflicto destructivo, la moneda de cambio es la culpa.

**Límites precisos frente a imprecisos.** Una discusión constructiva delimita al tema en cuestión y no se ocupa de problemas previos. En otras palabras, no se «carga» la situación de ninguna culpa adicional proveniente de conflictos pasados ni se mencionan conductas anteriores para apoyar un argumento. Ambas partes se ponen de acuerdo en «limitarse al tema actual» de una forma implícita o explícita.

**Afirmar los valores básicos de la relación frente a menoscabarlos.** Un conflicto constructivo no permite que se cuestionen las bases de la relación. En un conflicto matrimonial constructivo, ninguno de los cónyuges alberga duda alguna sobre el grado de compromiso o de fidelidad, ni tampoco sobre el respeto y el amor mutuo. Las palabras tácitamente amenazadoras —tal como separación o divorcio— no tienen espacio en una discusión matrimonial constructiva.

De una forma similar, un conflicto constructivo impide el cuestionamiento de los principios fundamentales de otro tipo de relaciones. En un desacuerdo entre compañeros de trabajo o entre un supervisor y un empleado, se evita cualquier duda relacionada con la lealtad, la honestidad, la dedicación y la conservación del empleo, puesto que un conflicto constructivo se basa en el deseo de mantener la relación. Y entre amigos y familiares los conflictos constructivos dan validez a los lazos de amor y lealtad que mantienen vivas las relaciones en vez de atentar contra ellos.

Cuando se cuestiona la parte esencial de cualquier relación, el conflicto se torna destructivo por definición. Frases como: «Si realmente me amara, él/ella...», «Si fueras un buen amigo, tú...», o «Si te preocuparas por la empresa, tú...», transforman lo que podía haber sido un desacuerdo constructivo en una discusión destructiva.

**Resolución frente a repetición.** Los conflictos constructivos, en resumen, son seguros y productivos y generan nuevos acuerdos basados en una comprensión mutua. A diferencia de los conflictos destructivos, alcanzan su punto máximo en la forma de una resolución.

Las partes involucradas en el conflicto generalmente experimentan una sensación de fortaleza, orgullo y una renovada confianza en su capacidad para afrontar problemas y alcanzar soluciones efectivas que eliminen o reduzcan en gran medida la necesidad de que ese mismo problema vuelva a surgir en el futuro. Las partes involucradas en un conflicto constructivo experimentan una sensación de cambio y crecimiento, tanto a nivel personal como de la relación.

En contraste, los conflictos destructivos son reiterativos, poco seguros, dañinos y contraproducentes. Con frecuencia nunca se llegan a resolver y esto produce sentimientos residuales de dolor, resentimiento o una intensa cólera. Las partes involucradas en un conflicto destructivo, a falta de soluciones o acuerdos, con toda probabilidad nuevamente volverán a discutir por temas similares en el futuro.

En vez de sentirse confiadas y orgullosas, las personas comprometidas en el enfrentamiento terminan por sentirse dolidas, enfadadas, enormemente frustradas y disgustadas. Se sienten estancados en sus problemas y en recurrentes modelos de provocación y culpa, y se agobian mutuamente en vez de llegar a una mayor intimidad y entendimiento, tal como sucede cuando se resuelve un conflicto de una forma constructiva.

Un conflicto destructivo es una experiencia tan negativa que puede causar que los individuos —especialmente los complacientes— desarrollen un miedo real a los enfrentamientos y eviten los conflictos. Quienes no se atreven a sacar a la luz temas de discusión se comprometen en relaciones que no les permiten abordar los problemas de un modo efectivo ni corregir lo que les hace daño.

Su miedo al conflicto acaso se relacione con algunas experiencias hostiles y destructivas ocurridas en el pasado. Su conducta crónica de evitación de los conflictos mediante la actitud de complacer a los demás ha hecho que usted considere peligrosa la perspectiva de un desacuerdo futuro.

Ahora sabe que es posible definir y especificar las reglas de un conflicto constructivo. Los miedos al conflicto son *aprendidos*

—es decir, adquiridos a partir de experiencias frustrantes y dolorosas, de un escaso conocimiento, de la formación de papeles y/o por la incidencia del pensamiento erróneo en el que se apoya su enfermedad de complacer a los demás.

Las buenas y esperanzadoras noticias son que su miedo al conflicto y a su ira es aprendido, de modo que también puede *desaprenderlo*. Superar su miedo mediante la habilidad para resolver un problema de un modo sólido y positivo, puede liberarlo de los hábitos opresivos que lo impulsan a complacer a los demás y que generan la conducta automática de evitación de la Puerta Blanca.

Naturalmente, el conflicto se aborda mejor cuando ambas partes lo comprenden y se comprometen a resolverlo de una forma constructiva. Una vez que disponga del conocimiento y la habilidad para hacerlo, que este libro le ayudará a adquirir, puede compartirla con aquellas personas que son más importantes en su vida y con quienes es imprescindible poder discutir de una forma justa y constructiva.

Y aunque usted sea el único que afronta de una manera constructiva el problema, será mucho mejor que evitarlo o abordarlo destructivamente.

## CORRECCIÓN EMOCIONAL:
## Superar el miedo a la confrontación

He aquí algunas cuestiones importantes a tener en cuenta mientras trabaja para superar su miedo a las peleas y a los enfrentamientos:

- ♦ En sus relaciones más íntimas, no tema las discusiones o peleas constructivas; por el contrario, solo debe preocuparse en el caso de que exista una fuerte tendencia a ocultar o evitar los conflictos, pues eso representa un síntoma de la relación.

- ♦ Un cierto grado de conflicto es inevitable entre las personas, especialmente en una relación íntima. Un conflicto constructivo es sano para las relaciones.

- ♦ Usted no puede realmente evitar los conflictos ni construir relaciones a prueba de dificultades. (Recuerde: el elefante *está* allí). Sin embargo, en lugar de evitar las dificultades puede aprender a evitar que se magnifiquen antes de que alcancen proporciones destructivas. Cuando exista una resolución efectiva del conflicto ya no se volverá a repetir la misma situación una y otra vez.

- ♦ Como toda persona complaciente, ha aprendido usted a tener miedo de la ira y los conflictos. Usted puede *desaprender* esos miedos y aprender una forma efectiva de solucionar las dificultades.

- ♦ Su miedo al conflicto y a la cólera lo fuerza a sobrestimar el hecho de que los demás se enfadarán con usted si expresa sus sentimientos negativos, aunque lo haga de un modo adecuado. Esto es una forma de razonamiento emocional porque como usted *siente* que algo puede convertirse en realidad, comienza a actuar como si lo que es una mera suposición ya fuera un hecho consumado.

# CAPÍTULO 15
# Pequeños pasos, grandes cambios

HA COMPLETADO USTED su recorrido paulatino alrededor de los tres lados del triángulo de la enfermedad de complacer a los demás. Debería experimentar una buena sensación por el peaje que cobran ahora sus hábitos en relación con la calidad de su vida.

Ha colocado usted durante tanto tiempo sus propias necesidades en el fogón más alejado que la olla hierve de frustración, resentimiento y cólera. Acaso secretamente se rebele contra los demás por manipular su naturaleza generosa o se culpe a sí mismo por permitirles aprovecharse de usted.

Cada día se ha convertido en una lucha en la que siente la necesidad de probar su valor mediante todas las cosas que hace para los demás, tal como hizo ayer y seguirá haciendo mañana. Se encuentra atrapado en un ciclo autodestructivo, pero sin embargo existe una forma de salir de él:

*Debe tener la intención de producir un verdadero cambio.*

El trato que le propongo es el siguiente: usted proporciona la motivación y yo le ofrezco las herramientas y la capacidad que necesita para recuperar el control de su vida. Usted no necesita saber *cómo* curarse de la enfermedad de complacer; esa es mi parte del trabajo. Usted solo debe comprometerse a hacer lo que le sugiero. En tanto su mente permanezca abierta ante la emocionante perspectiva del cambio, yo le proporcionaré los medios para avanzar en su proceso personal de recuperación.

Imagino que al principio la idea de superar un problema que está profundamente arraigado, a pesar de ser tan dañino para su vida como es el síndrome de complacer a los demás, puede parecer una tarea abrumadora. Le aseguro que está usted preparado para el desafío (solo tiene que recordar *todas* las cosas que hace y la energía que gasta cada día para satisfacer las necesidades ajenas).

Lo realmente importante es su decisión de comportarse sanamente y cómo siente y piensa respecto de sí mismo y de los demás. Usted sabe que el síndrome de complacer a los demás no es el camino que lo conduce hacia la satisfacción y la felicidad.

Como le ha sucedido a millones de personas que han logrado vencer sus adicciones y otras conductas compulsivas, *la recuperación se logra paso a paso y de día en día.*

Mientras viajaba alrededor del triángulo de la enfermedad de complacer a los demás, ha estado leyendo, pensando y conversando con varias personas sobre los temas relacionados con la enfermedad. Mientras recorríamos juntos el sendero triangular, a lo largo del camino le señalé varias veces que cuando usted modifica solo *un* pensamiento, *una* conducta, *un* sentimiento, interrumpe el ciclo de complacer a los demás y se embarca en un fortalecedor proceso de cambio.

Al dar pequeños pasos *se producirán* grandes cambios que supondrán una gran motivación para usted. Pronto logrará esclarecer sus pensamientos, liberarse de sus miedos y volverá a *tener el control* de su comportamiento mientras se recupera de la enfermedad de complacer a los demás.

# El plan de 21 días para curar la enfermedad de complacer a los demás

# Una guía de usuario para el plan de acción de 21 días

USTED ESTÁ PREPARADO para poner en marcha su propio proceso de cambio personal. Esta sección contiene un programa de entrenamiento que dura 21 días y que le ayudará a comenzar a curarse de la enfermedad de complacer a los demás. Como ya he mencionado, no debe usted preocuparse por cómo y por qué es efectivo el programa. Todo lo que debe hacer es seguir el plan diario para adquirir las habilidades necesarias para modificar los hábitos dirigidos a complacer a los demás y alcanzar el objetivo de una recuperación completa.

Piense en que es usted una especie de atleta psicológico durante un entrenamiento que trabaja en estrecha relación con su entrenador. El entrenador comprende cómo y por qué es eficaz el ejercicio. Su trabajo es mostrar al atleta los ejercicios que debe hacer y cómo hacerlos correctamente. Y lo más importante de su tarea es mantener al atleta motivado para que avance en el programa paso a paso y de día en día.

Imagine que yo soy su entrenadora personal. Si sigue el programa, conseguirá su objetivo. He desarrollado y utilizado cada una de estas técnicas con gran éxito y durante muchos años con los pacientes que sufrían de la enfermedad de complacer a los demás. *Sé* que si se atiene al programa, le será de gran ayuda.

Modificar sus antiguos modelos requiere paciencia, perseverancia y práctica. No se prepare para el fracaso albergando la expectativa de que estas nuevas habilidades para mejorar sus relaciones y estas herramientas personales que aprenderá le otorgarán la perfección o la maestría de un día para otro. Hay muchas posibilidades de error y mucho tiempo por delante —el resto de su vida— para mejorar continuamente mediante la práctica.

Naturalmente, como ha pasado la mayor parte de su vida desarrollando y mejorando sus hábitos de complacer a los demás, no debe esperar una cura total en tres semanas. Piense en estos 21 días como una guía mínima. Acaso desee imprimir su propio ritmo al proceso y alargar el tiempo —digamos dos o tres días— para realizar lo que yo propongo para un día.

Para respetar el enfoque de los «pequeños pasos», recuerde que *no* debe adelantarse en la lectura. Lea y luego realice lo que se hará en un solo día. No se agobie. *Debería* tardar un mínimo de 21 días en completar el programa.

Lo importante no es la rapidez con que aplique el programa de actividades, sino que lo haga a un ritmo que le resulte cómodo. Darse prisa para terminar el programa o detenerse antes de completarlo para tener tiempo de ocuparse de los demás es exactamente el tipo de conducta y de pensamiento que necesita corregir.

Este es su tiempo. Se lo ha ganado… hace mucho tiempo. Empléelo para ayudarse a sí mismo a deshacerse de los agotadores hábitos, pensamientos y sentimientos relacionados con su tendencia de ocuparse de los demás. Es importante que lea y complete cada uno de los pasos del plan, uno por vez y en el orden de presentación.

No es necesario que se someta a un análisis completo de la estructura de su personalidad para recuperarse de la enfermedad de complacer a los demás. Independientemente de las causas que hayan originado su propio síndrome, el viaje hacia la recuperación es prácticamente el mismo para todas las personas complacientes: pequeños pasos y un cambio estratégico dirigido.

Usted solo necesita reemplazar una idea equivocada por un nuevo pensamiento que sea preciso, o un automático y servil «sí» por un «no», o una conducta evitativa frente a un conflicto por una resolución positiva del problema. De este modo iniciará su viaje hacia la recuperación.

El plan de acción de 21 días que le explicamos a continuación, día por día y paso a paso, le ayudará a liberarse del ciclo de complacer a los demás y lo conducirá a una forma de vivir más sana y feliz. El plan produce resultados impresionantes y, sin embargo, no hay ninguna magia ni misterio en él. Es puro sentido común y se basa en los conocidos y efectivos principios de la psicología y de la modificación de la conducta.

Una vez comience usted su viaje personal de cambio, el proceso adquirirá impulso por sus propios medios. Con cada paso usted se alejará de su servilismo y desarrollará una creciente sensación de fortalecimiento general.

## La decisión de cuidar a otras personas

Quiero asegurarles que el plan de acción de 21 días es absolutamente coherente con sus valores y su necesidad de seguir siendo una persona generosa, buena, amable y cariñosa (¡pero recuerde que está muy bien *no* ser amable todo el tiempo!). Cuando haya concluido el plan de 21 días, usted no se habrá convertido en una persona egoísta, egocéntrica o desconsiderada con los demás. De ninguna manera; eso sería un cambio de personalidad producido en la dirección equivocada.

Quiero que al final de los veintiún días usted esté más satisfecho que antes con su persona. De hecho, quiero que se parezca más a la persona generosa que desea ser. Pero también aspiro a que se haga cargo de las decisiones que toma.

Como está a punto de aprender, la alternativa más deseable para ser una persona complaciente es ser una persona que decide intencionadamente cuidar a alguien —una decisión relacionada con cómo, cuándo y a quién le ofrecerá usted su tiempo y sus recursos limitados. De esta forma estará seguro de reservar una cantidad adecuada de tiempo y energía para sus propias necesidades que, como consecuencia, subirán varios peldaños en la escalera de sus prioridades.

Cuando usted sustituye sus hábitos compulsivos de complacer a los demás por la decisión de cuidar a otras personas, recupera el control de su vida. Tomar decisiones en vez de reaccionar de una forma servil le permitirá hacer todo aquello que verdaderamente desea realizar y no todo aquello que los demás le piden o que usted simplemente cree que pueden necesitar.

> *Curarse de la enfermedad de complacer a los demás no significa sacrificar su naturaleza generosa ni su deseo de hacer felices a muchas personas. Significa superar la compulsión de conquistar la aprobación ajena o de ser amable todo el tiempo con todo el mundo.*

Cuando complete el plan de acción de 21 días habrá adquirido las habilidades necesarias y la genuina libertad para tomar sus propias decisiones. En vez de ser dominado por su compulsión a complacer a los demás, podrá controlar sus deseos, intenciones y esfuerzos por complacer a los demás y será capaz de cuidarse a sí mismo.

## Lo que necesitará para comenzar

Las cosas más importantes son, por supuesto, este libro, su compromiso y su motivación. Además necesitará:

- ◆ Unas libretas de papel con renglones.
- ◆ Lápices o bolígrafos.

◆ Papel adhesivo para notas.

◆ Una carpeta para su papeles.

◆ Un diario personal en blanco.

◆ Un amigo y/o familiar que le ayude cuando lo necesite (es aconsejable, pero no es absolutamente obligatorio).

Ahora está preparado para comenzar. Coloque su mente en el lugar correcto tomándose unos instantes para reflexionar sobre estas sabias palabras:

«Si no me ocupo de mí mismo, ¿quién lo hará por mí?
Si solo me ocupo de mí mismo, ¿qué soy?
Si no es hoy, ¿cuándo?»

HILLEL, siglo XII

## DÍA 1

# No diga «sí» cuando quiere decir «no»

L A PRIMERA CUALIDAD que debe aprender hoy es la importante habilidad de decir «no».

Hay cinco pasos necesarios para suprimir el hábito automático de «decir sí». Usted debe aprender y practicar estos pasos durante los próximos días.

Cuando se enfrente con una nueva solicitud, una invitación o cualquier otro tipo de demanda por parte de otra persona, reemplazará su arraigado hábito de decir de inmediato «sí» por la siguiente secuencia de acciones:

*Paso 1:* Evitar una respuesta inmediata «haciendo tiempo».

*Paso 2:* Identificar las opciones que tiene.

*Paso 3:* Analizar las consecuencias probables de cada una de las opciones.

*Paso 4:* Elegir la mejor opción.

*Paso 5:* Responder a la invitación/pedido/demanda con firmeza y directamente ejercitando su derecho a:

- ♦ Decir «no».
- ♦ Hacer una contrapropuesta, o
- ♦ Decir «sí».

Ahora, y siempre paso por paso, aprenderá usted a identificar sus opciones para responder a las solicitudes de los demás y a elegir selectivamente teniendo en cuenta sus propios intereses, así como las necesidades de la persona que hace la solicitud.

## Tomarse tiempo para responder

Con el fin de suprimir su hábito de dar una respuesta automática afirmativa frente a todas las solicitudes que le hacen las demás personas, es preciso que *demore* su respuesta para reflexionar cuidadosamente sobre cuáles son sus opciones. El viejo adagio de pensar antes de hablar —o, en este caso, antes de aceptar— es un consejo psicológico sabio.

> *Una vez que haya aprendido usted a hacer tiempo entre la formulación de una invitación, solicitud o demanda y sus respuestas, su sentido del control aumentará de inmediato.*

**Solicitudes telefónicas.** Siempre que sea posible, después de que le pidan algo, incluso antes de que realmente pueda «hacer tiempo» para responder, debería intentar tomarse un breve respiro de la conversación. Por ejemplo, tan pronto como la persona con la que habla por teléfono le haya solicitado que haga algo o que se dirija a algún sitio, su respuesta inmediata debería ser semejante a:

- ♦ «¿Puedes esperar momento?» o
- ♦ «¿Podría pedirte que no cortes durante un minuto?» o
- ♦ «Tengo que poner la llamada en espera, será solo un minuto» o
- ♦ «¿Puedo volver a llamarte en unos minutos?».

Esta simple acción puede interrumpir el ciclo automático de «decir sí». Después de que su interlocutor lo espere al teléfono o que usted vuelva a llamarlo, seleccione una frase de la lista que ofrecemos a continuación: «Frases para hacer tiempo». Cuando reanude la conversación (o devuelva la llamada), responderá utilizando una de las frases para «hacer tiempo».

## Frases para «hacer tiempo»

1. «Te responderé una vez que compruebe mi agenda (o mi programa de actividades, mi libreta de citas, etc.).»
2. «Necesito un poco de tiempo para pensarlo. Te llamaré más tarde/mañana/en unos días/al final de la semana.»
3. «Quizá tenga problemas. Lo comprobaré y te responderé tan pronto como me sea posible.»
4. «Necesito un poco de tiempo para comprobar ciertas cosas, pero te llamaré para contestarte en cuanto lo sepa. Dime cuáles son los mejores horarios para encontrarte.»
5. «No puedo darte una respuesta ahora mismo, pero lo haré muy pronto.»
6. «No estoy seguro de tener tiempo para [realizar lo que le piden], de modo que te lo haré saber mañana/más tarde/la próxima semana.»

El tiempo que se «tome» para analizar sus opciones le servirá para comparar las consecuencias que tendrá decir «no» frente a decir «sí» y elegir la respuesta que mejor se adapte a *sus* propios intereses.

**Solicitudes formuladas en conversaciones cara a cara.** A diferencia de los teléfonos, las personas no están equipadas con botones para poner la llamada en espera. No obstante, si es posible, sería preferible que hiciera usted una pequeña pausa después de que alguien le haga una solicitud en una conversación cara a cara, antes de responder automáticamente según sus viejos hábitos.

Lo ideal es que en este encuadre su primera respuesta fuera excusarse y salir de escena durante unos minutos para interrumpir su respuesta automática «sí». Esta acción es equivalente a poner una llamada telefónica en espera.

Si fuera posible, después de que la otra persona formule su solicitud y antes de que usted le responda, excúsese durante unos minutos. Puede decirle que necesita ir al cuarto de baño, hacer una llamada, tomarse un café o cualquier cosa que requiera que salga de la oficina o del coche. La cuestión es que se retire físicamente para poder controlar su impulso automático de acceder a la demanda que le han formulado.

Si esto no fuera posible porque resultaría muy poco elegante desaparecer durante unos minutos, no debe preocuparse, pues el breve intervalo que conseguiría excusándose por unos instantes es una acción deseable, pero de ninguna manera obligatoria.

**Responda con una de las frase para ganar tiempo.** En cualquier caso, y cualquiera haya sido su actitud —haya usted puesto una llamada en espera, se haya disculpado por un momento o se haya sentido incapaz de abandonar la escena—, debe abordar a continuación el primero de los cinco pasos mencionados, que es esencial: decir a la persona que le hace la solicitud que necesita tiempo para responder.

Revise la lista de frases para ganar tiempo. Cada una de ellas le permitirá tomarse un tiempo para decidir antes de contestar a la persona que le ha hecho la solicitud. Haga varias copias de la lista para poder tenerla junto a todos los teléfonos que utiliza en su casa y en el trabajo o en su cartera o monedero.

**Practique las frases para hacer tiempo.** Estas frases probablemente le parecerán extrañas. Por este motivo, deberá practicarlas una y otra vez hasta que sea capaz de pronunciarlas fácilmente y de una forma natural. Al repetirlas se sentirá cada vez más cómodo.

Practique y ensaye las frases en voz alta como si estuviera aprendiendo un idioma extranjero.

Sea un buen crítico del tono y de la inflexión de su voz —usted desea responder con firmeza pero con amabilidad. No desea dar una respuesta endeble y tampoco dar la impresión de no tener derecho a estar «haciendo tiempo». No desea mostrarse enfadado ni agresivo. Si fuera posible o usted lo cree conveniente, solicite la ayuda de un amigo o de un familiar para que le diga si lo está haciendo bien.

Cuando pronuncie cada frase, tenga en cuenta que no está pidiendo tiempo; está informando a la otra persona que se tomará un poco de tiempo para reflexionar antes de responder. Asegúrese de no elevar la inflexión de su voz al final de su respuesta como si estuviera haciendo una pregunta.

*Usted tiene el derecho de pensar antes de comprometerse a hacer nada.*

Su intención es simplemente ganar el tiempo necesario para tomar una buena decisión antes de responder automáticamente «sí», lo que luego lamentaría una vez pronunciada la respuesta.

Seleccione al menos dos frases de la lista y memorícelas. Agregue otras frases que se le ocurran, si así lo desea. Cuanto más practique, más cómodo se sentirá cuando tenga que utilizar las frases. Pronuncie cada una de ellas un mínimo de cinco veces, al menos tres veces por día, hasta que se sienta cómodo y su voz suene firme y directa. Mientras practica intente sonreír; le ayudará a mantener su tono de voz amable pero firme.

## RESUMEN DEL DÍA 1

◆ Haga copias de las «frases para hacer tiempo». Colóquelas cerca de todos los teléfonos que utiliza y guarde alguna en su monedero o cartera para que pueda utilizarla cuando habla por teléfono móvil o durante una conversación cara a cara (consulte la lista con discreción).

◆ Repita cada una de las seis frases en voz alta varias veces.

◆ Practique pronunciar la frase en tres diferentes momentos del día. Asegúrese de que su tono de voz suena firme y directo y que no deja traslucir una disculpa o un enfado.

◆ *Por hoy, deténgase aquí.* Mañana lea el texto correspondiente al día 2 y siga adelante con este programa de *un día por vez.*

# DÍA 2
# La técnica del disco rayado

AYER APRENDIÓ usted las frases necesarias para ganar tiempo cuando alguien le solicita algo. Hoy seguirá desarrollando esa capacidad aprendiendo a resistir la tentación de decir «sí» cuando en verdad pretende decir «no».

## Resistir utilizando la técnica del disco rayado

Después de «ganar tiempo», es probable que la persona que le ha hecho la solicitud insista en que le responda de inmediato. O, ya que usted siempre ha accedido a su requerimiento en el pasado, su interlocutor puede simplemente repetir dos o tres veces su solicitud con la esperanza de que usted responda de la manera habitual.

La forma de resistir es emplear la técnica del «disco rayado». Reconozca que ha escuchado claramente lo que le han dicho, que ha comprendido lo que desea la otra persona *y* también su deseo de resistir a la tentación de caer en los antiguos hábitos enfatizando y parafraseando la reacción emotiva personal de su amigo o amiga. Luego *repita su frase* para hacer tiempo —como si fuera un disco rayado. La clave de esta técnica es evitar reaccionar frente a la insistencia de su interlocutor, pues, si lo hace, posiblemente pierda el control de la conversación.

El guion que exponemos a continuación le enseñará a utilizar la técnica del disco rayado para defenderse con éxito de la tentación de acceder a la solicitud.

*Amigo:* [al teléfono] «Quiero pedirte un gran favor. ¿Puedes venir este fin de semana para ayudarme en el almuerzo de caridad; tu ayuda será muy útil».

*Usted:* «¿Puedes esperar un minuto?».

*Amigo:* «Por supuesto».

*Usted: [pone la llamada en espera y consulta las frases para ganar tiempo, que ha colocado estratégicamente cerca de su teléfono].*«Ya estoy de vuelta. No sé si podré hacerlo, te llamaré en unos días para comunicártelo».

*Amigo:* «Oh, no puedes esperar unos días. ¿No puedes decírmelo ahora? Necesito saber si puedo contar contigo como de costumbre».

*Usted:* «Comprendo que estés ansioso por conocer mi respuesta, pero no estoy seguro de poder hacerlo, de modo que te llamaré en cuanto lo sepa, probablemente en unos pocos días».

*Amigo:* «Aunque sean unas pocas horas, tu presencia será de gran ayuda. ¿Puedo contar contigo?».

*Usted: [sonriendo aunque esté al otro lado del teléfono]* «Comprendo que necesitas que te ayude, pero te he dicho que debo pensarlo y que te daré mi respuesta en uno o dos días. Te lo prometo».

Pronto descubrirá que la técnica del disco rayado es muy poderosa. Asegúrese de enfatizar y parafrasear a su interlocutor los sentimientos que usted ha observado en él. Sea muy precavido y no responda directamente ni se comprometa frente a la insistencia de su interlocutor. Luego vuelva inmediatamente a la misma frase para hacer tiempo antes de responder. Si se *atiene* a su simple mensaje, la otra persona no tendrá éxito a pesar de lo mucho que insista para convencerlo.

## Practique qué decir cuando desee decir «no»

Ganar tiempo es el primer paso, de vital importancia, para aprender a decir «no». Naturalmente, usted debe cumplir la promesa de darle su respuesta a quien le ha pedido un favor. Aprenderá a hacerlo en los próximos días de entrenamiento. Por ahora, lo importante es que practique resistir a la tentación de responder automáticamente para tener tiempo de reflexionar su respuesta.

Identifique a dos personas que normalmente le piden cosas que significan una carga para usted. Pueden ser familiares, amigos, compañeros de trabajo o representantes de organizaciones. Piense en dos ejemplos de la vida real con las solicitudes o las demandas que le hacen estas personas. Practique cómo resistirá el impulso de responder inmediatamente mediante las frases para ganar tiempo y la técnica del disco rayado.

*Su objetivo es permanecer firme frente al hecho de que necesita tiempo para pensar antes de responder a lo que se le solicita.*

Aténgase a su intención con claridad y transmitirá esa claridad a su interlocutor. Recuerde que usted ha reconocido la presión que ejerce la otra persona para que acceda a su requerimiento, pero manténgase firme al declarar que «necesita cierto tiempo», como si fuera un disco rayado.

Para no repetirse, seleccione dos o más frases diferentes para ganar tiempo y practíquelas. Puede solicitar la ayuda de un amigo o familiar para que represente el papel de la otra persona o practicar a solas representando en voz alta ambos papeles. Si tiene con quien practicar, pídale que improvise el guion para que usted realmente sienta la presión de tener que dar una respuesta inmediata. Cuanto más practique, más seguro se sentirá y más éxito tendrá en el momento de responder a un pedido real.

## Resumen del día 2

♦ Revise el guion que hemos ofrecido como ejemplo empleando la técnica del disco rayado para resistir a la presión impuesta por la otra persona.

♦ Identifique a dos personas que normalmente lo requieren y a quienes le gustaría decir «no» en algunas ocasiones. Practique teniendo a esas personas en la mente.

♦ Utilice la técnica del disco rayado para afrontar la presión de tener que responder *ahora* y mantenga su mensaje de que necesita tiempo para responder. No se preocupe si al principio se siente incómodo o artificial. Se trata de una nueva forma de responder y necesitará un poco de tiempo y de práctica para sentirse a gusto. Cuanto más practique, mejor preparado estará para aplicar estos conocimientos.

# DÍA 3
# La contraoferta

Ahora que ya ha aprendido a ganar tiempo, el próximo paso es saber qué hacer con el tiempo que ha ganado.

## Identifique sus opciones

Usted se ha acostumbrado a pensar que existe solo una opción —es decir, «sí»— cuando alguien necesita algo de usted o le pide algún favor. Sin embargo, existen otras alternativas.

Es evidente que podría decir «no». Esta simple respuesta es esencial para curarse de la enfermedad de complacer a los demás y solucionar los problemas que se derivan de ella. Debe aprender a decir «no» cuando eso es realmente lo que quiere decir.

No obstante, habrá ocasiones en las que no esté muy seguro de si desea definitivamente decir «no» o, por el contrario, hacer una contraoferta o negociar el compromiso. Por ejemplo, si un amigo o una amiga le pide que asista como voluntario a un determinado evento, usted podría responder que solo dispone de dos horas.

Tenga cuidado de no caer en la trampa de utilizar esta tercera opción con demasiada frecuencia; debería reservar las contraofertas para aquellas situaciones en las que realmente desea dar un «no» por respuesta. La razón para no decir directamente «no» debería basarse en que realmente desea hacer lo que le piden —o al menos no le importaría hacerlo— aunque es preciso modificar el compromiso con el fin de que se adapte a *sus* condiciones y a sus mejores intereses.

No utilice la opción de la contraoferta como una excusa para no decir «no» porque le preocupa que esa persona se enfade, se sienta dolida o desilusionada si no acepta usted lo que le pide. Aprenderá a manejar todas estas dificultades cuando pueda decir «no». No está obligado a hacer una contraoferta. Esta tercera opción es exactamente eso: *optativa*.

## Anticipe las consecuencias probables de cada opción

Necesitará papel y lápiz para este nuevo paso. Por cada solicitud usted debe tener al menos dos, incluso tres, hojas de papel, dependiendo de si ha pensado o no en una contraoferta.

Ayer identificó usted dos personas u organizaciones que suelen hacerle solicitudes frecuentemente y disponen de su tiempo. Seleccione uno de ellos y desarrolle un ejemplo realista de esa persona pidiéndole algo por teléfono. En la parte superior de una hoja de papel escriba las palabras: «Si digo sí:». En la segunda página escriba las palabras: «Si digo no:». En la tercera página, si tiene una contraoferta, escriba: «Si digo [su contraoferta]:».

Ahora, debajo de cada título, haga una lista de las razones a favor de cada alternativa (los pros) y una lista de las razones que se oponen a esa opción (los contras). Mientras usted analiza los pros y los contras, debería pensar en la forma en que cada una de las respuestas podría afectarlo emocional, física o financieramente, o de cualquier otro modo que pueda usted prever.

Lo importante es pensar cómo le afectaría a *usted* la respuesta y no a la persona que realiza el pedido. Si solo piensa en las necesidades de la otra persona, habrá caído nuevamente en su viejo hábito de complacer a los demás. *Sus* necesidades son la prioridad en este ejercicio.

Si acepta hacer lo que le piden, ¿cómo se sentirá antes, durante y después de hacer lo necesario para cumplir con el pedido? Luego intente pensar en las consecuencias probables que se derivarían de una respuesta negativa. Finalmente, si ha concebido una tercera respuesta, prevea las consecuencias probables de negociar una solución.

Eliminar el ciclo de complacer a los demás no requiere que usted diga «no» a cualquier solicitud que le hagan otras personas. Por el contrario, su objetivo es simplemente reflexionar sus respuestas. Para poder tomar una buena decisión debe aprender a reflexionar cuáles son las diferentes opciones, pues para eso ha aprendido usted a «ganar» tiempo.

## Seleccione la mejor opción

Revise las razones por las que da usted una respuesta afirmativa ante una determinada solicitud, por las que responde con un «no» y por las que hace una contraoferta, teniendo en cuenta que su objetivo primordial es aprender a considerar sus propias necesidades y mostrarse selectivo frente a las demandas de los demás.

Este ejercicio de entrenamiento ha sido concebido para ayudarle a suprimir sus hábitos de complacer a los demás y, por tanto, decir «sí» debe ser la alternativa menos deseable. Puede resultar más sencillo porque es más familiar. Un viejo refrán afirma que un caballo volverá a su establo en llamas porque le es familiar. En otras palabras, la familiaridad no siempre significa seguridad.

El resultado de un análisis real puede conducirlo a que en algunas ocasiones diga «sí» o que negocie su compromiso. Esto está muy bien en tanto usted realice una decisión consciente de hacer algo porque así lo desea y no porque acepta compulsivamente el compromiso.

Ahora, seleccione la mejor opción para cada solicitud. Marque la opción elegida con tinta roja.

---

### RESUMEN DEL DÍA 3

♦ Identifique sus opciones para una demanda hipotética de una de las personas que ha identificado como alguien que le pide favores con frecuencia. Debería tener dos, posiblemente tres, opciones para responder: decir «sí», decir «no» o proponer una contraoferta.

♦ Elabore una lista con los pros y los contras de cada respuesta. Concéntrese en cómo se sentirá si acepta y luego debe invertir su tiempo y su energía para satisfacer ese pedido.

♦ Tome conciencia de su tendencia a evitar decir «no» con tal de complacer a los demás. Recuerde que está intentando deshacerse de sus hábitos automáticos y reemplazarlos por decisiones positivas.

♦ Seleccione la mejor opción teniendo en cuenta sus necesidades, así como las de la persona que lo requiere, dando prioridad a sus propias necesidades.

# Qué decir cuando desea decir «no»: La técnica del bocadillo

Hoy aprenderá usted la habilidad más importante para suprimir el ciclo de complacer a los demás: cómo responder negativamente a las solicitudes que le hacen los demás.

## Responda a las solicitudes firme y directamente

Usted tiene la ocasión de decir «no» a cualquier solicitud, independientemente de la presión que sienta. Debe hacerse cargo de su decisión.

Volvamos al ejemplo del Día 1. Supongamos que ha respondido efectivamente a una solicitud consiguiendo ganar tiempo para considerar sus opciones. Después de analizar detenidamente la situación decide decir «no». Ahora debe llamar a la persona que le ha pedido el favor (o volver a la conversación cara a cara que mantenía con ella). A continuación ofrecemos tres formas simples de transmitir que su respuesta es un «no» firme pero amable:

1. «Te llamo para darte mi respuesta a tu solicitud/invitación. Parece ser que no podré hacerte ese favor, pero quiero agradecerte por pensar en mí.»
2. «Gracias otra vez por tu invitación, pero no puedo aceptarla pues me supone un conflicto.»

3. «Te llamo para comunicarte que no puedo hacerte el favor que me solicitaste el martes pasado. Lo siento mucho y te agradezco de cualquier modo el hecho de haber pensado en mí.»

*Es correcto ofrecer una breve disculpa, pero no extenderse en explicaciones que complicarían la situación.* Tan pronto como empiece a dar explicaciones o a disculparse excesivamente, estará expresando una vulnerabilidad de la que se puede aprovechar la otra persona. Pero no se preocupe, usted ya ha aprendido a resistir la presión con la técnica del disco rayado.

**La técnica del bocadillo.** Una forma muy efectiva de decir «no» es colocar su respuesta negativa entre dos afirmaciones positivas o complementarias para amortiguar de alguna forma su negativa a aceptar la solicitud o la invitación. Por ejemplo:

◆ «Quiero darte mi respuesta a la solicitud (o a la invitación) del otro día. Lamento decirte que no puedo hacerlo esta vez. Espero que en la próxima ocasión vuelvas a pensar en mí.»
◆ «Eres un gran amigo (o amiga), pero te llamo para comunicarte que no puedo hacerte el favor que me pediste el otro día. Si pudiera, lo haría, sé que lo comprendes.»
◆ «Es un honor para mí que me hayas elegido [para hacer algo para ti o contigo], pero no puedo hacerlo. Gracias por pedírmelo; ha significado mucho para mí.»

Cuando utilice la técnica del bocadillo, asegúrese de decir exactamente lo que piensa. No exprese su deseo de que recurran nuevamente a usted la próxima vez si realmente no le interesa. Si dice lo que realmente siente, la técnica del bocadillo será muy efectiva.

Solo necesita decidir de qué forma decir «no»: una breve negación o la misma negación colocada entre dos frases positivas. No existe ningún modo «correcto» de decir «no», pero existen muchas posibilidades igualmente efectivas. La única forma «incorrecta» es cuando el «no» se convierte en un «sí» sin su intención ni su consentimiento. La decisión de qué enfoque empleará depende de su relación con la persona que le ha formulado la solicitud, de lo cómodo que se sienta usted y de la situación particular de que se trate.

Utilizando el guion que comenzó el Día 1, agregue la llamada que le devuelve a su amigo (o amiga) y el mensaje mediante el cual ha respondido negativamente después de haber empleado las frases para «hacer tiempo» y la técnica del disco rayado. A continuación, debería practicar repitiendo en voz alta la secuencia total de respuestas varias veces. Desarrolle el estilo que sea más cómodo para usted.

*Usted desea responder de un modo directo, relajado y firme.* No piense que esto es igual que dar malas noticias. En realidad son muy buenas noticias para usted: está aprendiendo a llevar el control de su propio tiempo. No deje que su voz suene lastimera, no se disculpe excesivamente ni exprese teatralmente su respuesta. No sobrestime el impacto que tendrá su «no» sobre la otra persona. Podrá aceptar su negativa puesto que la gente normalmente dice «no» todo el tiempo. Simplemente deberá pedirle a otra persona lo que le ha pedido a usted. Usted no solo tiene todo el derecho, sino incluso la obligación, de ser selectivo con su tiempo y energía.

No espere que la otra persona se enfade con usted. Si lo hace, adoptará una actitud defensiva al dar su respuesta. Debe esperar que la otra persona acepte su negativa y lo trate con el respeto que usted se merece. Si se muestra culpable o preocupado por el hecho de decir «no», le ofrecerá a la otra persona la posibilidad de manipularlo y presionarlo para que acepte hacer lo que le pide.

Transmita su mensaje con una sonrisa aunque se encuentre al otro lado del teléfono. Utilice un espejo para practicar. Si está sonriendo, no parecerá estar a la defensiva ni ofensivamente hostil ante la posibilidad de una reacción negativa por parte de su interlocutor.

En verdad usted tiene «crédito» con la persona que le formula el pedido. Es muy improbable que una persona se enfade porque usted diga «no». Acaso se sorprenda o se desilusione, pero lo superará. Usted no es indispensable; nadie lo es.

**Resista la presión para que acepte la solicitud.** Es evidente que la persona que le hace la solicitud intentará modificar su respuesta negativa. Pero usted sabe lo que debe hacer. Recurra a la técnica del disco rayado: reconozca el deseo de su interlocutor de hacerle cambiar de opinión, pero no discuta. Parafrasee lo que siente la otra persona y luego vuelva a su respuesta. En esta ocasión no use la técnica del bocadillo.

A continuación ofrecemos algunos ejemplos.

*Usted:* «Quería hablar contigo sobre la solicitud que me has hecho el otro día. Tengo ciertos problemas y no podré hacerlo».

*Amigo:* «¿De verdad? Yo contaba contigo; siempre me ayudas».

*Usted:* «Comprendo que te sientas decepcionado, pero tengo problemas y no podré hacerlo».

*Amigo:* «¿Estás totalmente seguro? No sé qué voy a hacer sin tu ayuda».

*Usted:* «Comprendo que estés un poco preocupado, pero tengo problemas y no puedo ayudarte. Estoy seguro que encontrarás a alguien que te ayude».

No entre en ninguna discusión. Si comienza a discutir o le ayuda a pensar a su amigo cómo lo hará sin usted, perderá firmeza. El objetivo de la técnica del disco rayado es reconocer la reacción de su interlocutor y el esfuerzo que realiza por disuadirlo. Luego debe incluir ambos comentarios en su intervención y repetir una vez más «no» como si fuera un disco rayado.

Su negativa debe ser inequívoca y definitiva. Si realmente deseara formular una contraoferta, lo hubiera hecho al principio. Si ha decidido decir «no», mantenga su mensaje y aténgase a su propio plan de acción. Si sabe lo que pretende hacer, nadie será capaz de hacerlo cambiar de opinión.

**Complete su guion.** Debe completar ahora un ejercicio. Su guion debería incluir los siguientes componentes:

1. Alguien le pide un favor.
2. Usted dice que debe poner la llamada en espera o se disculpa unos instantes si la conversación es frente a frente. Su objetivo es consultar discretamente las *frases para ganar tiempo* y retrasar su respuesta final.
3. Usted vuelve a la conversación que quedó interrumpida.
4. Su interlocutor insiste en presionarlo para que responda de inmediato.
5. Usted responde con la técnica del disco rayado y afirma con rotundidad que debe demorar su respuesta durante un breve periodo de tiempo (repita la resistencia de su interlocutor y su respuesta una o dos veces para practicar).
6. Vuelve a llamar a la persona con la que hablaba o retorna a la conversación que mantenía para dar su respuesta. Usted dice «no» firme y directamente. Si lo deseara, puede utilizar la técnica del bocadillo y colocar su negativa entre dos frases positivas para amortiguar el impacto.
7. El interlocutor se resiste a aceptar su respuesta e intenta presionarlo para que acceda a su requerimiento.
8. Usted responde con la técnica del disco rayado. Repita la resistencia y la respuesta al menos dos veces.
9. Usted comunica satisfactoriamente «**NO**».
10. Puede felicitarse, pues es capaz de superar la enfermedad de complacer a los demás.

## Resumen del día 4

◆ Ha aprendido usted tres diferentes y simples oraciones que indican que no va a acceder a la solicitud formulada, aceptar la invitación ni comprometerse con la demanda.

◆ Si lo prefiere, aplique la técnica del bocadillo y coloque su respuesta negativa entre dos frases positivas. Debe asegurarse de decir lo que realmente siente en el caso de que se disculpe o que le pida a su interlocutor que no dude en llamarlo la próxima vez.

◆ Recuerde que debe ensayar lo máximo posible. Cuanto más repita las frases para ganar tiempo, las posibles respuestas negativas y la técnica del disco rayado para responder a la presión de la otra persona, más cómodo se sentirá a la hora de utilizarlas.

◆ Está bien decir «no».

# DÍA 5

# La técnica del bocadillo *invertida*

Hoy aprenderá usted a formular una contraoferta, la tercera opción de que dispone para responder a una solicitud, invitación u otra demanda en relación con su tiempo y energía. Analice cuidadosamente sus razones para asegurarse de que su oferta es una respuesta afirmativa —algo que usted desea o prefiere hacer en vez de responder al pedido original— y no una forma de eludir un «no» cuando en verdad es eso lo que desearía pronunciar.

*Si utiliza la contraoferta por el mero hecho de evitar decir «no», no está en camino de curarse de los problemas derivados de su actitud complaciente.*

Es importante que formule solo *una* contrapropuesta. No entre en negociaciones con su interlocutor, pues es este un terreno resbaladizo para una persona complaciente que puede caer fácilmente en la conducta automática de acceder a hacer lo que le piden.

## Cuando usted desea hacer una contraoferta

Un amigo le ha pedido un favor. Usted ha seguido todos los pasos indicados:

1. Pide a la persona que lo llama que espere un minuto al teléfono o se excusa con la persona con la que está conversando durante un momento, si es posible.
2. Usted retorna a la conversación y «gana tiempo» para responder.
3. Resiste la presión de su interlocutor empleando la técnica del disco rayado.
4. Se vuelve a poner en contacto con la persona que le ha pedido un favor para darle su respuesta. Esta vez le propondrá una contraoferta que consiste en *lo que usted desea hacer* o lo que puede hacer frente a la solicitud inicial. Enuncie su propuesta de la forma más simple y directa posible. Una vez más, no ofrezca muchas disculpas, explicaciones ni excusas.

La contraoferta es una especie de compromiso negociado. Como usted es un recién llegado a este tipo de transacciones, ofrecerá solo *una* contrapropuesta por cada solicitud que le formulen, basándose en el modelo de «tómalo o déjalo». Esto de ninguna manera debe ser un forcejeo ni una negociación. Usted es el que pone las condiciones; su amigo está en la posición de aceptar su contrapropuesta o de aceptar un «no» como alternativa. De esta forma, usted controla la situación.

## La técnica del bocadillo invertida

Para presentar su contrapropuesta utilizará la técnica del bocadillo invertida. Esta vez colocará el mensaje positivo —la contrapropuesta de lo que está dispuesto a hacer— entre dos mensajes negativos.

La primera negativa será informar a su interlocutor que no será capaz de satisfacer la solicitud tal como se la ha propuesto. Pero las buenas noticias —el relleno del bocadillo— es que está dispuesto a hacer una contrapropuesta. La parte superior del bocadillo es el mensaje de «tómalo o déjalo» que *no* presentará usted como si fuera un ultimátum, sino una simple información. Si el que formula la solicitud no acepta lo que usted le propone, entonces debe recurrir a un firme y llano «no». No exprese ni explícita ni tácitamente amenazas ni coacción. Sea amable y rotundo.

*Es importante que no se enrede en ninguna negociación.* Este es un nuevo territorio para usted y no debe dejar que lo lleven a una situación en la que hay muchas posibilidades de que vuelva a responder según sus viejos hábitos de complacer a los demás y termine diciendo «sí» cuando en realidad pretendía otra cosa.

Así suena la contraoferta *invertida del bocadillo cuando* es capaz de aplicarla. Observe que esta técnica generalmente produce cierto nivel de resistencia por parte de su amigo que usted se encargará de devolverle con la conocida y practicada técnica del disco rayado, a sabiendas de que es muy efectiva:

*Usted:* «Te llamo para responderte a lo que me has pedido. Lamentablemente, no puedo ayudarte todo el día, solo puedo acercarme una hora por la mañana. Me temo que eso es todo lo que puedo hacer».

*Amigo:* «Caramba, estoy decepcionado. Realmente contaba contigo. ¿Solo puedes venir una hora? ¿Estás seguro?».

*Usted:* «Sé que te gustaría que me quedara todo el día, pero solo dispongo de una hora por la mañana. Eso es todo lo que puedo ofrecerte».

*O:*

*Usted:* «Te llamo para darte mi respuesta a tu solicitud. No puedo hacer lo que me pides, pero puedo [contraoferta]. Espero que sea suficiente porque es todo lo que puedo hacer por ti».

*Amigo:* «¿Estás totalmente seguro? Contaba contigo; no te imaginas lo decepcionado que estoy. ¿No podrías cambiar de idea por mí? Jamás me has dicho que no».

*Usted:* «Comprendo que te sientas decepcionado, pero simplemente no puedo hacer lo que me pides. Te estoy ofreciendo [contraoferta] y es todo lo que puedo hacer».

*Amigo:* «Muy bien. Para decirte la verdad, si tú no puedes [solicitud original], creo que tendré que llamar a otra persona».

*Usted:* «Fenomenal». [**Nota**: En este momento *usted debe dejar de hablar*. Si se disculpa ahora, perderá terreno y comenzará a deslizarse hacia sus viejos hábitos de complacer a los demás. A su amigo no le afectará su respuesta. De hecho, ya ha decidido que debe llamar a otra persona. Despídase y cuelgue el teléfono.]

**Ensaye y practique el guion de su contraoferta.** Practique todo el guion en voz alta desde el comienzo hasta el final al menos cinco veces. Debería escribir dos versiones del final: una en la que se acepta su contraoferta y otra en la que no se acepta y que le obliga a recurrir a una respuesta negativa.

En este último caso, asegúrese de no volver a caer en los viejos hábitos. Usted *no* va a acceder a la solicitud original: sabemos que puede hacerlo. Se está entrenando para modificar su tendencia a complacer a los demás.

Si puede contar con alguna persona que le ayude, pídale que desempeñe el papel de presionarlo para que acepte y tratar de hacerlo sentir culpable para que cambie de opinión. Cuanto más practique, mejor resistirá la presión real cuando llegue el momento.

**Ensaye y practique su guion para decir «no».** Después de haber practicado los guiones de su contrapropuesta (aquel en que se acepta la contraoferta y el guion en el que no se acepta), continúe practicando su guion para decir «no» varias veces.

No se olvide en ninguna de las versiones de «ganar tiempo» para poder evaluar totalmente sus opciones con el fin de tomar buenas decisiones que tengan en cuenta sus intereses y necesidades.

## RESUMEN DEL DÍA 5

♦ No utilice la ocasión de la contraoferta como una forma de eludir una respuesta negativa.

♦ Utilice la técnica del bocadillo invertida para colocar su contrapropuesta entre dos mensajes negativos. Afirme que no puede satisfacer la solicitud tal como está formulada; exprese su contrapropuesta, y luego indique que si esta no es aceptada, no tendrá otro remedio que decir «no».

♦ Presente la parte superior del bocadillo como una mera información y *no* como un ultimátum ni como una amenaza real de «tómalo o déjalo». Usted simplemente afirma que esto [contraoferta] es lo que puede hacer; si no es conveniente para la otra persona, solo resta decir «no». Recuerde que está haciendo usted un ofrecimiento.

♦ No se deje arrastrar hacia negociaciones ni transacciones. Utilice la técnica del disco rayado para parafrasear los sentimientos de su amigo lo más exactamente que sea posible y para reconocer sus esfuerzos destinados a convencerlo de hacer lo que le pide. Recuerde que no debe caer en ningún tipo de intercambios. Simplemente debe incluir en sus comentarios los sentimientos que ha registrado en la reacción de su amigo. Luego vuelva al mensaje de que solo puede comprometerse a hacer lo que le propone.

♦ *Practique, practique y practique.* Cuanto más cómodo se sienta con estas nuevas habilidades que está adquiriendo, más avanzará en la cura de sus hábitos de complacer a los demás.

# DÍA 6

# Reescribir los diez mandamientos de las personas complacientes

H OY aprenderá usted a hacer un ataque frontal y directo a sus esquemas mentales destinados a complacer a los demás. Específicamente, escribirá usted todos los *debería* contenidos en «Los diez mandamientos de las personas complacientes» del capítulo 2.

A continuación volvemos a exponer los diez mandamientos de las personas complacientes. Léalos en voz alta, intentando parecer lo más exigente y menos razonable posible. Sienta el peso de estos *debería* que se ha impuesto a sí mismo, así como la agobiante carga de culpa e ira que se oculta detrás de ellos.

## Los diez mandamientos de las personas complacientes

1. *Siempre debería* hacer lo que quieren, esperan o necesitan los demás.
2. *Debería* atender a todos los que me rodean, independientemente de que me pidan que los ayude.
3. *Debería escuchar en todo momento* los problemas de todo el mundo e intentar resolverlos.
4. *Debería ser siempre* amable y no herir los sentimientos de los demás.
5. *Siempre debería* dar prioridad a las otras personas.

6. *Nunca debería* decir «no» a nadie que me necesite o que me pida algo.

7. *Nunca debería* desilusionar a nadie ni abandonar en ningún sentido a los demás.

8. *Siempre debería* sentirme feliz y optimista y jamás demostrar ningún sentimiento negativo.

9. *Debería* intentar complacer a los demás y hacerlos felices *en toda ocasión*.

10. *No debería* agobiar a los demás con mis necesidades o problemas.

Su objetivo es volver a escribir los 10 mandamientos reemplazando cada uno de ellos por un pensamiento correctivo personalizado. El pensamiento exacto, como usted recordará, puede incluir *preferencias y deseos,* pero no permitirá la idea poco razonable de que las cosas *deberían* salir siempre como espera simplemente porque usted insiste en ello.

Comience por el primer mandamiento y avance siguiendo el orden dado hasta el décimo. Reescriba cada afirmación reemplazando los *debería* por un pensamiento correctivo.

*Reemplace:* «*Siempre debería* hacer lo que quieren, esperan o necesitan los demás».

*Por su pensamiento corregido:* «Si lo deseo y cuando lo desee, puedo *elegir* satisfacer los deseos, las necesidades y las expectativas de aquellas personas que son importantes para mí».

En este ejemplo, la exigencia categórica se suaviza de diferentes modos. Se incluyen condiciones de tiempo y preferencia («Si lo deseo y cuando lo desee»). Además, se incluye también la palabra clave *elegir.* El hecho de destacar la posibilidad de elegir le recuerda que es usted quien está a cargo de la situación y la controla. Y aunque usted decida satisfacer ciertas necesidades de personas muy allegadas *en ciertos momentos,* en realidad no tiene ninguna obligación de hacerlo. Finalmente, observe la inclusión de la frase «de personas que son importantes para mí» que precisa un poco más las condiciones.

De forma alternativa, he aquí otras formas de modificar el primer mandamiento utilizando algunas frases negativas para suprimir ese exigente *debería:*

*En vez de:* «Siempre debería hacer lo que quieren, esperan o necesitan los demás».

*Utilice su pensamiento correctivo:* «Sé que no siempre *tengo que* hacer lo que los demás quieren, necesitan o esperan de mí. Puedo *elegir* ser amable con ciertas personas si así lo deseo y en el momento en que me apetezca hacerlo».

Hay muchas maneras de suavizar, moldear o corregir los diez mandamientos de las personas complacientes. *Es muy importante para usted reflexionar verdaderamente sobre la forma de corregir su propio pensamiento de un modo que sea a la vez liberador y correctivo.* Cada pensamiento correctivo debería llevar su marca personal.

No se aflija si a primera vista los mandamientos parecen exactos. Naturalmente, ha sufrido usted la enfermedad de complacer a los demás durante mucho tiempo, y muchos de los mandamientos le parecerán familiares —o acaso todos ellos—, y pueden incluso parecer correctos o al menos un reflejo preciso de su vieja manera de pensar.

Pero usted ha aprendido que estos esquemas mentales son distorsionados, defectuosos e incorrectos por diversas razones. Más aún, comprende ahora que al someterse a estas reglas no hará más que perpetuar el síndrome de complacer a los demás del que intenta recuperarse.

Su tarea actual es desmontar sus esquemas mentales y reemplazarlos por una manera más sana de pensar. Su recuperación depende de su capacidad para suprimir las reglas que se ha impuesto a sí mismo y los *debería* con los que se sabotea.

Cuando haya terminado con los diez mandamientos, léalos en voz alta una vez corregidos. Preste atención para no omitir ninguno de los *debería* o *tengo que*. Verifique que todas las exageraciones y las hipérboles como «siempre», «nunca», «en todo momento», «en ningún momento» y demás han sido eliminadas. El pensamiento correctivo es flexible y racional, nunca categórico y exigente.

Cuando esté satisfecho con la precisión de su nuevo y mejorado pensamiento, lea las frases corregidas en voz alta con convicción. Haga una copia de los diez esquemas mentales corregidos con su mejor caligrafía en un diario o en una hoja de papel en blanco. Titule la lista: «Mis nuevos esquemas mentales como persona complaciente recuperada». También puede colocar la lista en un bonito marco.

Haga algunas copias (escritas a mano o fotocopiadas) para colocarlas en lugares claves de su casa o de su despacho. Puede colocar una lista en el espejo del cuarto de baño para leerla cada mañana y cada noche mientras se cepilla los dientes o se lava la cara. También puede colocar una copia en su coche o pegarla en su ordenador. (Por supuesto que también puede introducirla en el disco duro de su ordenador para poder leerla cada vez que lo necesite.)

## Resumen del día 6

♦ Lea los diez mandamientos de las personas complacientes en voz alta, destacando la palabra *debería* en un tono imperativo, agobiante y exigente. Recuerde que esta es la forma en que esos *debería* han sonado en sus diálogos internos todos estos años en que ha sido una persona complaciente compulsiva.

♦ Escriba un pensamiento correctivo para reemplazar cada uno de los diez mandamientos de las personas complacientes.

♦ Revise sus pensamientos correctivos para asegurarse de que son racionales, flexibles y especialmente liberadores. Utilice frases que indiquen preferencias, adverbios de tiempo y un lenguaje moderado. Intente incluir la palabra *debería* lo máximo posible para destacar su recientemente adquirida sensación de control.

♦ Haga una copia manuscrita titulada «Mis pensamientos correctivos como persona complaciente recuperada». El objetivo de escribirla a mano es que sea realmente personalizada. Evidentemente, también se puede introducir la lista en el ordenador.

♦ Haga varias copias de la lista de pensamientos correctivos y colóquelas en los sitios más visibles para poder consultarla varias veces al día. Ocúpese de leerlas en silencio o en voz alta la mayor cantidad de veces posible.

## DÍA 7

# Reescribir los siete *debería* perniciosos

USTED ACABA DE PROGRAMAR su pensamiento estudiando los pensamientos correctivos que escribió ayer. Intente prestar mucha atención a cualquier diálogo interno que pueda hacerlo retornar a sus viejos hábitos. En otras palabras, si se descubre pensando o afirmando alguna frase que incluya alguno de los diez mandamientos de las personas complacientes con el término *debería*, proceda de inmediato como se indica a continuación:

♦ Escriba la palabra *debería* en una nota de papel autoadhesivo. Dibuje un círculo alrededor de la palabra y luego trace una línea diagonal sobre ella como si fuera la señal de tráfico que todos conocemos sobradamente. El mensaje para sí mismo es: *¡No utilizar el término* debería *con el fin de complacer a los demás!*

♦ Coloque la nota junto al teléfono o en cualquier sitio donde pueda verla con frecuencia.

♦ Revise de inmediato su lista de pensamientos correctivos. Concéntrese en el pensamiento correctivo que sea más aplicable al *debería* que se filtra en su pensamiento tentándolo a incurrir en su vieja tendencia.

A lo largo del programa de entrenamiento descubrirá que recurre cada vez menos a sus viejos modelos de pensamiento. De momento debe ser paciente. Necesita tiempo por sustituir todos los años en los que esos modelos de pensamiento estaban profundamente arraigados. No se desmoralice cuando advierta que está pensando según viejas reglas destinadas a complacer a los demás.

Al principio quizá tenga un montón de notas con los mensajes *No debería*. En tanto se familiarice con su pensamiento correctivo y trabaje para reemplazar los exigente *debería*, disminuirá el número de notas que haya colocado en su casa y en su despacho.

## Corregir los siete *debería* perniciosos

A continuación ofrecemos la segunda lista de pensamientos nocivos que incluyen el término *debería* y que presentamos en el capítulo 2. Lea la lista en voz alta con un tono de voz exigente y agobiante, destacando la palabra *debería* de un modo que transmita una sensación de autorización.

## Los siete *debería* perniciosos

1. Las otras personas *deberían* apreciarme y quererme por todo lo que hago por ellos.
2. Las otras personas *siempre deberían* quererme y aprobar lo que hago porque me esfuerzo por complacerlos.
3. Las otras personas *jamás deberían* rechazarme ni criticarme porque siempre intento vivir pendiente de sus deseos y expectativas.
4. Las otras personas *deberían ser amables* y cuidadosas conmigo a cambio de lo bien que yo las trato.
5. Las otras personas *jamás deberían* herirme ni tratarme injustamente porque yo soy muy *amable* con ellos.
6. Las otras personas *nunca deberían* abandonarme debido a que me necesitan por todo lo que hago por ellos.

7. Las otras personas *jamás deberían* enfadarse conmigo porque haría cualquier cosa por evitar conflictos, enfados o enfrentamientos con ellos.

Ahora, empezando por el primero de los *debería* perniciosos, escriba un pensamiento correctivo que lo sustituya y que represente su nuevo modo de pensar como persona complaciente recuperada. Al sustituir los *debería* por afirmaciones que incluyen preferencias —lo que usted desearía que hubiera sucedido en vez de lo que usted exige o espera—, es una importante corrección.

Puede utilizar más de una oración para formular su pensamiento correctivo. Su objetivo es desarrollar siete nuevos pensamientos asociados a las relaciones que tiene con otras personas y que no reflejen la enfermedad de complacer a los demás. Sus pensamientos correctivos deben ser flexibles y moderados para oponerse a las expresiones rígidas y extremas. Recuerde modificar las palabras exageradas y las indicaciones de tiempo tal como *siempre* o *nunca*.

Las palabras coercitivas como *debería, tengo que* y *debo*, especialmente cuando se aplican a las expectativas que tiene respecto de los demás, preparan el contexto para que usted se enfade o se sienta maltratado y resentido. En contraste, los pensamientos corregidos incluirán afirmaciones más flexibles y razonables que indiquen sugerencias o deseos en lugar de insistentes exigencias. La flexibilidad y moderación de su nuevo pensamiento aumentará el nivel de satisfacción en sus relaciones.

A continuación exponemos algunos ejemplos de pensamientos correctivos para reemplazar los siete *debería* perniciosos:

- ♦ *En vez de*: «Las otras personas *deberían* apreciarme y quererme por todas las cosas que hago por ellos».
- ♦ *Utilice el siguiente pensamiento correctivo*: «Espero que los demás me quieran por lo que soy y no por lo que hago por

ellos. Cuando decido hacer algo por otra persona, espero que aprecie mis esfuerzos».

♦ *En vez de*: «Las otras personas *siempre deberían* apreciarme y aprobarme por lo que hago, puesto que me esfuerzo por complacerlas».

♦ *Utilice el siguiente pensamiento correctivo*: «Sé que no es razonable, ni siquiera posible, que los demás *siempre* me quieran y me aprueben. Me gustaría que la gente que quiero y respeto sienta lo mismo por mí. Quiero que la gente simpatice conmigo por mis valores y porque trato a los demás con amabilidad y respeto, pero no porque me esfuerce por complacerlos. Lo más importante es que yo me apruebe a mí mismo».

Tal como ilustra el segundo ejemplo, algunos de los siete *debería* perniciosos contienen más de un pensamiento. Por tanto, la corrección puede también requerir unas pocas o varias oraciones. Puede utilizar tantas afirmaciones como necesite para corregir cada uno de los siete *debería* perniciosos. De hecho, cuanto más completo sea su pensamiento correctivo, más progresará usted en la corrección de sus esquemas mentales destinados a complacer a los demás.

Cuando haya terminado de corregir, revise cuidadosamente lo que ha escrito y elimine cualquier resto de pensamiento tóxico que pueda impulsarlo a complacer a los demás. Si lo desea, pida a un amigo o familiar que comprenda el programa, que revise sus pensamientos corregidos.

Cuando haya finalizado con la lista de los siete pensamientos correctivos, escriba a mano una lista titulada «Mis nuevas directrices mejoradas en relación con las demás personas». Observe que existe una gran diferencia entre los términos *directrices* y *reglas*. La primera implica flexibilidad y sugerencia; la segunda, rigidez y los esfuerzos que se ha impuesto usted mismo.

Coloque una copia de las nuevas directrices para sus relaciones en el espejo del cuarto de baño junto a la lista corregida ayer, de modo que pueda revisarla cada mañana y cada noche. Lleve una lista siempre con usted y otra a la oficina para que pueda consultarlas al mediodía o cuando lo necesite.

Si descubre que está retrocediendo a un pensamiento que incluye los siete *debería* perniciosos, coloque otra señal de *¡No utilizar la palabra* debería *para complacer a los demás!* y póngala cerca del teléfono o en cualquier otro sitio donde pueda consultarla para deshacerse de esos pensamientos que contienen las reglas para complacer a los demás.

---

### RESUMEN DEL DÍA 7

♦ Coloque una nota en un papel autoadhesivo a modo de marca cada vez que vuelva a comportarse de acuerdo con sus antiguos hábitos que reflejan «Los diez mandamientos de las personas complacientes» o «Los siete debería perniciosos».

♦ Lea los «siete debería perniciosos» en voz alta y con un tono imperativo destacando los *debería* y la sensación de obligatoriedad que suponen. Observe cuán coercitivo y rígido suena este tipo de pensamiento.

♦ Sustituya los *debería* perniciosos por pensamientos correctivos que son flexibles, moderados y reflejan preferencias y deseos en vez de exigencias.

♦ Haga una copia manuscrita cuyo título sea: «Mis nuevas directrices mejoradas para relacionarme con los demás». Coloque las reglas en sitios clave a fin de consultarlas al menos tres veces al día.

# DÍA 8
# Cuidar de sí mismo

POR DEFINICIÓN, la enfermedad de complacer a los demás ha colocado sus necesidades siempre por detrás de las necesidades ajenas. Por ser una persona complaciente recuperada, a partir de ahora las cosas van a ser muy diferentes.

*Va usted a realizar una importante corrección en su forma de conducirse, y es la siguiente: a menos que se cuide tanto física como psicológicamente, no será capaz de cuidar a aquellas personas que son muy importantes en su vida.*

¿Cuándo fue la última vez que hizo usted algo placentero? ¿Puede recordar qué tipo de actividades agradables le gusta hacer? Si es usted como la mayoría de las personas complacientes, invertir menos tiempo en atender las necesidades de los demás para utilizarlo exclusivamente en pasárselo bien es un recuerdo demasiado lejano y tenue como para siquiera tenerlo en consideración. De hecho, ese recuerdo puede muy bien no haber existido.

Comience su diario personal (cualquier libreta o cuaderno de papel liso o con renglones) escribiendo el título «Mi lista de actividades placenteras» en la primera página. Inmediatamente después de este título escriba: «Me comprometo a cuidar de mí mismo y atender mis necesidades, tanto física como psicológicamente, a fin de ser feliz y de tener más capacidad para cuidar a las personas que más me importan en esta vida».

A continuación, elabore una lista de al menos veinte actividades que le parezcan agradables (o que suponga que pueden serlo). Reserve las páginas siguientes para aumentar la lista a medida que se le ocurran otras actividades. La lista debe incluir actividades que sean muy variadas en relación con la cantidad de tiempo y preparación que requieren. Algunas de ellas pueden requerir simplemente un minuto para realizarlas e incluso menos tiempo para prepararlas, mientras que otras acaso requieran horas o incluso algunos días para realizarlas y un tiempo considerable de preparación.

Salir al campo para observar la luna y las estrellas y oler el dulce aroma de la noche, por ejemplo, es un acto espontáneo que se puede realizar en uno o dos minutos. Concederse más tiempo para leer las viñetas cómicas o hacer el crucigrama al leer el periódico por la mañana no requiere ninguna preparación. Sumergirse en un baño de burbujas caliente con una vela aromática encendida en el cuarto de baño puede suponer de 30 a 45 minutos, pero necesita un cierto tiempo de preparación además de comprar las velas aromáticas y el baño de burbujas.

En el otro extremo, pasar todo el día en un balneario dejando que otras personas se ocupen de usted requiere tiempo para hacer las reservas y arreglar ciertos detalles como, por ejemplo, quién cuida a los niños o se ocupa de otras responsabilidades. Marcharse de viaje un fin de semana requiere aún más tiempo y preparación.

El objetivo de su lista es elaborar un menú personalizado de actividades entre las que pueda usted elegir. Debería agregar a su lista todo aquello que le suene divertido, interesante, relajante, emocionante o agradable en cualquier sentido, cada vez que le comuniquen o descubra alguna nueva actividad placentera.

La lista puede abarcar desde placeres muy simples a caprichos extravagantes, dependiendo de sus inclinaciones y presupuesto.

No es necesario que elija actividades solitarias; con toda certeza, puede disfrutar de los momentos agradables con actividades que requieran la presencia de otras personas.

La clave es que la decisión sea suya, pues son actividades destinadas a que se lo pase bien. Mucho mejor si alguien lo acompaña y disfruta tanto como usted. Pero asegúrese de no anteponer las necesidades de los demás a las suyas, volviendo a recaer en sus hábitos de complacer a los demás.

## Realice dos actividades placenteras cada día

Consulte su lista de actividades placenteras, seleccione dos de ellas y realícelas hoy mismo. No se admiten excusas. Si no logra encontrar actividades que sean lo suficientemente breves y espontáneas como para que pueda practicarlas hoy, piense en dos actividades que puedan adecuarse a su agenda.

A partir de hoy continuará realizando un mínimo de dos actividades placenteras por día durante todo el tiempo que dure su plan de acción de 21 días. Quizá repita algunas actividades, aunque será más beneficioso que varíe. Continúe agregando actividades a la lista cada vez que descubra una nueva forma de divertirse o relajarse.

Después de haber terminado el plan de acción de 21 días continuará realizando dos actividades agradables cada día porque ya sabe que *su* salud, su paz mental y su felicidad tienen tanta importancia como las de los demás: ¡incluso todavía más!

Acaso haya observado que las palabras *placentero* y *complacer* tienen la misma raíz. Al pensar, organizar y realizar actividades placenteras cada día usted estará honrando su nuevo compromiso de «complacerse» a sí mismo. Al hacerlo, reconocerá la importancia de sus necesidades que ya no volverá a subordinar a las de los demás.

## Resumen del día 8

◆ Escriba su compromiso de ocuparse de sus propias necesidades tanto física como psicológicamente a fin de poder atender a las personas que más le importan en su vida.

◆ Escriba una lista de actividades placenteras en su diario. Debe incluir como mínimo veinte actividades que varíen ampliamente en relación con el tiempo y la preparación que requieren. Agregue a menudo nuevas actividades a su lista.

◆ Seleccione dos actividades placenteras para realizarlas hoy mismo.

◆ Realice dos actividades placenteras cada día. Puede repetirlas, si así lo desea, aunque será más provechoso que trate de variar.

# DÍA 9

# Liberarse de la adicción
# a la aprobación

HOY VA A ATACAR USTED otro conjunto de pensamientos nocivos que forman el núcleo del síndrome de complacer a los demás: la adicción a la aprobación.

En un sentido muy real, existen dos lados de su personalidad —la antigua persona complaciente y la nueva persona recuperada de sus hábitos de complacer— que están en lucha constante en relación con una serie de ideas profundamente arraigadas.

La persona complaciente recuperada, por supuesto, cree que conquistar la aprobación de prácticamente *todo el mundo* es necesario para sentirse valiosa. En una lucha constante por ganar la aprobación universal intenta realizar todo lo posible para complacer a los demás y hacerlos felices.

La persona complaciente recuperada advierte que simplemente es imposible conseguir la aprobación de todo el mundo y reconoce que lo más importante es que uno se apruebe a sí mismo.

Al prestarle voz a estas dos posturas, puede analizar su diálogo interno. Y de este modo será capaz de «escuchar» mejor los argumentos de cada una de las partes y analizar con mayor objetividad sus respectivos méritos. Desenterrando las viejas ideas que subyacen en la adicción a la aprobación, escribiéndolas y pronunciándolas en voz alta, tienen un potente impacto a la hora de ayudarle a superar su viejo y erróneo modo de pensar.

## Cuando usted no le cae bien a alguien

El primer paso de este ejercicio requiere que identifique a alguien que usted cree que no simpatiza con usted ni lo aprueba. Puede ser una persona que lo haya criticado o rechazado en el pasado o que lo haga en la actualidad. Quizá no tenga suficientes pruebas, pero lo que importa es que usted sospeche o sienta que no le cae bien. Escriba su nombre en la parte superior de una hoja de papel.

A continuación, escriba uno o dos párrafos sobre el pensamiento nocivo de la persona complaciente que hay en usted. Recuerde que los pensamientos destinados a complacer a los demás se basan en la necesidad inalcanzable e irracional de ser aceptado por todos; son pensamientos extremos, rígidos e ilógicos. Las personas complacientes *son adictas a la aprobación de todo el mundo.*

Cuando usted piensa, escribe o habla como una persona complaciente, la adicción a la aprobación genera sensaciones de una profunda falta de adecuación, rechazo y pérdida de autoestima. Esta respuesta es el resultado directo del pensamiento de un adicto a la aprobación.

Cuando haya terminado de escribir, lea en voz alta lo que ha escrito. Pronuncie los pensamientos con convicción. Intente sentir lo que este tipo de pensamientos le produce.

Ahora, indique en una escala del 1 al 10 cuánto le molesta o le duele que la persona que ha identificado no simpatice con usted. Los puntos deben reflejar «No me duele en absoluto» en el extremo inferior que corresponde al «1», hasta «Me duele profundamente» en el extremo superior que corresponde al «10».

A continuación asuma la perspectiva de una persona complaciente recuperada y escriba algunos párrafos en su nombre. Desarrolle un esquema mental correctivo para el pensamiento que soporta su adicción a la aprobación. Su objetivo es oponerse a los esquemas mentales comunes a las personas complacientes y a ese tipo de pensamiento tóxico con argumentos lógicos y razonados.

Puede ser de gran ayuda pensar cómo respondería usted a un amigo con estas características que le comunica lo que siente respecto de alguien a quien no le ha caído bien. Esto le permitirá utilizar una de sus grandes virtudes —su habilidad para ocuparse de los sentimientos de otra persona— para superar y corregir una de sus mayores debilidades. Esa vulnerabilidad, que es la excesiva e insaciable necesidad de aceptación y aprobación, es una parte esencial de los esquemas mentales que dan lugar a la enfermedad de complacer a los demás.

La voz de una persona complaciente que se ha recuperado refleja un pensamiento exacto. No se olvide que debería usted atacar su adicción a la aprobación y *no a sí mismo*. Cuando exprese sus argumentos para contraponerse al pensamiento que lo impulsa a complacer a los demás, sea tan amable consigo mismo como lo sería con un amigo que está dolido por el rechazo o desaprobación de otra persona.

Asegúrese de que ha anotado en su diario que ha corregido el pensamiento típico de un adicto a la aprobación. Es evidente que usted aún *prefiere* que los demás lo consideren positivamente y lo aprueben, sin embargo no *necesita* esa aprobación para sentirse valioso.

He aquí algunos comentarios que pueden ser útiles:

♦ Es imposible que *todo el mundo* simpatice con usted o lo apruebe. No se empeñe en lograrlo.

♦ Es un intento de manipulación ofrecer su tiempo a los demás como una forma de «comprar» su aprobación y afecto. Los mejores motivos para hacerlo son querer a la otra persona y valorar su compañía y su amistad.

♦ Puede ser deseable o preferible obtener la aprobación de terceras personas, no obstante no es absolutamente necesario para considerarse una persona de valía.

♦ Algunas personas pueden desaprobarlo o no simpatizar con usted debido a sus propias tendencias, prejuicios o problemas emocionales. Ese no es su problema.

♦ Lo más importante es que usted se apruebe a sí mismo.

Cuando haya terminado de apuntar las respuestas de una persona complaciente recuperada, lea en voz alta lo que ha escrito. Pronuncie las palabras con total convicción.

Una vez que haya leído sus respuestas en voz alta dos o tres veces, vuelva a evaluar cuánto le preocupa ahora no caerle bien a otra persona. Valore sus respuestas del 1 al 10.

Debería observar una reducción considerable en la intensidad de sus sentimientos negativos como resultado de haber corregido su esquema mental.

## Aprobarse a sí mismo

Lo único esencialmente importante es que usted se apruebe a sí mismo. Utilizar su propia aprobación como una forma de recompensarse y motivarse es una habilidad clave para desarrollar su camino hacia la recuperación.

Como una mera observación general, a menudo recompensamos a los niños y las mascotas por su buen comportamiento y, sin embargo, generalmente no tenemos la misma actitud con otros adultos ni con nosotros mismos.

Las personas complacientes, como recordará, rara vez se aprueban a sí mismas. Esta merma de su autoestima se debe en parte a los ideales perfeccionistas e inalcanzables que han utilizado en el pasado para evaluar su propia conducta. Ahora, una vez recuperado, usted reconoce la importancia de mantener su motivación mediante un reforzamiento positivo. Y ahora reconoce que aprobarse a sí mismo es una buena recompensa.

Esta noche, antes de irse a dormir, disponga de unos minutos para completar una o más de estas oraciones:

1. Hoy me siento bien conmigo mismo por...
2. Hoy me apruebo a mí mismo por haber...
3. Hoy estoy orgulloso de mí mismo porque...

Sea lo más específico posible al completar las oraciones. También sea sincero y preciso. No tiene sentido engañarse a sí mismo ni hacer afirmaciones vacuas. Usted está encaminado a modificar su enfermedad de complacer a los demás, y muchas de las cosas que usted hace, además de su intención de trabajar duro para recuperarse, son verdaderamente dignas de elogio.

---

### RESUMEN DEL DÍA 9

♦ Identifique a alguien que usted cree que no lo aprueba ni simpatiza con usted. Escriba unos pocos párrafos desde la perspectiva de esos antiguos esquemas mentales que reflejaban su adicción a la aprobación. Lea estos pensamientos nocivos en voz alta. Luego valore cuánto le perturba que otra persona no simpatice con usted, en una escala del 1 al 10.

♦ A continuación, escriba unos pocos párrafos de sus pensamientos destinados a corregir su adicción a la aprobación. Vuelva a evaluar sus sentimientos. Observe el progreso que ha experimentado al abandonar la necesidad de sentirse aprobado por *todo el mundo*.

♦ Aprenda a aprobarse a sí mismo. Esta noche complete una de las oraciones que expresa su propia aprobación (ver anteriormente) y vuelva a hacerlo cada noche antes de irse a dormir. Recompénsese con su propia aprobación por todos los cambios que ha realizado en su camino para recuperarse de la enfermedad de complacer a los demás.

---

# DÍA 10

# Hacer o no hacer, esa es la cuestión

H OY COMENZARÁ a aprender la habilidad de delegar funciones de una forma efectiva. Como ahora sabe que su autoestima y su mérito como persona no dependen de cuánto haga por los demás, puede reducir su estrés y ganar tiempo para sí mismo delegando algunas de las muchas cosas que hace.

Su propósito al delegar tareas no es agobiar ni explotar a los demás. Por el contrario, se trata de rectificar el desequilibrio que se ha producido en sus relaciones entre lo mucho que hace por los demás y lo poco que permite hacer a otras personas para devolverle el favor. Con el tiempo, esa asimetría ha producido que el peso de la responsabilidad recaiga en usted, y la tensión de esta excesiva sobrecarga realmente constituye una amenaza para su salud física y emocional.

▶ *No es ninguna exageración afirmar que la habilidad para delegar funciones que pronto aprenderá es importante para salvaguardar su vida.*

## Seleccionar las tareas que va a delegar

**Hacer un inventario.** Con el fin de delegar efectivamente determinadas funciones deberá primero determinar qué tareas, trabajos, asuntos o proyectos desea ofrecer a otra persona. Piense cómo ha distribuido su tiempo el mes pasado. Consulte el calendario, su libro de citas o cualquier otra ayuda para refrescar su memoria. Si el mes pasado fue un periodo de vacaciones, retroceda hasta el mes anterior. Se trata de ofrecer un ejemplo representativo de su rutina normal.

Utilizando el mes pasado como una ventana, elabore una lista de las tareas, proyectos y trabajos que ha realizado. No se olvide de incluir todas las cosas que hizo de forma rutinaria. No es necesario que repita las cosas que ha realizado de un modo recurrente; simplemente indique la cantidad de veces que ha realizado una tarea entre paréntesis. Por ejemplo, puede usted incluir en la lista «hacer la cama (todos los días)» y «cambiar la ropa de cama (una vez por semana)».

Debería añadir a su lista los trabajos, proyectos o tareas adicionales que usted sabe que debe realizar en el mes en curso y en el siguiente. Y también todos aquellos trabajos que le gustaría realizar y que ha demorado por carecer de tiempo para sí mismo.

Elabore una lista lo más completa posible y numere de forma consecutiva todos los elementos. No restrinja su lista de ningún modo ni piense aún en las tareas que va a delegar. Simplemente escriba todas las cosas que suele hacer, que sabe que tendrá que hacer y las que le gustaría realizar.

Su lista debería incluir los trabajos asociados a su vida laboral y hogareña y también las actividades sociales, las tareas que realiza para su comunidad o para los niños, que también le exigen tiempo. Su inventario debería incluir los trabajos obligatorios y las actividades voluntarias y entretenidas.

También debería incluir las cosas que hace para sí mismo y las que hace para los demás. Por ser una persona complaciente que acaba de reformarse, se espera que su lista de labores y trabajos destinados a otras personas sea más extensa que las cosas que hace para sí mismo.

Debería hacer un inventario de todas las tareas que hace normalmente y las tareas extraordinarias que espera poder realizar aproximadamente durante los próximos 30 días.

Su último objetivo es delegar tareas en otras personas para aligerar su vida, y también debería proponerse equilibrar la balanza para que se incline hacia las menos obligatorias y las más entretenidas. Recuerde que es un ser humano intrínsecamente valioso y que es usted mucho más que la suma de cosas que hace para los demás.

Comenzará a seleccionar un mínimo del 10 por 100 de las tareas o trabajos incluidos en su lista para delegarlos en otra persona. Por ejemplo, si su lista incluye treinta elementos, delegará como mínimo tres a otra persona; si su lista de trabajos especiales asciende a cincuenta elementos, deberá delegar al menos cinco.

Naturalmente, puede delegar mas del 10 por 100 de sus tareas. Como continúa avanzando en el camino hacia la recuperación, efectivamente el exceso de tareas disminuirá al decir «no» cuando le pidan algo y al poner límites razonables para los recursos y tiempo de que dispone y que desea ofrecer a los demás. Y como será capaz de cuidar de sí mismo, deberá necesariamente reservar tiempo y energía para gratificarse y dedicarse a realizar algunas actividades placenteras. Como parte de su recuperación, continuará delegando cada vez más funciones en los demás.

Examine su lista y sume los elementos que incluye. Establezca el objetivo de delegar como mínimo el 10 por 100 de sus tareas. Reflexione detenidamente en cada elemento, de a uno por vez.

Por cada tarea o trabajo que haya incluido en la lista, formúlese las siguientes preguntas clave: ¿Es realmente *esencial* que lo haga yo?

Esta pregunta es la prueba de fuego. Mediante una cuidadosa reflexión, usted determina que *debe* hacerse cargo de una determinada tarea —no debería ser realizada por nadie más que usted— y, por tanto, el elemento pertenece rotundamente a la categoría de «No delegar».

No responda «sí» a esta pregunta crítica que actúa a modo de filtro si la única razón es que no puede pensar en nadie para delegarla. Suponga por un momento que encontrará un candidato aceptable. Suponga, además, que la persona en cuestión será entrenada o instruida para realizar eficazmente esa tarea.

Con esta advertencia, marque el número de cada elemento para el que la respuesta a la pregunta clave sea «no». Los elementos marcados con un círculo representan posibles tareas o trabajos para delegar. En otras palabras, los únicos elementos que puede eliminar son los que cree que son absolutamente esenciales para usted —es decir, aquellos que solo usted puede hacer.

A continuación, concéntrese en los elementos que ha marcado con un círculo —los que le parece posible delegar—. Para cada uno de esos elementos formule estas dos preguntas filtro:

♦ ¿Disfruto haciendo esto?
♦ ¿Tiene algún valor, sentido o propósito que lo haga yo?

Para cualquiera de estos elementos, si su respuesta es afirmativa a una o ambas preguntas, dibuje una X encima del número marcado con un círculo. Los elementos marcados se clasifican como «No delegar». Aún debe haber algunos elementos en la lista que no estén marcados con una X, y son precisamente los que representan las tareas que usted cree que puede delegar.

Si el número de elementos rodeados por un círculo es menor que el 10 por 100 del número total de tareas, quizá ha sido demasiado exigente al analizar lo que es esencial para usted. Esta tendencia es, por supuesto, un aspecto esencial de la enfermedad de complacer a los demás y requiere corrección.

Para este fin, vuelva a analizar sus respuestas a la pregunta de la prueba de fuego: ¿Cree que es *realmente esencial* que usted se ocupe de esa tarea? El hecho de que usted siempre la haya realizado no significa que sea necesariamente esencial que continúe haciéndolo.

Su respuesta a la pregunta de la prueba de fuego no debería ser afirmativa si el único motivo que la sustenta es que se siente nervioso o incómodo por tener que delegar una tarea. A todas las personas complacientes les sucede lo mismo (hasta que se convierten en personas complacientes recuperadas). Esto forma parte del síndrome. Mañana aprenderá usted la capacidad necesaria para delegar eficazmente una tarea. Hoy el objetivo es sencillamente seleccionar aquellas tareas que puede delegar.

Analice una vez más sus respuestas a las dos preguntas filtro. De acuerdo con los criterios que está empleando, los únicos elementos incluidos en la categoría de «No delegar» deberían ser:

- ◆ Las tareas o trabajos que es completamente esencial que realice usted; nadie puede ni debería hacerlos.
- ◆ Las tareas o trabajos con los que usted disfruta.
- ◆ Las tareas o trabajos que tienen para usted un valor, un propósito o un significado importante.

Si descubre que estos criterios pueden aplicarse a más de un 90 por 100 de las tareas incluidas en su lista, o bien no ha elaborado una lista exhaustiva o su análisis de qué tareas puede delegar abunda en hábitos complacientes.

*Para curarse de la enfermedad de complacer a los demás, debe usted comprometerse a delegar al menos el 10 por 100 de las tareas, trabajos o proyectos de los que se ocupa personalmente. No se admiten excusas.*

**Clasificar por orden las tareas que va a delegar.** En una nueva hoja de papel ordene las posibles tareas de acuerdo con esta regla simple: elija la tarea que menos le guste hacer de todas las que están marcadas con un círculo de su lista original. Ese será el primer elemento de su nueva lista.

Continúe ordenando todos los elementos marcados con un círculo de acuerdo con el criterio antes indicado; el primero será la tarea que menos le gusta, y luego continuará hasta llegar a las tareas que considera imposible delegar.

Calcule el 10 por 100 de su lista original como el número de actividades que debe delegar. Trace una gruesa línea en esta nueva lista por debajo del primer 10 por 100.

---

### RESUMEN DEL DÍA 10

♦ Haga un inventario de las tareas, trabajos o proyectos de los que normalmente se ocupa. Utilice el mes pasado (o un mes que sea representativo) como una «ventana» de su rutina habitual. Agregue los trabajos, tareas o proyectos que piensa realizar el próximo mes y las cosas que le gustaría hacer o ver hechas sin que se haya comprometido todavía a hacerlas usted mismo.

♦ Utilizando la prueba de fuego y las dos preguntas filtro, revise cada elemento de su lista y determine los que no va a delegar y aquellos que le parece posible ofrecer a otra persona. Suponga que encontrará a alguien en quien pueda delegar las tareas y que esa persona será entrenada para realizarlas adecuadamente.

♦ Coloque su lista de tareas posibles de delegar de acuerdo con cuánto le disgusta hacerlas, siendo la primera de ellas la que más aborrece. Debería tener una lista final que represente al menos el 10 por 100 del número total de tareas incluidas en su inventario inicial.

♦ Trace una gruesa línea debajo del primer 10 por 100 de la lista de tareas que ha ordenado según el criterio mencionado.

# DÍA 11

# Una etiqueta, usted es eso

HOY CONTINUARÁ USTED entrenándose en la habilidad de delegar. Delegar funciones en otras personas —en lugar de esforzarse excesivamente para complacerlos— representa un gran paso en el camino hacia la recuperación. Como en el pasado no ha utilizado esta capacidad, hoy deberá practicar los guiones con el fin de desarrollar su competencia y su confianza.

Ahora que ha elaborado una lista de tareas para delegar a los demás, ¿a quién elegirá?

## El objetivo es delegar

Mientras usted considera los posibles candidatos, no se preocupe por el hecho de si esos individuos que ha elegido serán capaces de desempeñar las tareas que piensa ofrecerles. Usted simplemente debe asumir que, si fuera necesario, les ofrecerá su ayuda, su guía, su supervisión o incluso una formación adecuada.

Sin embargo, es esencial que adopte una actitud creativa y flexible mientras piensa en quién delegar sus tareas. Es posible que existan obstáculos menores que podrá superar en cuanto solucione su sobrecarga de trabajo. En tanto usted mantenga una buena disposición a delegar fucniones, no cabe duda de que encontrará la forma de hacerlo.

*La única alternativa inaceptable es que crea que no hay nadie que sea capaz de realizar dichas tareas.* En el proceso de selección que realizó ayer eliminó aquellas tareas que considera debe seguir ocupándose en persona. Por tanto, debe admitir que puede usted ser sustituido para las tareas que ha decidido delegar.

Si está completamente dispuesto a eliminar el ciclo de complacer a los demás, debe estar igualmente decidido a delegar un mínimo del 10 por 100 de sus actividades actuales. Si se mantiene firme en su resolución, hallará una solución para el problema de encontrar las personas adecuadas.

Por ejemplo, acaso decida contratar a alguna persona en quien delegar tareas y funciones. Realice un análisis de coste y beneficios para esta desición. No se olvide de incluir la importancia de liberarse del estrés, de mejorar su salud y la calidad de su vida una vez que disponga de tiempo para sí mismo.

Si usted vive de un salario o de otros ingresos, compare el coste relativo de hacer usted mismo las tareas (basándose en el valor actual del mercado) con el gasto de contratar a alguien para que se ocupe de ellas. Por ejemplo, una expaciente es una afamada abogada. Teniendo en cuenta el valor de su trabajo en el mercado, finalmente se concedió el permiso de contratar a una persona que se encargara de la limpieza de su casa cuando se dio cuenta de que le estaba costando 250 dólares la hora ocuparse ella misma de las tareas del hogar.

Otra solución creativa es compartir el tiempo y la energía con un grupo de amigos. Por ejemplo, otra paciente se puso en contacto con el grupo de padres que compartían el autobús escolar y les propuso que el grupo costeara conjuntamente que los chóferes se encargaran de sus recados. Ahora, todos los días cada uno de los conductores invierte una o dos horas como máximo para hacer los recados a los padres. Mientras transportan a los niños se ocupan de ir al tinte o a la farmacia y hacer la compra en el mercado o en las tiendas. Con este método, cada uno de los conductores solo debe invertir un día a la semana haciendo los recados y el resto del grupo se encarga de hacerlos los otros cuatro días.

Es evidente que el sitio más probable para encontrar candidatos está probablemente bajo su propio techo o entre sus amigos más íntimos. Después de todo, las personas más allegadas son aquellas a quienes usted ofrece su tiempo. Es hora de restituir el equilibrio entre lo que hace por ellos y lo que permite que ellos hagan por usted.

Recuerde que las personas que realmente lo quieren y se ocupan de usted no dudarán en ofrecerle su ayuda. Como ya indiqué, en las relaciones sanas las personas lo necesitan porque lo aman; no lo aman porque lo necesiten.

Si su familia y sus amigos realmente se ocupan de usted, no les interesará que esté exhausto, tenso y que se sienta infeliz. Usted es el responsable de su propia explotación por permitir que persista la falta de equilibrio entre lo mucho que hace por los demás y lo poco que ellos hacen por usted. De este modo, no solo se erige en víctima, sino que inadvertidamente convierte a aquellos que ama en los perpetradores de su maltrato.

**Encontrar la persona indicada para delegar funciones.** Tome su lista del 10 por 100 de tareas, trabajos o proyectos. Esa es la lista «Para delegar».

Junto a cada elemento de la lista, indique el nombre de la persona (o personas) a quien delegará la tarea en cuestión. Puede designar la misma persona para más de una tarea o destinar más de una persona para cada trabajo, según le resulte más conveniente.

En el caso muy improbable de que, después de una búsqueda creativa y exhaustiva, no haya sido capaz de encontrar una persona en quien delegar una determinada tarea, puede sustituir dicha tarea por otra que se encuentre en el inventario original. En otras palabras, si necesita volver a asumir la responsabilidad de un determinado elemento de la lista de tareas para delegar, debe sustituirla por otra de modo que siga respetando el criterio de delegar el 10 por 100 de las tareas.

## Escribir los guiones para delegar las tareas

Para cada tarea preparará usted un guion. Escriba las frases que va a pronunciar. Con el fin de practicar y ensayar, escriba las respuestas probables de la persona elegida.

Los elementos básicos de un guion efectivo son muy simples. Es esencial la actitud que usted transmita mientras delega sus tareas. En otras palabras, *la forma* en que usted delega es tan importante como *lo que usted dice*.

> *Debe hablar con firmeza y aparentar estar cómodo en el momento de delegar la tarea. Es imperativo que no le pida permiso a la persona en cuestión para delegar las funciones elegidas.*

Y no debe usted disculparse por pedir ayuda ni por asignar un trabajo, aunque evidentemente puede indicar que aprecia la colaboración. Sin embargo, el momento apropiado para elogiar a quien recibe la tarea es después de que la haya completado.

A continuación exponemos seis pasos para delegar eficazmente una tarea:

1. Pronuncie sus instrucciones en relación con la tarea que está delegando. Debe hacerlo de la forma más específica posible; ofrezca su consejo especialmente si esta es la primera vez que delega una determinada tarea.
2. Indique la fecha tope para concluir la tarea.
3. Confirme que la persona que recibe la tarea comprende sus instrucciones.

4. Ofrezca la oportunidad de formular preguntas; sus respuestas deben ser claras y respetuosas.
5. Responda a una posible resistencia con la técnica del disco rayado: reconozca la resistencia y parafrasee la emoción que haya registrado en la otra persona; luego repita sus instrucciones y la fecha de entrega del trabajo.
6. Indique su agradecimiento antes de que se complete la tarea; una vez concluida esta, será el momento de los elogios.

A continuación presentamos un ejemplo de un guion para delegar tareas que utiliza una persona complaciente *recuperada* (PCR) que está delegando la tarea de ir al supermercado en su hija adolescente. La PCR quiere que utilice una lista de la compra y que saque los alimentos de las bolsas y los guarde antes de la cena.

***Persona complaciente recuperada (PCR):*** «Cariño, necesito que vayas al supermercado. Aquí tienes la lista de la compra y el dinero. Pide al verdulero que te ayude a elegir la fruta y los vegetales. Si tienes alguna pregunta o no puedes encontrar algún producto, pídele a cualquiera de los que trabajan en el mercado que te ayuden. Son muy amables y no dudarán en ayudarte».

*PCR:* «Estaré en casa; si necesitas preguntarme algo, puedes llamarme. Trae la compra a casa y coloca los alimentos en su respectivos lugares antes de las cinco de la tarde, así tendré tiempo de preparar la cena. ¿Has comprendido?».

*Hija:* [Mira la lista] «Muy bien. ¿Puedo traer algunos aperitivos?».

*PCR:* «Por supuesto, pero solo unos pocos. No compres más de dos o tres bolsas, ¿vale? ¿Entiendes bien lo que he apuntado en la lista? ¿Alguna otra pregunta?».

*Hija:* «¿Tengo que ir ahora mismo? Quería pasar un rato por la casa de Susie para hacer la tarea. ¿No puedo ir después de la cena o quizá mañana?».

*PCR:* «Comprendo que te moleste que haya cambiado tus planes, pero necesito que vayas ahora mismo y que tengas todo preparado para las cinco de la tarde. Si consigues hacerlo antes, puedes ir a casa de Susie y pasar una hora allí, pero solo para hacer la tarea. La cena estará lista a las siete, de modo que debes estar en casa a las siete menos cuarto. ¿Vale?».

*Hija:* «¿Estás segura de que realmente quieres que vaya a comprar la fruta y todo lo demás? No soy muy buena eligiendo fruta o verduras. A la mejor deberías ir tú al mercado y elegir lo que quieres».

*PCR:* «Sé que esto es nuevo para ti, pero el verdulero estará encantado de ayudarte a elegir. Si prestas atención y le pides que te explique, aprenderás a elegir la fruta y las verduras tan bien como lo hago yo. Trae solo las cosas que están en la lista y unas bolsas de aperitivos, y recuerda que necesito que esté todo listo antes de las cinco de la tarde. ¿Algo más?».

*Hija:* «Creo que no».

*PCR:* «Muchas gracias, cariño. Te veré antes de las cinco».

Debería escribir un guion para cada una de las tareas que quiere delegar. No se extienda mucho con los guiones. Si se descubre repitiendo frases o abundando en explicaciones —que no persigan el propósito de la técnica del disco rayado—, estará usted minando su credibilidad y su autoridad para delegar funciones.

> *Para delegar tareas de un modo efectivo es preciso ser breve e ir directo al grano.*

Practique en voz alta las instrucciones que va a comunicarle a la persona en cuestión al menos de tres a cinco veces. Preste mucha atención al tono y a la inflexión de su voz. Elimine cualquier disculpa o signo de culpabilidad.

*Si la persona que recibe la tarea advierte que usted se muestra vacilante al comunicarle sus instrucciones, quizá se sienta motivada a manipular la situación para evitar que delegue en ella la tarea.* Pero, incluso ante tal intento, usted sabe cómo manejar la situación con la técnica del disco rayado.

## Corrija su actitud para delegar

Los miembros de su familia o las personas que ha elegido pueden en principio negarse a aceptar las nuevas responsabilidades. Evite aceptar la excusa de que dicha persona se siente incapaz de realizar la tarea, ya que con instrucciones precisas y una buena supervisión incluso un niño pequeño podría ayudarle con sus tareas diarias.

Cualesquiera sean los argumentos que utilicen los demás para rechazar su ofrecimiento, no debe rendirse ni regresar a sus viejos hábitos autodestructivos de complacer a los demás. No permita que lo manipulen con excusas pasivo-agresivas tales como «Me olvidé de que me lo habías pedido», ni mediante el intento de demorar la tarea como, por ejemplo, «La haré más tarde».

▶ *Libérese de sus tendencias perfeccionistas y compulsivas.*

Por ejemplo, no es verdaderamente importante que las toallas o la ropa interior estén dobladas de forma diferente a como lo hace usted; lo que sí es fundamental es que otra persona se está haciendo cargo de la colada.

Debe resistir constantemente todo intento de manipulación, independientemente de lo halagadoras que sean las palabras tras la que se esconde dicho intento. Su respuesta a la pregunta: «¿Puedes explicarme otra vez cómo lo haces? Creo que lo haces mucho mejor que yo, ¿estás seguro de que no sería mejor que lo hicieras tú?», debe ser una decidida afirmación: «No. Tú lo haces muy bien. Lo importante es que lo estás haciendo y que realmente aprecio tu esfuerzo».

Resista su impaciencia por volver a ocuparse de dicha tarea. Aunque pueda parecerle más sencillo o más eficaz que la alternativa de tener que formar a alguien para que la haga, o de tolerar sus errores, a largo plazo usted sufrirá las consecuencias de haber atentado contra sus propios esfuerzos por delegar funciones.

Si usted revierte la situación y vuelve a ocuparse de lo que deseaba delegar, a largo plazo será el gran perdedor. O si supervisa con excesivo celo el trabajo de su colaborador y termina por hacer usted mismo el trabajo con la excusa de mostrarle la forma «correcta» de hacerlo, estará saboteando su propio objetivo.

Finalmente, no cometa el error de ocupar el tiempo que ha dejado libre al delegar tareas en hacer aún más favores y utilice el tiempo y la energía de los que ahora dispone para cuidar mejor de sí mismo.

¡Acaso le parezca difícil de creer, y en cierto modo paradójico, pero concederse al menos veinte minutos al día para descansar y relajarse puede ser el tiempo más productivo que haya usted invertido en años!

Utilice el precioso tiempo del que dispone ahora para sentirse satisfecho por el éxito de sus esfuerzos. Recuerde que aunque usted se pasara todo el tiempo atendiendo a los demás, de cualquier modo sentiría que no ha hecho lo suficiente para satisfacerlos. Esto se debe a que el pozo de las personas complacientes no tiene fondo.

Sin embargo, puede ofrecerse el regalo de su aprobación por invertir tiempo en ocuparse de su propia persona. No se preocupe por convertirse en un egoísta. No lo es y nadie piensa que lo sea. Además, sin duda alguna usted sigue haciendo muchas cosas para los demás. Ocuparse de sus propias necesidades es simplemente una forma de asegurarse de que estará sano y feliz en el momento que usted decida invertir su tiempo en hacer cosas para las personas que quiere.

## Resumen del día 11

- Identifique las personas para delegar tareas. Sea flexible y creativo. Si está decidido a delegar, encontrará la persona indicada.
- Escriba el nombre o la identidad de la persona elegida junto a cada elemento de la lista del 10 por 100 «Para delegar».
- Escriba un guion utilizando los seis pasos que le enseñan a delegar tareas eficazmente. Los guiones deben ser breves y concisos. No pregunte *si* puede delegar una determinada tarea; afirme educada pero rotundamente que va a enseñarle a hacer algo de lo que antes se ocupaba usted. Indique cuánto aprecia la colaboración de la persona en cuestión. Pero opóngase a cualquier intento por manipular la situación y volver a caer en sus viejos hábitos complacientes para terminar ocupándose otra vez de la tarea que pensaba delegar.
- Practique sus guiones en voz alta. Elimine cualquier disculpa o signo de culpabilidad o incomodidad.

# DÍA 12

# Está muy bien *no* ser amable

HOY COMENZARÁ USTED a trabajar para modificar una palabra que es esencial, aunque problemática, en el concepto de sí mismo: la palabra *amable*.

La realidad es que probablemente no esté aún convencido de que está muy bien *no ser* amable todo el tiempo ni con todo el mundo. La idea quizá le parezca algo amenazadora porque se ha identificado durante mucho tiempo con esta característica de su personalidad.

> *Su recuperación depende en parte de que acepte usted que realmente está muy bien no ser amable.*

De hecho, usted sabe ahora que ha pagado un precio muy elevado por haber erigido la característica de ser *amable* en el núcleo del concepto de sí mismo.

La nueva idea de sí mismo no se asocia a ser amable y, por tanto, necesita usted un nuevo vocabulario para describir quién es actualmente. Hoy tiene la oportunidad de sustituir la palabra *amable* —que es un término débil y desabrido— por algunas descripciones más interesantes.

Todo lo que necesita es una pequeña ayuda de sus amigos.

El propósito de este ejercicio es descubrir cómo lo ven los demás —y cómo se ve a sí mismo— una vez que elimine de una forma explícita la palabra *amable*. La información que recoja le ofrecerá herramientas útiles para construir una nueva imagen de sí mismo.

Al pensar en su propia persona en términos nuevos y diferentes —que no incluyen el ser *amable*— continuará avanzando hacia la recuperación. Y al pedirle a las personas más allegadas que describan su personalidad sin emplear la palabra *amable*, sutilmente los anima a predicar el oeste de diferentes formas.

## ¿Qué es usted si no es *amable*?

**Reuniendo información.** En una nueva hoja de papel (y no en su diario) haga una lista de cinco nombres, comenzando por el suyo. La lista debe incluir a las cuatro personas que considera más allegadas, en términos afectivos. Como necesitará hablar con ellos tan pronto como sea posible, asegúrese de que estas cuatro personas estarán accesibles, al menos por teléfono.

Luego elabore una lista de diez palabras que le parezcan oportunas para describir quién es usted —sin emplear la palabra *amable*. Naturalmente, como está intentando recuperarse de su enfermedad desde hace tan solo dos semanas, su lista reflejará algunos de sus viejos conceptos pero, deliberadamente, no incluirá la palabra *amable*.

Después de haber escrito las diez palabras póngase en contacto con una de las personas de su lista. Léale las siguientes oraciones y pídale que lo describa con diez palabras que no incluyan el término *amable*.

Debería usted manifestar algo como: «Estoy intentando modificar mis hábitos de complacer a los demás. Como parte de mi recuperación, necesito que me describas con diez palabras, pero con una única excepción: la palabra *amable*».

Escriba las palabras debajo del siguiente título:

*De acuerdo con [nombre de la persona], estas diez palabras defi-nen mi personalidad con bastante precisión sin utilizar la palabra* amable.

Continúe reuniendo listas de diez palabras consultando a las tres personas que restan en su lista, y cuando haya terminado ten-drá 50 palabras (aunque algunas estarán repetidas) que definen cómo se ve a sí mismo y cómo lo describen las otras cuatro per-sonas. Las listas le ofrecen un importante inventario de palabras que lo describen a partir de las cuales puede construir una nueva y mejorada imagen de su persona.

Analice cuidadosamente las descripciones y piense qué palabras elegiría para incluir en el concepto de sí mismo, como persona que ya no padece la enfermedad de complacer a los demás.

Observe también que uno de sus logros más importantes del día de hoy ha sido notificar a esas cuatro personas que se está recu-perando de la enfermedad de complacer. Como usted pretende seguir adelante con su compromiso de recuperación, esto servirá para advertir a las personas más allegadas que probablemente tam-bién se modificarán sus relaciones. Usted ya no va a dar prioridad a las necesidades ajenas.

Con toda probabilidad, habrá observado que nadie, ni siquiera usted, se mostró particularmente bloqueado a la hora de no incluir la palabra *amable* en las listas. Si el hecho de ser *amable* fuera real-mente tan esencial para la imagen de sí mismo o para la forma en que lo ven los demás, el hecho de tener que excluir la palabra *ama-ble* de la lista hubiera supuesto una gran dificultad.

## Crear el concepto de sí mismo que desea

Pregúntese: ¿Cuál es la imagen que tengo de mí mismo ahora que me he recuperado de la enfermedad de complacer a los demás?

Esta vez, puede escribir diez palabras o frases descriptivas en su diario y debajo del título: «El concepto ideal de mí mismo como persona complaciente recuperada».

Puede incluir muchas de las palabras de su lista inicial, así como las de las listas de las otras personas siempre que se adapten a su ideal. Pero no tiene ninguna obligación de incluir palabras que ya haya mencionado. La decisión es suya, aunque con una sola excepción. Debe omitir nuevamente la palabra *amable* de la descripción ideal de sí mismo. Esta lista final representa las formas de comportarse, pensar y sentir que usted intentará conseguir como parte de su recuperación.

## La cura de «actuar como si»

A partir de hoy, usted debe actuar como si fuera la persona que ha descrito en la lista de la imagen ideal de sí mismo. Utilice las diez palabras o frases que haya elegido como una guía para su conducta, sus pensamientos y sus sentimientos.

La instrucción de *actuar como si* fuera su ideal no requiere que haga usted nada espectacular ni que tenga que disponer de un tiempo adicional. Simplemente requiere que adapte su esquema mental para *actuar como si*. Puede comenzar hoy mismo asumiendo el esquema mental para una parte del día —mañana, tarde o noche. Aumente cada día la cantidad de tiempo durante el cual asume usted el esquema mental de *actuar como si*. Pronto se convertirá en una segunda naturaleza para *llegar a ser* simplemente su propio ideal.

*Cuanto más se acerque usted al modo en que actualmente se comporta, más se beneficiará su autoestima. La forma más directa de potenciar su autoestima es actuar como si usted fuera su ideal.*

Las instrucciones de actuar como si fuera su ideal no significan que mienta o que represente falsamente lo que quiere ser. Se trata de rasgos de personalidad o cualidades del carácter a los que usted aspira para mejorar el concepto de sí mismo.

El propósito de actuar como si fuera su ideal es definir un objetivo deseable para mejorar su forma de ser, que es absolutamente posible de alcanzar.

---

### RESUMEN DEL DÍA 12

♦ Haga una lista de diez respuestas a la pregunta ¿Quién soy? sin utilizar la palabra *amable*.

♦ Anote diez palabras que hayan utilizado las personas más allegadas para describir su personalidad sin usar la palabra *amable*.

♦ Tome nota de haber informado a cada una de estas cuatro personas que está trabajando para recuperarse de sus hábitos complacientes.

♦ Revise las listas para que le sirvan de información sobre su persona y sobre las relaciones que tiene con los demás. Concéntrese en aceptar que está muy bien *no* ser amable.

♦ Elabore una lista de diez palabras o frases descriptivas que reflejen su imagen ideal como persona complaciente recuperada sin utilizar la palabra *amable*.

♦ Actúe como si fuera su ideal a partir de hoy mismo y aumentando los periodos de tiempo cada día.

# DÍA 13
## La escala de la ira

HOY COMENZARÁ USTED a desarrollar su capacidad para manejar la ira y los conflictos. Como ha utilizado su hábito de complacer a los demás para evitar a ambos, la experiencia de controlar su propia vida o la de los demás es muy limitada. Ahora aprenderá a experimentar y expresar la ira de una manera adecuada y sin perder el control.

### Crear una escala personalizada de la ira

Comenzará por crear una escala personalizada de la ira. La utilizará para valorar el nivel de su ira en cuanto reconozca que algo o alguien lo está perturbando.

Utilizar una escala para clasificar la ira es un modo muy efectivo de mantener el control. El mero hecho de objetivar los sentimientos mediante el análisis y la valoración pone de inmediato una distancia entre sus emociones y sus impulsos a actuar de una forma inadecuada.

Además, al utilizar una escala para clasificar su ira también asumirá el control de su propia mente. Tan pronto como su mente se ocupe de lo que está sucediendo sustituirá a sus volátiles emociones y será capaz de manejar su vida y de controlarla.

▶ *El desafío que supone manejar su ira es desarrollar métodos que interrumpan la incontrolada escalada de la misma hasta límites en los que pierda el control.*

Manejar la ira debe ser una actitud que se inicie tan pronto como la olla comience a hervir en vez de esperar a que amenace con desbordarse.

Para elaborar su propia escala de la ira, trace una línea recta vertical a unos pocos centímetros del margen izquierdo de una hoja de papel de tamaño normal. Trace la línea a lo largo de todo el papel.

Divida la línea por la mitad; marque la parte inferior con un «0», la parte media con un «50» y la parte superior con un «100». Luego indique con marcas pequeñas las posiciones del 10, 20, 30, y así sucesivamente.

Junto al 0 escriba «sereno/no estoy enfadado en absoluto». Ahora debe colocar una etiqueta verbal para cada uno de los diez puntos de la escala. Necesitará diez palabras ordenadas en forma creciente que representan los niveles de intensidad emocional de la escala de su ira.

A continuación ofrecemos una lista de palabras, con un orden aleatorio, que se pueden utilizar para describir varios grados de la ira. Puede elegir las etiquetas de la lista que presentamos o elegir sus propias palabras.

Observará que la palabra *enfadado* aparece solamente una vez en la lista. Puede usted utilizar *enfadado* para definir cualquier nivel de la escala que desee, pero *puede utilizar la palabra solamente una vez.*

## Ejemplo de palabras que se pueden utilizar en su lista personalizada de la ira

| | | |
|---|---|---|
| Furioso | Confuso | Desilusionado |
| Disgustado | Irritado | Resentido |

| | | |
|---|---|---|
| Desbordado | Frustrado | Exasperado |
| Colérico | Dolido | Iracundo |
| Impaciente | Agitado | Harto |
| Insatisfecho | Molesto | Exacerbado |
| Molestado | Perturbado | Vehemente |
| Provocado | Apasionado | Incitado |
| Enajenado | Manipulado | Mortificado |
| Rencoroso | Desengañado | Agraviado |
| Hastiado | Malhumorado | Incordiado |
| Maltratado | Resentido | Agobiado |
| Enfadado | Cansado | Fastidiado |

**Clasificando su ira.** Ahora tiene usted una escala personalizada con diez referencias ordenadas en sentido ascendente que son emocionalmente significativas para usted. Ahora necesitará algunas situaciones en las que se haya sentido iracundo para aprovechar esta lista.

Necesitará buscar en su memoria. No importa si nunca ha expresado su ira a los demás. El propósito actual es simplemente recordar algunos casos en los que se haya sentido colérico y que pueda registrar en algún lugar de la escala.

He aquí algunas preguntas destinadas a «despertar» su memoria y recordar las situaciones pasadas en las que experimentó ira. Observará que se utiliza la frase *en alguna medida* como referencia a cualquier emoción que pudiera usted registrar en su escala personalizada. Intente poner un ejemplo que se adecue a cada pregunta. Es evidente que si la pregunta no se puede aplicar a su caso, puede omitirla y pasar a la siguiente.

Cuando haya decidido cómo clasificar cada uno de los incidentes que ha recordado, escriba unas pocas palabras para identificarlos (por ejemplo, pelea con mi padre en 1992; o discusión con un compañero de trabajo por la copia de seguridad del ordenador). Luego coloque estas breves descripciones en el nivel de la escala que le corresponde. Debe escribir los incidentes a la derecha de la palabra y en el nivel adecuado de la escala.

## Sucesos o incidentes que despiertan su ira

1. ¿Puede recordar alguna ocasión en que se haya sentido en alguna medida enfadado con su madre?
2. ¿Puede recordar alguna ocasión en que se haya sentido en cierta medida disgustado con su padre?
3. ¿Puede recordar alguna ocasión en que se haya sentido en alguna medida enfadado con un hermano o hermana?
4. ¿Puede recordar alguna ocasión en que se haya sentido en alguna medida irritado con su esposa/amante/novia/novio?
5. ¿Puede recordar alguna ocasión en que se haya sentido en alguna medida disgustado por algún asunto de dinero o una transacción financiera?
6. ¿Puede recordar alguna ocasión en que se haya sentido enfadado en relación a una situación sexual?
7. ¿Puede recordar alguna ocasión en que se haya sentido en cierta medida disgustado con alguien que ha trabajado para o con usted, o con alguien para quien usted ha trabajado?
8. ¿Puede recordar alguna ocasión en que se haya sentido en cierta medida enfadado con un colega o cliente?
9. ¿Puede recordar alguna ocasión en que se haya sentido en alguna medida disgustado con un médico?
10. ¿Puede recordar alguna ocasión en que se haya sentido en alguna medida enfadado consigo mismo?

## Identifique su punto para pasar a la acción

En algún sitio de su escala personalizada existe un punto tras el cual su ira amenaza con aumentar rápidamente, hacer erupción o atravesar peligrosamente un territorio que está fuera de su control. Utilizando su historia personal y la información que posea, identifique ese punto en la escala en el que usted cree que su propia ira amenaza con desbordarlo a menos que realice alguna acción y tome alguna determinación para resolver el problema y disminuir su intensidad.

Cuando hablamos de peligro no queremos decir una amenaza real física. Su propio punto de peligro es el nivel en el que se siente incómodo o preocupado porque su cólera puede llegar a hacerle perder el dominio de sí mismo.

Existen grandes diferencias a la hora de considerar el lugar que ocupa este punto en la escala. Para algunos el punto se encuentra en el 50; para otros, la pérdida de control no se registra antes de los 75-80. Pero incluso hay quienes tienen un punto peligroso alrededor del 40 o 45.

El propósito es personalizar el nivel donde su propia ira se tornará peligrosa. Determine en la escala el nivel que representa el momento en que empieza usted a preocuparse porque la intensidad de su ira le amenaza con hacerle perder el control. Luego reste diez puntos al número elegido para determinar una zona de seguridad en la cual debe actuar *antes* de alcanzar el punto peligroso.

El punto obtenido al restar 10 al punto de peligro equivale al momento en que debe pasar a la acción. Marque con un círculo azul dicho número y con un círculo rojo el nivel peligroso. Cuando cualquier situación alcance el punto para pasar a la acción, usted sabrá que debe resolver de inmediato la situación según el modo de resolución de conflictos y problemas (que se explica en el día 19).

**Cómo utilizar su escala para clasificar la ira.** Ahora ha practicado usted cómo ubicar sucesos de su pasado en la escala personalizada de la ira. A partir de hoy va a prestar atención al más mínimo indicio de ira. Recuerde, todo lo que en la escala esté por encima del 0 significa que su ira se ha encendido, aunque sea de una manera muy tenue.

Usted ya no va a negar, reprimir ni intentar evitar su propia ira. Ya no volverá a utilizar sus viejas tácticas para complacer a los demás solo para evitar que alguien pueda enfadarse con usted. La ira que no ha sido expresada tiende a bullir y a aumentar su intensidad por debajo de la superficie. Con excesiva frecuencia, la ira reprimida se incrementa hasta un punto peligroso en el que ya no es controlable. Y paradójicamente, una ira controlada con excesivo celo casi siempre produce erupciones descontroladas.

*De modo que, a partir de hoy, su política será observar y tomar conciencia de su ira lo antes posible.* Esto significa que usted desea estar atento al extremo inferior de la escala de la ira, es decir, el punto donde se registran las perturbaciones, frustraciones, irritaciones y molestias. Ahora, por fin, comprende que estas son las señales previas a la escalada de la ira.

Haga al menos tres copias de la escala de la ira (con todas las etiquetas y situaciones apuntadas en ella) para conservarlas en su casa, en su despacho y en su cartera o monedero. Trabaje para desarrollar su capacidad de identificar los primeros signos de la ira. Observe con particular atención los momentos en los que se siente cansado, tenso, dolorido (si es mujer, si está en el ciclo premenstrual), o compruebe que está sometido a otras condiciones que lo hacen estar predispuesto a disgustarse.

Tan pronto como empiece a sentirse ligeramente ansioso, fuera de sí, irritado o perturbado por algo o alguien, recurra a la escala. Acepte que, a menos que sea capaz de afirmar que se siente «sereno/no estoy enfadado» en absoluto (es decir, en el punto 0), su ira ya ha empezado a manifestarse, aunque sea de una manera sutil.

Si no puede afirmar que está sereno, recurra a su escala aunque no sea capaz aún de identificar el origen de su disgusto o enfado. Una vez que la tenga en la mano, necesitará observar cuidadosamente su nivel de ira. Esto significa simplemente que llegue a tomar conciencia de que está ligeramente —o no tan ligeramente— molesto y que su ira puede aumentar.

Una vez que se ha despertado su conciencia, advertirá que se produce un movimiento hacia la parte inferior o superior de la escala. Debe prestar mucha atención para observar en qué momento la escalada de su ira se acerca al punto en el que pasa usted a la acción. Recuerde que una vez que llegue usted a ese nivel solo dispone de diez puntos antes de que las cosas se pongan potencialmente al rojo vivo.

Si llega hasta ese nivel, necesita pasar a la acción para disminuir el nivel de su ira, ya sea mediante medios unilaterales o intentando resolver el problema de una forma adecuada con la otra persona. Aprenderá estas habilidades en los próximos días.

---

### RESUMEN DEL DÍA 13

◆ Elabore una escala personalizada de 100 puntos utilizando las palabras que seleccione como referencia para cada sector de 10 puntos.

◆ Apunte los incidentes que recuerde de su historia personal utilizando las preguntas que hemos proporcionado para despertar su memoria; sitúelos en los niveles adecuados de la escala.

◆ Determine cuál es el punto en el que debe pasar a la acción, que está diez puntos por debajo de su zona personal peligrosa. Este es el punto en el cual usted corre el riesgo de perder el control de su vida.

◆ Haga copias de su escala personalizada para tenerla a mano siempre que se sienta emocionalmente por encima de «sereno/no enfadado».

◆ Al clasificar su ira y tomar conciencia de cuánto aumenta o disminuye su ira, logrará que su mente se haga cargo de la situación y, por tanto, será más capaz de manejar y controlar su ira.

# DÍA 14
## La respiración relajante

Hoy y mañana aprenderá usted dos ejercicios esenciales para manejar la ira: la respiración relajante y la relajación progresiva.

Elija un lugar de su casa o de cualquier otro sitio en el que pueda estar tranquilo, solo y cómodo. Es preferible que tenga un sitio donde tumbarse —como una cama, un catre, una hamaca o una silla reclinable—, pero también puede tumbarse en el suelo si le resulta cómodo.

La respiración relajante dura de tres a cinco minutos y es una respiración profunda y rítmica. Según cuales sean sus gustos y preferencias, puede bajar las luces, escuchar música suave o instrumental o encender velas que pueden ser aromáticas.

La idea es que cree usted un ambiente que sea propicio para la relajación. No haga nada que requiera mucho tiempo o esfuerzo, ya que deberá repetir la respiración varias veces la próxima semana y más adelante, mientras progresa en su recuperación.

En cuanto el espacio esté preparado, túmbese y cierre los ojos. Respire lenta y profundamente por la nariz. Cuente cinco segundos mientras inhala a través de la nariz.

En el momento culminante de su inhalación, retenga el aliento durante un segundo. Luego vuelva a contar de la misma forma mientras exhala lentamente por la boca durante cinco segundos.

Repita la inhalación por la nariz contando cinco segundos, retenga la respiración durante un segundo y exhale por la boca durante cinco segundos. Mientras practica esta profunda respiración, visualice el océano con la marea alta. Mientras inspira, visualice una ola que acaricia la arena de la playa. El agua parece detenerse durante un segundo antes de volver lentamente al mar.

La visualización de la ola sobre la orilla le ayudará a regular su respiración rítmica y profunda. Continúe con este ejercicio inhalando rítmica y profundamente por la nariz y exhalando por la boca de tres a cinco minutos.

La respiración relajante es la forma básica de respirar para casi todas las formas de relajación profunda, autohipnosis, meditación y otros métodos para reducir el estrés. Si practica la respiración relajante durante cinco minutos una vez al día y durante varios días a la semana, se beneficiará su salud física y emocional.

No *intente* relajarse; deje que eso suceda. Por definición, cuando usted se empeña en algo, no está relajado. No intente practicar la respiración relajante ni ninguna otra técnica de relajación sin cometer errores, de un modo correcto o incluso perfecto. Una vez más, si está usted observando y juzgando su actuación, no logrará relajarse.

## El ejercicio de relajación progresiva

Después de haber practicado la respiración relajante de tres a cinco minutos, puede comenzar el segundo ejercicio, conocido como la relajación progresiva.

Mientras continúa respirando rítmicamente, concentre el ojo de su mente solamente en su mano derecha. Al mismo tiempo repita la siguiente frase en voz alta o medítela: «Mi mano derecha está cada vez más pesada y caliente».

Después de unos treinta segundos sentirá que su mano derecha está realmente cada vez más pesada y caliente y que se hunde en la cama o catre donde está tumbado. Y sentirá que el calor que siente en la mano derecha se intensifica cada vez más.

A continuación, concéntrese en el brazo derecho y, mientras continúa respirando profundamente, repita la frase: «Mi brazo derecho está cada vez más pesado y caliente».

Cuando sienta que su brazo derecho está realmente más caliente (lo que sucederá en los próximos treinta a sesenta segundos), concéntrese a continuación en el hombro derecho. Continúe respirando profundamente y meditando en la frase «pesado y caliente» mientras cambia paulatinamente su foco de atención desde una parte de su cuerpo hasta la siguiente.

Observe cómo se difunde el calor por todo su cuerpo irradiando hacia las extremidades hasta llegar a los dedos de las manos y de los pies. Continúe cambiando de una parte del cuerpo a la siguiente hasta terminar por el pie izquierdo.

Su objetivo es relajar progresivamente cada parte su cuerpo. Todo el ejercicio debería durar entre cinco y quince minutos.

Durante los siguientes días practicará estos dos ejercicios de relajación que acaba de aprender, combinándolos con otros métodos para dominar la ira. También le parecerán muy efectivos para calmar la ansiedad y el estrés.

---

### RESUMEN DEL DÍA 14

♦ Practique la respiración relajante de tres a cinco minutos al menos dos veces al día. No intente esforzarse ni evaluarse; simplemente practíquela. Deje que la relajación suceda por sí sola.

♦ Después de practicar la respiración relajante, pase al ejercicio de relajación progresiva. Practique toda la secuencia de la relajación progresiva comenzando por su mano derecha, recorriendo todo su cuerpo y terminando por su pie izquierdo.

♦ Hoy puede considerar estos ejercicios de relajación como las dos tareas placenteras que debe realizar cada día.

# DÍA 15
# Pensamientos para intensificar la ira

E L OBJETIVO DE CONTROLAR la ira es llegar a ser capaz de interrumpir la escalada de la misma en una situación de tensión. Una ayuda importante es practicar la relajación autoinducida.

Con el fin de practicar la forma de reducir la ira, en primer lugar deberá aprender a obligarse a sentirla. Permitiéndose enfadarse en un contexto que le ofrezca seguridad, podrá aprender que sus pensamientos y sentimientos son capaces de intensificar su ira y complicar aún más las cosas o, por el contrario, reducirla y calmar la situación. Como pronto descubrirá, los pensamientos y sentimientos magnifican, exageran y consiguen que las cosas se vuelvan desproporcionadas. En contraste, los pensamientos y sentimientos que le permiten serenarse son racionales, mesurados y su objetivo es mantener el control.

## Apuntar situaciones que pueda visualizar para propiciar la ira

El día 13 recordó usted incidentes ocurridos en su pasado en los que se sintió enfadado. A cada uno de ellos le asignó un lugar en su escala personalizada.

Ahora deberá elegir dos incidentes de su escala personal: uno debe ser el incidente que ha calificado con la mayor puntuación;

el segundo debe reflejar un grado inferior o más moderado de la ira. Si se le ocurre más de un incidente, elija aquel del que conserve un recuerdo más claro, más diferenciado —acaso sea el más reciente.

Necesitará escribir unos pocos párrafos sobre cada uno de los incidentes como forma de inducir la ira. Su objetivo debería ser crear dos escenas que, una vez visualizadas en su mente, lo hagan sentir realmente enfadado. Dichas escenas deben disparar una reacción emocional muy semejante a la que sintió en la situación original.

Piense que es un actor de método que necesita enfadarse mucho para representar efectivamente una escena. Estos actores recurren a experiencias de la vida real para recrear reacciones emocionales a partir de sus recuerdos. Lo consiguen mediante la visualización y el recuerdo de las sensaciones esenciales asociadas con los sentimientos que están intentando recrear.

En su caso, utilizará ambos incidentes de su pasado para provocar su ira. Con el fin de conseguirlo, debe recrear mentalmente la escena o el contexto que esté más estrechamente relacionado con el punto máximo de su ira en cada uno de aquellos incidentes. Cuando escriba el contexto físico de su ira, no se olvide de incluir cuatro recuerdos sensoriales que harán más vívida su visualización. ¿Estaba lloviendo o había viento? ¿Brillaba el sol? ¿Podía escuchar algún ruido? ¿Alguien lloraba o gritaba?

Recuerde especialmente sus sensaciones fisiológicas internas creadas por la ira. ¿Le latía rápidamente el corazón? ¿Tenía los puños y las mandíbulas apretadas? ¿Estaba sudando? ¿Puede recrear la tensión que sentía en su cuerpo?

Para este fin no necesita repetir una y otra vez los detalles reales de la discusión ni definir quién estaba en lo cierto y quién estaba equivocado. Pero debe recordar lo suficiente de cada situación para retornar mentalmente a ese incidente y recrear la ira que sintió entonces.

**Agregue pensamientos que intensifican la ira.** Como su propósito es generar la mayor ira posible, debe incluir intencionadamente pensamientos para aumentar su ira en la escena en cuestión. Se trata de pensamientos realmente conflictivos que solo sirven para aumentar la intensidad de su cólera. Representan la forma en que usted habla consigo mismo cuando se siente maltratado o cuando cree haberse comportado incorrectamente. Al hacerlo reforzará los sentimientos negativos que intenta recrear. Al anotar deliberadamente los pensamientos que producen ira, logrará ser sensible a ellos y, por tanto, será capaz de reconocer sus efectos nocivos la próxima vez que se encuentre en una situación que provoque su ira.

A continuación citamos algunas definiciones y ejemplos de pensamientos que intensifican la ira:

♦ *Lograr que las situaciones malas empeoren.* Este tipo de pensamiento logra crear una catástrofe a partir de situaciones negativas o poco afortunadas. Utilizar palabras como *horrible, peor, devastador* o *terrible* aumenta la intensidad de la ira. Otros típicos pensamientos «catastróficos» incluyen:

«No puedo manejar esta situación de ninguno modo. No puedo soportar que me grite de ese modo».
«Esto es lo peor que me ha pasado jamás».
«Esto es terrible/horrible/desastroso/horroroso».

♦ *Los «debería» saboteadores.* Este tipo de pensamiento impone reglas arbitrarias relacionadas con la forma en que usted o los demás *deberían* comportarse (o *tendrían que, deben, se espera que, tienen que*). Al exigir que las personas y las situaciones sean de una determinada manera solo consigue sentirse enfadado y frustrado —su ira está justificada— cuando sus expectativas no se cumplen. Los ejemplos incluyen:

«Los demás no deberían rechazarme ni criticarme jamás debido a todo lo que hago por ellos».
«¡El/ella no debería tratarme de ese modo!».
«Después de todo lo que he hecho por ellos, deberían estar disponibles cuando los necesito».

♦ *Etiquetas negativas y/o obscenidades.* Las palabras y las frases obscenas aumentan la ira como lo hacen las etiquetas que se asignan a las personas o situaciones. Los ejemplos incluyen:

«¡Es un asqueroso y un baboso!».
«Este ordenador es una basura/chatarra».

♦ *Magnificar y exagerar.* Se trata de una forma de llevar el significado, los modelos o las tendencias de una determinada situación más allá del límite de lo real. Palabras como *nunca* o *siempre* magnifican y exageran la percepción de las cosas y, por tanto, aumentan la ira. Ejemplos de este pensamiento son:

«Nunca está listo a tiempo. ¡Todos mis planes para hoy se han desbaratado!».
«Siempre piensa únicamente en sí misma».
«Jamás le perdonaré haberme hecho esto».

♦ *Leer la mente, asumir los hechos y pensamiento unilateral.* En este caso usted asume hechos que justifican su ira sin verificar si son verdaderos ni considerar otras posibles explicaciones. Culpabilizar a una de las partes o atribuirle razones negativas sin comprobar los hechos tiende a aumentar la intensidad de su ira. Los ejemplos incluyen:

«Todo ha sido por su culpa».
«He causado que sucediera algo terrible. Soy el único culpable».
«Este chico está intentando que yo pierda esta oportunidad».

**Complete las escenas.** Ahora tiene que completar las escenas de los incidentes de su pasado que han despertado su ira. Cada una de ellas se basa en un incidente real en el que usted en verdad estaba enfadado.

Cada una de esas escenas, una vez que estén completas, deberían incluir uno o dos párrafos descriptivos que le permitan «verse» cuando está enfadado. Sus descripciones deberían recoger las sensaciones internas y las manifestaciones externas de su ira.

Las escenas deberían incluir también al menos dos o tres pensamientos que intensifican la ira, tal como los que hemos definido anteriormente. Puede combinar dos o más tipos de pensamientos en una oración.

**Practique la relajación.** Mañana aprenderá usted a combinar los ejercicios de relajación con las escenas que le producen ira. Es importante practicar la respiración relajante y la relajación progresiva. Cuanto más se aficione a la relajación autoinducida, mejor controlará su ira.

---

### RESUMEN DEL DÍA 15

◆ Seleccione dos incidentes de su pasado en los que sintió ira; al menos uno de ellos debería reflejar un nivel elevado de ira.

◆ Escriba una escena para cada incidente que le permita «verse» en la situación en que se manifestó el punto máximo de su ira. Utilice una correcta descripción visual y sensorial. Evoque las sensaciones internas de la ira y también las manifestaciones externas.

◆ Incluya dos o tres oraciones con pensamientos que intensifican la ira en cada una de las escenas.

◆ Practique sus ejercicios de relajación.

# DÍA 16
# Pensamientos para disminuir la ira

H OY APRENDERÁ USTED en primer lugar a enfadarse y luego a suprimir y revertir su ira. Para hacerlo deberá alternar las escenas que provocan su ira con la respiración relajante y los pensamientos destinados a disminuir su intensidad.

Cuando termine la tarea de hoy, tendrá menos oportunidades de temer su propia ira. Reconocerá que tiene el poder para enfadarse *y*, lo que es más importante, la habilidad para interrumpir la escalada de su ira y la capacidad de serenarse por sí mismo.

## Pensamientos para disminuir la ira

Ayer incorporó usted los pensamientos para intensificar la ira —un tipo de pensamiento erróneo que aumenta la intensidad de la ira— en sus propias escenas. Hoy aprenderá a oponerse a la escalada de la ira, pensando de una forma serena y racional, cuyo objetivo esencial es modificar los pensamientos nocivos que intensifican la ira.

A continuación ofrecemos ejemplos de los pensamientos para suprimir la ira:

♦ *Oponerse a los pensamientos que empeoran las situaciones que de por sí ya son negativas.* Opóngase a los pensamientos dramáticos y extremos que convierten un problema en una catástrofe. Mantenga los problemas al nivel de una irritación o de una desilusión, situaciones que usted puede controlar. Los ejemplos incluyen:

«Esto *no es* lo peor que me ha sucedido. Se trata simplemente de un problema que me irrita pero que puedo manejar».
«Esta situación es un poco molesta, pero no es terrible/horrible/espantosa. No debo enfadarme, porque en muchas otras ocasiones he sido capaz de controlar situaciones parecidas en el pasado».
«No te ofusques. Puedes afrontar esto. La vida puede sorprenderte con tragedias y catástrofes, pero esta no es una de ellas. Es simplemente un problema que puede considerarse un desafío».

♦ *Oponerse a los «debería» saboteadores.* Exprese las exigencias como deseos o preferencias. Recuerde que no está usted a cargo del mundo y que otras personas no deben hacer determinadas cosas ni sentir de un determinado modo simplemente porque usted cree que *deberían* hacerlo. Los ejemplos para disminuir la ira incluyen:

«Me gustaría que no me criticaran, pero si lo hacen puedo beneficiarme de esos comentarios».
«Me sentiría mejor si supiera que mis amigos estarán disponibles cuando los necesito, pero no puedo obligarlos solo porque yo pienso que así *debería* ser».
«Me hubiera gustado que me tratara de otra forma pero no puedo controlar la conducta de los demás».

♦ *Oponerse a las etiquetas negativas y a las obscenidades.* No haga uso de insultos ni de expresiones obscenas; suprima el hábito de utilizar etiquetas negativas arbitrarias que solo consiguen enfadarlo más. Los ejemplos de pensamientos para suprimir la ira incluyen:

«No es un baboso asqueroso, es simplemente un tío que me está irritando».
«Este ordenador está funcionando mal y se puede reparar. En realidad es una buena máquina que me resulta muy útil y no una chatarra».

♦ *Oponerse al hábito de magnificar y exagerar.* No se permita magnificar las situaciones. Las personas rara vez responden a las categorías de «siempre» o «nunca». Opóngase a las afirmaciones exageradas por otras mesuradas y exactas. Los ejemplos de pensamientos para disminuir la ira incluyen:

«Con frecuencia se le hace tarde, pero no siempre. Además, no debo permitir que su demora me arruine el día. Puedo evitar sentir esa presión».
«Parece creer que ella es la persona más importante, pero ignoro si *siempre* piensa de ese modo. Sin embargo, no es alguien a la que puedo considerar como una buena amiga».
«Me puede resultar difícil perdonarlo, pero con el tiempo desaparecerá el recuerdo y se desvanecerá el dolor. Quizá algún día pueda perdonarlo, pero por ahora no es posible».

♦ *Oponerse a leer la mente, a suponer hechos y al pensamiento unilateral.* No se permita dar por sentado los hechos sin antes comprobarlos. Es muy poco usual que una sola persona tenga la culpa de algún incidente poco afortunado. Generalmente se necesita más de una razón para que algo suceda. Los ejemplos de pensamientos destinados a disminuir la ira incluyen:

«Él no puede ser *el único* responsable de lo sucedido y, aunque puede haber contribuido al problema, no es completamente responsable».

«Suelo culparme rápidamente por las cosas negativas que me suceden. No soy tan poderoso como para causar todo esto, sin embargo observaré mi conducta para ver si tengo alguna responsabilidad en el problema con el fin de que no se repita.»

«Este tío me está irritando, pero no me conoce lo suficiente y ni siquiera se preocupa por intentar que no "pierda los nervios". Es simplemente un tío que está haciendo algo que me molesta pero yo puedo soportarlo y no "descontrolarme".»

**Escriba las afirmaciones que incluyen pensamientos para provocar y disminuir la ira.** Coja las dos hojas donde ayer apuntó las escenas basadas en incidentes pasados. Examine la primera de ellas y subraye los pensamientos que provocan ira. Haga lo mismo con la segunda escena.

Ahora coja un papel en blanco y divídalo por la mitad con una línea vertical. A la izquierda escriba el título «Pensamientos que intensifican la ira» y a la derecha el título «Pensamientos que disminuyen la ira».

De una en una, copie las afirmaciones subrayadas en el lado de los pensamientos que intensifican la ira. Para cada afirmación escriba un pensamiento opuesto que disminuya la ira según las explicaciones y ejemplos que hemos ofrecido.

Verifique los pensamientos destinados a disminuir la ira para asegurarse de que son exactos y que no contienen palabras exageradas ni incitantes.


## Reunir los pensamientos que intensifican y disminuyen la ira

Ahora está preparado para reunir todas sus habilidades para gobernar su ira. Comience practicando el ejercicio de la respiración relajante de tres a cinco minutos.

En cuanto se perciba realmente relajado, siéntese. Teniendo en cuenta una de las escenas elegidas, lea en voz alta las afirmaciones que intensifican la ira. Pronúncielas en voz alta tal como las siente; se sentirá cada vez más enfadado. Su intención es recrear la sensación de estar furioso. Su ritmo respiratorio debería aumentar; acaso advierta tensión en el estómago y en sus músculos. Experimente su ira durante al menos un minuto.

Una vez que se sienta realmente enfadado, el siguiente paso es calmarse por sus propios medios. Túmbese otra vez y reanude su respiración relajante. Visualice la marea acariciando la arena de la playa y volviendo al mar. Concéntrese en sus extremidades que se tornan cada vez más pesadas y calientes. Observe cuán relajado comienza a sentirse.

Después de un minuto pronuncie en voz alta los pensamientos destinados a disminuir la ira para la primera escena. Utilice dichos pensamientos para oponerse específicamente a las afirmaciones que intensifican la ira y que acaba de utilizar para experimentar un enfado. Asegúrese de que ya no tiene los puños ni la mandíbula apretados y que sus músculos se han relajado.

Relájese durante algunos minutos, y cuando se sienta completamente relajado, siéntese y repita en voz alta nuevamente las afirmaciones para intensificar la ira de su primera escena. Eleve la voz y cierre los puños. Viva la situación: intente enfadarse una vez más. Dé un puñetazo sobre la mesa o golpee con sus pies en el suelo para intensificar su ira.

Tras uno o dos minutos de sentirse enfadado, vuelva a la posición de relajación. Vuelva a respirar profundamente y pronuncie en voz alta los pensamientos para disminuir la ira con un tono de voz suave y calmado.

Practique dos veces el ciclo de relajación/ira/relajación y luego repita el ejercicio con la segunda escena. Siempre debe empezar y terminar con la relajación.

No tema sentirse enfadado. Si consigue crear la sensación de estar furioso, podrá deshacerse de ella cuando lo desee. Al hacerlo —al intensificar y luego calmar la ira— demuestra que es usted quien gobierna la ira y no esta la que lo domina a usted.

Cuando haya completado las secuencias de intensificar y disminuir la ira con ambas escenas, tómese un momento para reconocer la importancia de la habilidad que está aprendiendo. Usted goza ahora de la capacidad para calmarse por sus propios medios cuando se sienta enfadado. Ha aprendido los ejercicios de relajación y podrá aplicarlos cuando los necesite para aprender a relajarse. Ha creado usted un tranquilizante para su ira.

---

### RESUMEN DEL DÍA 16

♦ Escriba los pensamientos correctivos para disminuir la ira y que se oponen a los pensamientos nocivos que la fomentan.

♦ Haga una lista con dos columnas en la que apuntará las afirmaciones para calmar la ira en el lado derecho y las afirmaciones para intensificarla en el lado izquierdo, basándose en las escenas descritas a partir de los incidentes de su pasado.

♦ Reúna en su sesión de entrenamiento todas las habilidades para gobernar la ira alternando los ciclos de relajación y potenciación de la ira. Fomente su ira mediante los pensamientos que la intensifican y a continuación disuélvala mediante la relajación y los pensamientos destinados a disminuir la ira que constituye la base de su entrenamiento para gobernarla.

♦ Usted sabe ahora cómo interrumpir una escalada de ira y calmarse por sus propios medios. Ha demostrado que es capaz de hacerlo, y con una práctica continuada se sentirá cada vez más seguro.

# DÍA 17

## *Tiempo de descanso*

COMO PERSONA COMPLACIENTE recuperada ya no necesitará recurrir a tácticas de apaciguamiento para evitar conflictos o discusiones. Esto no significa que a partir de ahora comenzará usted a buscar motivos para enfadarse con las personas más allegadas. Tampoco significa que provocará enfrentamientos hostiles con su familia, amigos o extraños.

Recuerde que se necesitan al menos dos personas para que exista una confrontación o un conflicto destructivo. Usted no puede controlar directamente lo que hacen los demás, pero sí puede ejercer influencia sobre ellos controlando su propia conducta.

Si existen personas con las que ha tenido conflictos destructivos en el pasado o con quienes teme un enfrentamiento, puede solicitar su colaboración y participación para prevenir los conflictos. Por ejemplo, acaso pueda enseñarles el procedimiento de *tiempo de descanso* que aprenderá hoy.

### Cómo tomarse un *tiempo de descanso*

El *tiempo de descanso* es uno de los métodos más efectivos para manejar los conflictos. La idea es detener o interrumpir un conflicto que está empezando a subir de tono, desapareciendo de la escena durante un periodo de tiempo. El objetivo del *tiempo de descanso* es tener la oportunidad de controlar su ira y/o animar de forma indirecta a la otra persona para que haga lo mismo.

A continuación presentamos los seis pasos básicos para tomarse un *tiempo de descanso:*

1. Identificar los motivos de la escalada de su ira (o la de la otra persona).
2. Utilizar excusas preparadas de antemano para anunciar que se marcha y cuál será la hora aproximada de su retorno.
3. Rechazar las reacciones negativas con la técnica del disco rayado.
4. Abandonar la escena.
5. Utilizar los métodos para disminuir la ira y calmarse.
6. Volver al lugar de los hechos.

Puede parecer que los pasos para tomarse un *tiempo de descanso* no sean tan sencillos de aplicar durante un enfrentamiento real. Sin embargo, practicando, preparándose y ensayando pronto desarrollará la valiosa capacidad para tomarse un *tiempo de descanso* y diluir eficazmente un conflicto. Vamos a revisar cada uno de los pasos por separado.

*Paso 1.* El primer paso requiere que usted identifique las primeras señales o signos de que la otra persona está empezando a enfadarse. Usted ha creado una escala personalizada de la ira y conoce perfectamente cuál es el punto en el que usted pasa a la acción. Pero lo que hará ahora al acercarse a ese punto es tomarse un *tiempo de descanso.*

Aunque no es su responsabilidad controlar la vida de otro adulto, usted puede utilizar el procedimiento del *tiempo de descanso* para interrumpir una situación en la que reconoce una amenazadora escalada de la ira en su interlocutor.

Estos signos normalmente no son sutiles. Cuando surge la ira, también sube el volumen de la voz. Cuando se enfadan, las personas utilizan un lenguaje hostil y agresivo y lo acompañan con gestos violentos y acusadores, tal como levantar la mano apuntándole con un dedo.

Confíe en su instinto para reconocer la escalada de la ira de otra persona. Como ser humano, usted está equipado para detectar la agresión igual que los perros u otros animales. Cuando un perro intuye que otro puede agredirlo, los pelos de su espalda se erizan y todos sus sentidos están alertas.

Usted también reconocerá cuando otra persona actúe de forma agresiva y resulte una amenaza, gracias a sus reacciones defensivas. Quizá llegue a sentir sus propios cabellos erizándose en la parte posterior de su cuello. O puede descubrir que está retrocediendo para apartarse de una persona que le inspira temor.

Incluso aunque usted sea una persona que se intimida fácilmente, es mejor equivocarse del lado de la precaución que del conflicto. Lo esencial aquí es muy simple: si siente temor, es un buen momento para el *tiempo de descanso.*

Por ser usted quien toma la responsabilidad de introducir el *tiempo de descanso,* no le comunicará a la otra persona que está demasiado enfadada ni que está reaccionando exageradamente. Estas acusaciones solo producirán una mayor agresividad. Muy pocas personas responden positivamente a la advertencia de que se calmen, especialmente en el momento en que acaba de surgir su ira. Decirle a alguien que está reaccionando desmesuradamente invalida sus sentimientos y prácticamente garantiza que se ponga furioso.

Sin embargo, al introducir un *tiempo de descanso* y explicarle que *usted* necesita dominar su propia ira, le estará mostrando un modelo de conducta adecuado. Cuando indique que necesita tiempo para serenarse y para no pronunciar nada de lo que luego tenga que arrepentirse, le sugiere indirectamente que haga lo mismo.

*Paso 2.* El segundo paso del procedimiento de *tiempo de descanso* consiste en pronunciar unas pocas frases ensayadas previamente para anunciar que se marchará durante un cierto tiempo. Es aconsejable que comunique cuánto tiempo estará ausente, y también es imperativo que se comprometa a regresar en un periodo de tiempo razonable para retomar la discusión, en caso contrario frustrará a su interlocutor y alimentará su ira.

He aquí algunas frases para explicar el motivo de su ausencia temporal. Observe que existen invitaciones indirectas para que la otra persona haga lo mismo:

- ◆ «Necesito tiempo para pensar en todo esto. Volveré mañana/un tiempo específico/en unas horas, y continuaremos conversando».
- ◆ «Empiezo a perder los nervios y no quiero permitírmelo. Voy a tomarme un poco de tiempo para serenare con el fin de poder tener una conversación constructiva y resolver nuestro problema».
- ◆ «Necesito marcharme durante un rato para calmarme. No deseo pronunciar nada de lo que luego tenga que arrepentirme. Estoy seguro de que lo comprendes. Te llamaré más tarde para que acordemos a qué hora nos encontraremos para hablar nuevamente y solucionar las cosas».
- ◆ «Estoy empezando a enfadarme y no quiero hacerlo. Necesito salir a dar un paseo y calmarme. Cuando regrese, terminaremos nuestra conversación».
- ◆ «Esta discusión se está tornando hostil y no pienso dejarme llevar por ella. Necesito tiempo para sosegarme. Regresaré más tarde/un tiempo específico/mañana/dentro de unas horas».
- ◆ «Ahora me tomaré un *tiempo de descanso;* necesito un tiempo para serenarme y pensar con claridad. No puedo escuchar si

estoy enfadado y estoy realmente interesado en lo que quieres decirme. Volveré en cuanto me calme».

*Paso 3.* El tercer paso es esencial. En ocasiones, especialmente cuando la otra persona no conoce el procedimiento del *tiempo de descanso,* es muy posible que se resista a que usted se marche. La otra persona puede incluso intentar utilizar su excusa para marcharse con el fin de provocar su ira diciendo cosas como, por ejemplo, «No intentes huir como si fueras un bebé/cobarde/niño», o: «¿Qué quieres decir con eso de que te marchas? Nadie se aleja de mí cuando estoy hablando. Ni se te ocurra».

Ustedes debe estar preparado de antemano para esta resistencia y recurrir a la técnica del disco rayado. Puede utilizar las siguientes frases o cualquier otra que se le ocurra para oponerse a dicha resistencia. Pero recuerde que no debe morder el anzuelo, adoptar una actitud defensiva ni dejarse involucrar en una discusión relacionada con los comentarios de su interlocutor.

♦ «Comprendo que te sorprenda. Puedes decir lo que quieras e incluso insultarme, pero *no* voy a discutir contigo. Necesito serenarme. Estaré de regreso en [un tiempo específico]».
♦ «Comprendo que estés enfadado. Ambos lo estamos y precisamente por eso debo marcharme un rato para conseguir controlarme; de este modo seré capaz de escucharte y evitar decir cosas de las que luego me arrepentiré. Regresaré pronto y arreglaremos este asunto».
♦ «Entiendo que pienses que quiero huir de ti. Sin embargo, lo hago por respeto hacia ti y hacia mí mismo. No quiero huir de ti sino apartarme de mi propia ira para poder controlarme. Cuando regrese, podremos arreglar esto como dos personas razonables».

*Es fundamental que usted crea en el procedimiento del tiempo de descanso como un recurso noble. Esta es su oportunidad para interrumpir y controlar un conflicto. De ningún modo es lo mismo que «rendirse», «traicionar», «huir» ni «retroceder» ante una posible derrota.*

Piense en el *tiempo de descanso* como una metáfora deportiva. Los entrenadores denominan de este modo el intervalo de tiempo que necesitan para dar instrucciones a su equipo, corregir algunas de sus actitudes, interrumpir el ritmo ofensivo del equipo contrario o ayudar a su equipo a ganar el partido. Igual que en un conflicto deportivo, cuando usted recurre al *tiempo de descanso* establece su deseo de corregir sus tácticas y su estrategia y de tomarse un respiro.

No se disculpe; usted tiene todo del derecho de interrumpir una discusión antes de que se escape de su control y sea demasiado tarde. Tampoco se exceda con las explicaciones. Cuando haya anunciado su intención de marcharse y haya respondido una o dos veces a los intentos de su interlocutor por disuadirlo, simplemente despídase y márchese.

*Paso 4.* El cuarto paso es rotundo: márchese. Absténgase de los gestos espectaculares o provocativos tal como dar un portazo o pegar un acelerón al partir. Si está usted hablando por teléfono, simplemente anuncie que va a colgar el auricular. Luego despídase de su interlocutor y cuelgue suavemente el receptor.

Si la otra persona estar tan enfadada que intenta detenerlo físicamente, no se enrede en ningún forcejeo para poder marcharse. Con toda certeza advertirá que es oportuno tomarse un *tiempo de descanso,* puesto que la otra persona ha perdido el control hasta ese extremo.

En el caso de que realmente la otra persona le impida marcharse, su único recurso será «abandonar» la conversación rehusando discutir con ella. Puede decirle a la otra persona algo como por ejemplo:

*No tiene sentido retenerme aquí para continuar esta discusión. Ya no puedo escucharte ni hablar objetivamente; necesito serenarme. Será beneficioso para ambos que logre calmarme. Te prometo volver pronto y reanudar nuestra conversación.*

*Paso 5.* Ha ensayado usted varias veces este paso y ya sabe perfectamente cómo interrumpir la escalada de su ira. Es lo que ha estado practicando en las sesiones destinadas a enseñarle a gobernar su ira. No utilice el *tiempo de descanso* para idear esquemas relativos, maldecir o romper objetos, pues eso será una pérdida de tiempo ya que solo logrará enfadarse aún más. Utilice los ejercicios de la Respiración Relajante y la Relajación Progresiva para serenarse y centrarse. Emplee los pensamientos destinados a disminuir la ira para calmarse.

Aunque su propósito real sea apelar a un *tiempo de descanso* para interrumpir la escalada de la ira de su interlocutor, hará bien en aprovecharlo para calmarse usted mismo. Si se sintiera amenazado, sin duda alguna emplearía su propia cólera como una forma de defensa destinada a protegerse. *La ira es muy contagiosa.* Si la otra persona ha perdido exageradamente los nervios, puede inferir que usted mismo está más enfadado de lo que puede advertir.

*Paso 6.* Este paso final es obligatorio. Debe usted interrumpir el *tiempo de descanso* y retornar a su conversación con la intención de resolver el conflicto. Si se siente amenazado por la otra persona y le asusta la idea de enfrentarse a ella, puede llamarla por teléfono e intentar solucionar el tema dentro del marco de seguridad que le ofrece esa separación física.

Cuando retorne a la conversación que quedó interrumpida por el *tiempo de descanso,* debe indicarle a su interlocutor que está preparado para reanudar el diálogo. Sin embargo, debe preguntarle a la otra persona si se siente capaz de tener un diálogo constructivo para resolver el conflicto. En los próximos días aprenderá algo más sobre los métodos para resolver eficazmente los problemas.

 Al retornar a la escena, es aconsejable agradecer a la otra persona que se haya tomado también un *tiempo de descanso,* y no porque le haya permitido a usted hacerlo. Usted simplemente supone que, por defecto, él o ella han hecho lo mismo que usted.

Debería también indicar que su intención es encontrar una solución para el problema y, al mismo tiempo, puede advertirle que si la discusión sube nuevamente de tono quizá necesite otro *tiempo de descanso* para reconquistar el control de sí mismo. No lo presente como una amenaza o un ultimátum, sino como una información con la sugerencia implícita de que ambos estarán más cómodos si los ánimos no se acaloran.

Es una buena idea compartir el procedimiento del *tiempo de descanso* con las personas más allegadas y con quienes puede en ocasiones tener alguna discusión. Si logran ponerse de acuerdo en relación con el *tiempo de descanso,* lograrán entenderse mejor cuando cualquiera de los dos decida recurrir a un *tiempo de descanso.* Una vez que haya acordado con los demás tomarse un *tiempo de descanso* y que hayan compartido la experiencia de utilizarlo con éxito, se reducirá en gran medida su miedo a los conflictos y aumentará su capacidad para controlarse.

## Lo que se debe y no se debe hacer en la resolución de un conflicto

Cuando después de haber recurrido a un *tiempo de descanso* regresa usted junto a su interlocutor deberá concentrarse en la resolución del conflicto. A continuación ofrecemos algunas sugerencias que le permitirán comunicarse correctamente y resolver eficazmente sus problemas:

1. **No debe** utilizar expresiones exageradas como «Tú jamás...», «Tú siempre...» o «Siempre que tú/yo...».
2. **No debe** adjudicar la responsabilidad de sus propios sentimientos a la otra persona mediante frases como «Me haces sentir como un estúpido» o «Hieres mis sentimientos».
3. **Debe** asumir los sentimientos que le despierta la conducta de su interlocutor. Describa específicamente la conducta de la otra persona y sus propios sentimientos, por ejemplo: «Cuando elevas la voz, siento que me faltas el respeto» o «Me pongo furioso cuando te burlas de mí».
4. **Debe** utilizar una forma de comunicarse basada en A, B, C y D: Por ejemplo: «Cuando te marchas de la habitación me siento frustrado y enfadado; si me comunicaras que necesitas un *tiempo de descanso* me sentiría aliviado y a la vez agradecido por disponer de un tiempo para calmarme yo también».
5. **Debe** utilizar la empatía. Intente ver el problema desde la perspectiva de la otra persona; intente sentir lo que ella/él siente.
6. **Debe** escuchar atentamente. Intente no interrumpir. Pida más explicaciones si no comprende algo de lo que se ha dicho.
7. **No debe** juzgar si los sentimientos de la otra persona son válidos. Por ejemplo: «Estás reaccionando exageradamente» o «Eres tonto por disgustarte tanto por esto».
8. **Debe** comprobar si ha entendido lo que la otra persona ha expresado, parafraseando lo que cree haber escuchado. Por ejemplo, utilice frases como: «De modo que lo que estás diciendo es que...» o «Si comprendo bien lo que dices, tú sientes que...».
9. **Debe** trazar un plan y mantenerlo firmemente. Utilice el método de «Parar la acción» para supervisar el proceso

del conflicto. Por ejemplo, si la conversación va a la deriva, puede manifestar: «Creo que nos estamos alejando del tema. Volvamos a ocuparnos de cómo ves tú el problema» o «Estamos intentando avanzar paso a paso para llegar a una solución creativa. Volvamos atrás para ver qué pasos hemos dado y qué es lo que debemos hacer a continuación».

10. **Debe** pedirle a su interlocutor que le sugiera formas de corregir algo que usted hace y que representa un problema para él/ella. Por ejemplo: «De modo que cuando yo digo xxx, tú sientes que hiero tus sentimientos. ¿Qué preferirías que dijera?».

---

### RESUMEN DEL DÍA 17

♦ Aprenda los seis pasos del procedimiento del tiempo de descanso para resolver los conflictos.

♦ Practique el procedimiento del tiempo de descanso y las frases del disco rayado, si fuera posible con la ayuda de un amigo. Practique las frases al menos de tres a cinco veces hasta que pueda pronunciar firme y directamente que necesita un tiempo de descanso sin disculparse y estar a la defensiva. Preste atención para no mostrarse hostil ni elevar el tono de su voz al final de la oración como si estuviera pidiendo permiso o preguntando si se puede marchar.

♦ Observe que al repetir y practicar el procedimiento del tiempo de descanso y las técnicas para gobernar su ira, se reducirán notablemente la ansiedad y la tensión en una confrontación potencialmente agresiva.

♦ Respete los **debe** y **no debe** para comunicarse eficazmente con su interlocutor y resolver el problema al finalizar el tiempo de descanso. Mantener una comunicación constructiva reduce las oportunidades de que cualquiera de las partes vuelva a enfadarse y, al mismo tiempo, aumenta la posibilidad de resolver eficazmente el conflicto.

# DÍA 18

# Vacuna contra el estrés

Hoy APRENDERÁ USTED a utilizar las afirmaciones para disminuir su ira durante una situación conflictiva simulada. Dichas afirmaciones le ayudarán a prepararse para controlar el estrés en una confrontación real. Las afirmaciones destinadas a calmar su ira también le ayudarán a supervisar la escalada de su propia ira durante un conflicto y a controlar cualquier tendencia o actitud que pueda resultar provocativa o agresiva y que pueden a su vez generar conductas hostiles en la otra persona.

La idea de la vacuna contra el estrés, tal como su homóloga biológica, consiste en exponerse paulatinamente a la situación que le produce ansiedad con el fin de adaptarse a ella desarrollando una resistencia contra el estrés.

**El «Escudo Gardol» y el entrenador sobre su hombro.** Con estas poderosas técnicas ya no tendrá que enfrentarse sin protección o sin preparación a las situaciones conflictivas que le producen ansiedad. Estas dos poderosas imágenes aumentarán enormemente la confianza en sí mismo y le otorgarán la capacidad de desempeñarse con seguridad incluso en las confrontaciones.

La primera de estas imágenes reconfortantes es el protector «Escudo Gardol». Se basa en un anuncio de una pasta de dientes que aparecía en la televisión hace aproximadamente una generación, cuando los anuncios eran cualquier cosa menos sutiles. En el anuncio de Gardol, una mujer con una sonrisa resplandeciente y encantadora —rematada por pequeñas chispas que brillaban en sus perlados dientes blancos— está de pie tras una barrera de plástico transparente: el Escudo Gardol.

Mientras la mujer exhibe su radiante sonrisa, alguien que está detrás de la cámara arroja tomates y otros alimentos blandos directamente hacia su cara. En vez de mancillar su encantadora sonrisa, los alimentos golpean contra la barrera de plástico mientras la mujer sigue sonriendo sin inmutarse.

Visualícese protegido por un invisible e impenetrable Escudo Gardol psicológico siempre que se encuentre en una confrontación potencial. (Si es usted un *fan* de *Star Trek*, simplemente piense «¡Escudos arriba!»), luego imagine que aunque otras personas puedan arrojarle tomates emocionales en la forma de provocaciones, insultos, críticas u otras observaciones hostiles, nada puede atravesar este escudo protector. Mientras está de pie detrás de ese invisible escudo, escuche los comentarios hostiles de sus adversarios enfadados y observe cómo ellos mismos resultan salpicados por los tomates maduros.

La segunda imagen reconfortante es una pequeña versión de usted mismo, ataviado como un entrenador de atletas y de pie sobre su hombro derecho susurrándole algo al oído. El entrenador lo acompañará a través de cada fase de un enfrentamiento potencial, supervisando su conducta y ofreciéndole apoyo y sugerencias para calmar su ira.

El deporte en cuestión no es agresivo ni competitivo. Por tanto, el entrenador no le aconseja que luche con el fin de ganar. Por el contrario, el objetivo de este juego es permanecer ajeno a cualquier pelea destructiva. En vez de ser un juego en el que alguien gana y alguien pierde, el objetivo de un conflicto constructivo es resolver eficazmente un problema en beneficio de todos.

Con el entrenador en su hombro dándole sugerencias para disminuir su ira durante todo el tiempo que dure el enfrentamiento y con la protección emocional de un impenetrable escudo psicológico, logrará disminuir su miedo a los conflictos y su vulnerabilidad frente al estrés.

**Entrenándose para reducir su ira.** Visualice la versión en miniatura de su propio entrenador susurrándole al oído algunos consejos durante un enfrentamiento o conflicto.

A continuación presentamos algunos ejemplos de la clase de consejos que puede darle su entrenador en las diversas fases de un conflicto.

1. *Preparación para anticiparse a un conflicto.* El objetivo de estas autoafirmaciones es regular su actitud y reducir su tensión antes de que tenga lugar un conflicto al que usted se ha anticipado. Dichas afirmaciones le ayudarán a permanecer centrado y firme y a evitar ser vulnerable y quedar fuera de combate antes del primer ataque de su oponente. Los ejemplos incluyen:

   ♦ «Esto me puede disgustar, sin embargo me siento capaz de manejar la situación».
   ♦ «Si descubro que me estoy acalorando o disgustando, sé que puedo tomarme un *tiempo de descanso*».
   ♦ «Puedo concebir un plan para manejar este problema».
   ♦ «No habrá motivo alguno para una pelea ni una discusión; para pelear se necesitan dos y estoy convencido de que puedo controlar mis propias reacciones».
   ♦ «Debo mantenerme flexible y sereno. Respira profundamente una o dos veces. Una postura rígida solo consigue anular las alternativas y las opciones».
   ♦ «Independientemente de lo que él/ella diga, tengo mi Escudo Gardol para protegerme, de modo que no me sentiré herido ni enfadado».

2. *Cuando la otra persona se enfrenta a usted completamente enfadada.* Estas afirmaciones deberían recordarle que está usted muy bien preparado para dominar la ira y manejar cualquier conflicto. Esta es la fase en que sus afirmaciones para disminuir la ira deben estar firmemente dirigidas a mantener el control y no permitir una escalada de la ira. A continuación ofrecemos algunos ejemplos:

◆ «Relájate. No tiene ningún sentido que tú también te enfades».

◆ «No dejes que él/ella consiga provocarte».

◆ «Contrólate. Si tu mente se hace cargo de la situación, todo irá bien».

◆ «Siempre que conserve la calma, tendré el control de la situación. No sirve de nada que me altere».

◆ «Está realmente mal que él/ella actúe de este modo. No pienso permitir que logre sacarme de mis casillas».

◆ «Mantén las cosas en su término justo. No exageres la importancia de este asunto. Todo saldrá bien».

◆ «No necesito demostrar que él/ella está equivocado. Solo debo expresar que tenemos que resolver este asunto».

3. *Si su ira se desborda.* Estas autoafirmaciones lograrán interrumpir la escalada de la ira y le ayudarán a recuperar el control. Todos los comentarios deberían centrarse en mantener su ira dentro de unos límites óptimos; acaso necesite enfadarse lo suficiente para ser capaz de defenderse de los ataques de su interlocutor, pero no tanto como para que la situación se torne hostil y el conflicto destructivo. Los ejemplos de las afirmaciones para disminuir su nivel de ira son:

◆ «Siento que me estoy poniendo tenso. Necesito respirar lenta y profundamente».

♦ «Quizá deba recurrir ahora mismo a un *tiempo de descanso*. Sé cómo hacerlo y tengo todo el derecho de controlar mis reacciones.»

♦ «Es importante que no intente evitar esta situación. Necesito afrontarla y confiar en que puedo conducir la discusión hacia una solución positiva.»

♦ «No debo rendirme ni volver a ser una persona complaciente. Existen otros medios para afrontar su ira. No pretendo dejarme intimidar. Sé defenderme a mí mismo y hacer valer mis derechos.»

♦ «Necesito seguir escuchando. Si me enfado, no seré capaz de hacerlo.»

♦ «Debo escuchar a mi entrenador. Recuerda el Escudo Gardol.»

4. *Cuando haya resuelto el conflicto.* Estas autoafirmaciones deberían conducir a una resolución del conflicto. Aunque es posible que haya habido momentos delicados o que haya decidido tomarse un *tiempo de descanso* para reflexionar, se merece todo el crédito y su propia aprobación por no retornar a su actitud complaciente. Los ejemplos de este tipo de afirmaciones son:

♦ «Me siento muy satisfecho. He conseguido resolver la situación sin que ninguno de los dos nos hayamos enfadado demasiado».

♦ «Me congratulo por no haber evitado el conflicto. Tenía miedo, pero mi "entrenador" me ayudó a superarlo e incluso he sido capaz de conducir el problema hacia una solución razonable».

♦ «Me siento mejor y más seguro de mí mismo a la hora de dominar mi propia vida y las situaciones conflictivas. Ya no soy la persona temerosa que solía ser».

♦ «No tengo nada que temer excepto al miedo mismo. He trabajado mucho para poder gobernar mi ira y solucionar los conflictos y no deseo volver a mis viejos hábitos complacientes».

5. *Si el conflicto se ha resuelto solo parcialmente o no se ha llegado a ninguna solución.* Elógiese mediante autoafirmaciones por la *forma* en la que ha manejado el conflicto y no por el *resultado*. Mantenga las cosas en su justa proporción y utilice las autoafirmaciones para dejar de pensar obsesivamente en este tema. Los ejemplos incluyen:

♦ «Con un poco de tiempo y práctica lo haré cada vez mejor. No hemos resuelto nada, pero tampoco hemos quedado como enemigos. Hemos coincidido en que no estamos de acuerdo y eso está muy bien».

♦ «Me siento orgulloso de mi conducta en esta situación. Aunque lamento que él/ella no fuera más flexible ni cooperara un poco más. Creo que esto se hubiera resuelto si él/ella no hubiera adoptado una postura tan rígida».

♦ «Deja de pensar en todo esto. Solo conseguirás disgustarte. Ya has invertido el tiempo suficiente en este asunto de momento; date un respiro».

♦ «No siempre se puede resolver todo; y de cualquier modo no es mi trabajo ser "el que lo arregla todo". Puedo aceptar que no he logrado resolver este asunto, pero no tengo que considerarlo un fracaso personal».

Debería usted revisar y practicar todas las autoafirmaciones que acabamos de mencionar e imaginar cómo podría utilizarlas durante las distintas fases de un conflicto o un enfrentamiento potencial. Si lo desea, puede escribir algunas frases que se le ocurran. Cuanto más personalizadas sean estas afirmaciones y más se adapten a su propia forma de pensar y hablar, más efectivo será su «entrenador».

## Escuche la voz interior de su entrenador

Ahora ya conoce usted la capacidad de vacunarse contra el estrés mediante el uso de un guion y puede utilizarlo para insensibilizarse y prepararse anticipadamente para cualquier conflicto, enfrentamiento u otra situación que pueda resultar tensa.

Utilice el guion que ofrecemos más adelante para practicar. Puede solicitar la ayuda de un amigo o familiar que se preste a desempeñar el papel del «amigo» en el guion; o puede usted asumir todos los papeles.

Lea cada una de las partes del guion en voz alta. Observe que el papel del entrenador pretende disimular su voz interior. Las primeras veces que practique el guion pronuncie las líneas correspondientes al entrenador en un susurro, como si las estuviera escuchando mentalmente. Después de haber practicado algunas veces el guion, deje de pronunciar la parte del entrenador en voz alta, pero continúe «escuchándola» como si fueran autoafirmaciones de su mente. Preste atención a la forma en que las afirmaciones destinadas a diluir la ira pronunciadas por su entrenador interior le ayuda a controlar su propia ira.

El tema del guion que ofrecemos está relacionado con el dinero. Usted le pide a una amiga a quien ha prestado dinero que se lo devuelva. Para que sea efectivo, el papel del amigo se debería pronunciar en un tono enfadado. El objetivo es aprender a afrontar un enfrentamiento potencialmente hostil y ser capaz de manejarlo.

Antes de comenzar a leer el guion imagine que está protegido por el Escudo Gardol. No deje de visualizar la situación mientras lee todo el guion. Independientemente de cuán enfadado esté el amigo, sus expresiones se limitan a rebotar contra el escudo invisible que lo rodea.

Cuanto más practique el guion, más potente será la vacuna contra el estrés. Si lo desea, puede escribir su propio guion incluyendo los tres papeles para cualquier otro conflicto que suponga una tensión o cualquier situación que implique un desacuerdo.

*Usted:* Necesito hablar contigo sobre el dinero que te presté hace varios meses. Habíamos acordado que me lo devolverías en seis semanas y aún no me lo has dado.

*Amiga:* ¿Seis semanas? ¡Creía que habíamos hablado de seis meses! Ya conoces mi situación. Acabo de conseguir un trabajo y aún tengo un montón de deudas. *[Empieza a enfadarse.]* Realmente no puedo creer que me estés presionando de este modo. Pensé que eras mi amigo.

*Entrenador:* Vale. Serénate. Ella empieza a enfadarse, pero yo soy capaz de manejar la situación y conservar la calma. Solo debo escuchar atentamente y no adoptar una actitud defensiva. Respira profundamente varias veces.

*Usted:* Comprendo que sientas que te estoy presionando, pero necesito el dinero. Quizá podamos acordar que me lo devuelvas en varias veces para que no te sientas tan presionada.

*Amiga:* *[Realmente enfadada y elevando la voz.]* La única forma de no sentirme presionada sería que dejaras de darme la lata. ¿Qué clase de amigo eres? Te he hecho docena de favores durante años. ¿Por qué necesitas ahora el dinero? Tú puedes esperar y yo tengo otros acreedores a los que debo enfrentarme.

*Entrenador:* No te irrites. Conserva la calma. No tiene sentido que te enfades. Ella está a la defensiva y solo pretende hacerme sentir culpable. Necesito mantenerme firme con la técnica del disco rayado y controlar mi ira. Si pierdo los nervios, esta conversación se me irá de las manos rápidamente.

*Usted:* Entiendo que te enfades. Sé muy bien lo que significa tener presiones financieras. Yo mismo las tengo, por eso necesito que me devuelvas el dinero que te presté. He intentado ser comprensivo, y cuando te dejé el dinero solo pretendía ayudarte. Veamos si somos capaces de establecer unas fechas para que me lo puedas devolver sin demasiada presión y que yo también pueda resolver mis necesidades.

*Amiga: [Muy enfadada y chillando.]* No entiendes nada. Me estoy volviendo loca por la tensión que estoy soportando y tú lo sabes muy bien. ¡Y sin embargo vienes a plantearme todo este asunto!

*Entrenador:* Definitivamente necesito un *tiempo de descanso,* de lo contrario voy a perder los nervios y es lo último que desearía. Serénate. Convéncela de que es necesario que ambos recuperen la calma para poder conversar.

*Usted:* No podemos seguir hablando en este tono y yo me resisto a pelear contigo. Voy al cuarto de baño unos minutos para que ambos podamos calmarnos. Estaré de regreso en cinco minutos y encontraremos una forma de solucionar el problema.

*Amiga:* Muy bien; probablemente tengas razón.

*Entrenador:* Fenomenal. Después del *tiempo de descanso* ella aceptará tus argumentos.

*Usted: [Después de cinco minutos del tiempo descanso.]* Muy bien. Vamos a mantener la calma y entonces seremos capaces de ponernos de acuerdo sobre este tema. No hay ninguna necesidad de discutir. Podemos arreglarlo de otra forma.

*Amiga: [Con lágrimas en los ojos.]* Me siento fatal. Me haces sentir muy culpable. Creí que podrías comprender mi situación. Necesito algo de ropa y un par de zapatos para mi nuevo empleo. Tengo que pagar mis facturas. Me parece que tú no necesitas el dinero ahora mismo tanto como lo necesito yo.

*Entrenador:* No te pongas a la defensiva. No te disculpes ni racionalices la situación. Ella me debe el dinero. No tengo por qué financiar su nuevo estilo de vida. Respira profundamente varias veces y no permitas que te intimide. Utiliza la técnica del disco rayado.

*Usted:* Comprendo que esta conversación te resulte desagradable. Para mí también lo es. Creo que es importante para nuestra amistad que seamos capaces de resolver este problema de dinero. No se trata de una cuestión personal, sino de un acuerdo comercial. Simplemente debemos acordar cuándo comenzarás a devolverme el préstamo y estipular la cantidad que me darás en cada uno de los plazos. En cuanto lleguemos a un acuerdo, ambos nos sentiremos mucho mejor.

*Amiga: [Con reticencia aunque menos enfadada.]* Bueno, no puedo pagártelo todo de una vez. Tienes que tener un poco de paciencia conmigo. Sabes que haré todo lo que pueda, pero realmente estoy económicamente limitada con todos mis nuevos gastos.

*Entrenador:* Debes mantener la calma. Es evidente que ella está descontenta e irritable. No empeores las cosas con comentarios sarcásticos sobre sus «nuevos gastos». Simplemente ofrécele una solución que a ella le parezca razonable.

*Usted:* Vale. Vamos a sentarnos y estipular unos plazos que sean satisfactorios para ambos. Confío en que podamos arreglarlo. Sé que es desagradable deber dinero y no me resulta cómodo tener que pedir a una amiga que me devuelva lo que le he prestado. A ver si podemos solucionarlo. Creo que ninguno de los dos desea discutir.

La parte importante de esta práctica es «escuchar» sus pensamientos destinados a reducir la ira y entrenarse para que ese monólogo interior sea efectivo cuando se trate de un conflicto real o de un enfrentamiento que puede producir tensión.

### Resumen del día 18

♦ Visualice el «Escudo Gardol» invisible que lo protege y contra el cual rebota la hostilidad de las otras personas.
♦ Visualice y «escuche» al «entrenador que está sobre su hombro» que sostiene un monólogo continuo para aplacar la ira y ayudarle a mantener el control durante un enfrentamiento potencial.
♦ Aprenda las autoafirmaciones para disminuir la ira en las diversas fases de un enfrentamiento potencial con el fin de ser capaz de controlar tanto su ira como el conflicto.
♦ Practique el guion de la vacuna contra el estrés pronunciando las palabras correspondientes al entrenador en un susurro o mentalmente y pronunciando los otros papeles en voz alta. Observe como una práctica repetida lo «vacuna» y disminuye el nivel de estrés que experimenta.

# DÍA 19

# Resolver un problema *con* un amigo
y no para un amigo

LOS AMIGOS Y LOS PARIENTES con frecuencia le piden ayuda con sus problemas porque usted ha sido una persona complaciente durante demasiado tiempo. La principal razón para hacerlo es su expectativa de que usted resuelva sus problemas, se haga cargo de sus crisis y se ocupe de todos sus dilemas. Usted es quien ha creado esta expectativa a través de sus acciones pasadas.

*Como persona complaciente recuperada necesita enseñar a quienes recurren a usted para solucionar su problema que deben esperar una respuesta diferente y más sana.*

## Dé prioridad a las personas que más desea ayudar

Es obvio que elegirá usted brindar su ayuda a aquellas personas que más quiere. Sin embargo, no puede seguir resolviendo los problemas de *todo el mundo durante todo el tiempo*. Algunas personas deberán aprender a ayudarse a sí mismas.

La decisión final en relación con cuánto tiempo decide dedicar a los problemas ajenos, en la mayoría de los casos dependerá de las circunstancias de cada situación individual. Evidentemente, existe aún una breve lista de personas por quienes haría cualquier cosa para solucionarles cualquier problema.

Elabore una lista titulada «Las personas a las que más deseo ayudar», que debería ser muy breve. Si necesita las dos manos para contar a estas personas, serán demasiadas. Recuerde que su lista debería representar una selecta relación de las personas a quienes desea dedicar su tiempo y energía en el caso de que realmente necesiten su ayuda cuando deban afrontar alguna crisis o algún problema importante.

No se olvide de que si se excede al intentar arreglar los problemas de otras personas que no están incluidas en su lista selecta, estará mermando su capacidad —y su disponibilidad— de ayudar a los seres más queridos cuando necesiten su colaboración.

Las personas incluidas en su lista selecta son las que realmente lo quieren y lo valoran. Cuando lo vean agobiado por ayudar a tantas personas con sus problemas, esas personas especiales a quienes usted verdaderamente desea ayudar pueden sentirse menos inclinadas a pedirle su cooperación debido a la onerosa carga que usted ya lleva sobre sus hombros.

## Un amigo le pide ayuda para resolver un problema

La próxima vez que un amigo o familiar le pida ayuda para solucionar un problema, necesitará usted un guion diferente para reemplazar su habitual respuesta refleja. La antigua respuesta era aceptar de forma automática la dificultad como si fuera suya. Su nueva respuesta será alguna de estas dos alternativas:

1. *Decir no.* Comprenda los sentimientos de la otra persona, pero deje que el problema permanezca en el lugar que le corresponde: con la otra persona. Deséele buena suerte y exprese su confianza de que logrará resolver la situación. Prepárese para decir «no» si su amigo o amiga le pide directamente que le ayude.

2. *Gane tiempo* para pensar en qué medida desea involucrarse en ayudar a la otra persona a solucionar su problema. Usted ya conoce los principios básicos del procedimiento para ganar tiempo porque ya se ha entrenado en ellos. Son:

*a)* Reconocer las dificultades de la otra persona y ponerse en su lugar.

*b)* No comprometerse más que a decir que necesita tiempo para pensarlo.

*c)* Prometer que volverá a conectar con la persona en cuestión en un periodo relativamente corto de tiempo. Sea lo más específico posible para ofrecer una fecha para responder.

## Decir «no» a un amigo que tiene un problema

He aquí dos ejemplos de cómo devolver la responsabilidad de resolver un problema a la persona que debe afrontarlo. Léalos en voz alta. Escriba una o dos formas posibles para desprenderse de la responsabilidad de resolver un problema ajeno:

♦ «Realmente es comprensible que esto te moleste. Pero estoy convencido de que encontrarás la forma de resolverlo».

♦ «Lamento que te suceda todo esto. Solo puedo imaginar lo desdichado que te hace sentir esta situación. Realmente espero que las cosas se arreglen lo antes posible».

Si lo desea, puede escribir algunos guiones propios que se adapten a ejemplos específicos de su vida. Cuando practique estos guiones, es importante que no se disculpe ni se exceda en explicaciones. Usted tiene todo el derecho de preservarse y reservar su energía parar atender sus propios problemas y ayudar a aquellos que ha incluido en su breve lista selecta.

Recuerde que, por el mero hecho de escuchar, usted está haciendo algo útil por alguien que tiene un problema.

## «Hacer tiempo» antes de responder a un amigo que tiene un problema

A continuación ofrecemos tres ejemplos de respuestas destinadas a «hacer tiempo» antes de responder a un amigo o conocido que acude a usted con un problema:

♦ «Comprendo que estés enfadado y que quieras que te ayude con este problema. Sin embargo, necesito tiempo para pensar cuál es la mejor manera de ayudarte. Te llamaré el [día de la semana/momento del día]».

♦ «Sé que este problema te parece agobiante. Déjame pensar cómo podría ayudarte. Necesito ver cuáles son mis compromisos actuales. Te llamaré el [día de la semana]».

♦ «Imagino el disgusto que te ha producido todo esto. Sé que necesitas alguna respuesta o solución para tu problema. Déjame pensarlo uno o dos días y luego hablaremos otra vez».

Una vez más, puede escribir algunos guiones destinados a hacer tiempo. Será de gran ayuda si al hacerlo tiene en mente algunos problemas y/o personas determinadas.

Practique los guiones para «ganar tiempo» de manera que sean lo suficientemente familiares como para utilizarlos la próxima vez que alguien le pida ayuda y que usted desee meditar en qué medida desea involucrarse.

## Un modelo de siete pasos para resolver problemas

Una de las cosas más útiles que puede hacer para ayudar a un amigo a resolver un problema es ofrecerle un enfoque estructurado que sea lógico y efectivo. Como verá, también puede utilizar el modelo para determinar en qué medida desea involucrarse en el proceso real de resolver problemas.

Estos son los siete pasos para resolver de forma efectiva un problema:

1. Definir el problema como una decisión que se debe tomar.
2. Reflexionar sobre cuáles son *todas* las alternativas posibles.
3. Reunir información relevante en un periodo de tiempo razonable.
4. Sopesar los pros y los contras de cada alternativa.
5. Seleccionar la mejor alternativa (o la más deseable).
6. Tomar una decisión.
7. Evaluar si la solución es efectiva; definir los problemas como decisiones a tomar (volver al paso 1).

## Decida en qué medida desea ayudar a su amigo

Ahora puede elegir uno de los tres niveles o grados de compromiso que desea adquirir en relación con un problema ajeno. El tercer nivel, que es el superior, generalmente debería limitarse a aquellos que ha incluido en su *breve lista selecta*. Su objetivo, incluso en el tercer nivel, es ayudar a sus amigos o familiares a resolver los problemas *con* ellos y no *para* ellos.

A continuación ofrecemos los tres niveles de compromiso y la forma de ponerlos en práctica:

Nivel 1: *El problema pertenece a su amigo*. Es este el nivel inferior de compromiso en el cual define usted unos límites claros: «Este es tu problema. Yo puedo ser un amigo comprensivo, pero no puedo ofrecerme a resolver el problema por ti, ni siquiera contigo». Esto es básicamente lo que debe hacer después de que otra persona le haya pedido su ayuda:

♦ Vuelva a conectar con su amigo/familiar/compañero de trabajo.

♦ Enuncie con sus propias palabras el problema para demostrar que ha escuchado con atención.

♦ Exprese que comprende lo que siente la otra persona (por ejemplo: «Puedo imaginar lo disgustado que debes estar»).

♦ Afirme clara y rotundamente que no puede hacer más que ofrecerle algunos consejos prácticos para resolver el problema y llamarlo en unas semanas para ver cómo han ido las cosas. Por ejemplo:

«Quizá sea aconsejable que acudas a un terapeuta».

«Sería conveniente que pensaras varias posibilidades para resolver tu problema. Intenta no evaluar cuál de ellas es una buena idea y cuál no lo es hasta que hayas meditado todas las alternativas. Te ruego me hagas saber cómo van las cosas».

«A veces resulta útil apuntar los pros y los contras de una solución determinada para poder considerarla de un modo más objetivo. Llámame para comunicarme cómo te ha ido».

Nivel 2: *Reflexionar con un amigo*. En este nivel usted se ofrecerá a ayudar a definir el problema y meditar sobre él junto con su amigo. Ofrézcale el «regalo» del modelo de siete pasos y anímelo a utilizarlo. El escenario básico para el nivel 2 de compromiso es:

♦ Vuelva a conectar con la persona en cuestión.

♦ Enséñele cómo funciona el modelo de los siete pasos.

♦ Ofrézcase a discutir el problema y/o posibles soluciones alternativas. No olvide limitar su compromiso *explícitamente* a reflexionar sobre el problema.

◆ No se involucre en la resolución del problema. Delegue en la persona que le pide ayuda la responsabilidad de reunir información, evaluar alternativas, elegir una solución y ponerla en práctica.

Nivel 3: *Resolver un problema con un amigo.* Ofrézcale su ayuda para resolver el problema (esto sería especialmente instructivo y útil con sus hijos). *Nota:* Este es el nivel más alto de compromiso y se debería reservar a una breve lista de personas selectas. Incluso con ellos, no debería asumir la responsabilidad de resolver sus problemas o arreglar la crisis. Esa es una conducta típica de la enfermedad de complacer a los demás y ya no debe usted incurrir en ella. Este es el escenario para el nivel 3:

◆ Vuelva a conectar con la persona en cuestión.
◆ Ofrezca su colaboración a lo largo de todo el proceso de siete pasos.
◆ Indique que participará en el proceso, pero que la responsabilidad última —y el mérito— al resolver el problema será solo de la otra persona.
◆ Asegúrese de que la persona en cuestión asumirá la responsabilidad de tomar la decisión final.
◆ Limite su participación a ser un mero apoyo (y no el papel central) en la puesta en práctica de la solución.

## Resumen del día 19

♦ Lea y aprenda el método de siete pasos para resolver problemas.

♦ Elabore una lista *breve* de las personas especiales en su vida y a quienes desea ayudar siempre que tengan problemas.

♦ Practique el procedimiento de «hacer tiempo» para reflexionar en qué medida desea comprometerse.

♦ Practique los tres niveles de compromiso antes de volver a conectar con la persona en cuestión.

♦ Tome conciencia de sus palabras y del tono y la inflexión de su voz. No se disculpe ni se culpabilice por no solucionar los problemas ajenos. Recuerde que su objetivo es recuperarse de la enfermedad de complacer a los demás sin dejar de ser un amigo que es capaz de ofrecer su apoyo a las personas que quiere.

# DÍA 20
# Corregir falsas suposiciones

HOY APRENDERÁ A PROBAR sus predicciones relacionadas con la forma en que reaccionará otra persona cuando se comporte usted como la nueva persona que es: una persona complaciente recuperada.

En el pasado acostumbraba usted a sobrestimar la probabilidad de que los demás se enfadaran con usted, lo rechazaran, lo desaprobaran o lo abandonaran si se oponía a complacer o a satisfacer sus deseos. En este momento, con toda seguridad, habrá podido comprobar que nadie le ha respondido agresivamente ni ha intentado intimidarlo agresivamente en todas las ocasiones que se ha negado a satisfacer un pedido; no lo han desaprobado, abandonado ni rechazado.

Debe confiar en su familia y en sus amigos. Los que lo quieren apoyarán todos sus esfuerzos y se adaptarán a la nueva realidad en tanto usted no reincida en sus hábitos complacientes. Superarán cualquier reacción transitoria que puedan tener ante su nuevo yo y seguirán queriéndolo.

Confíe en que curarse de su enfermedad de complacer a los demás es la acción correcta que todos deben asumir a largo plazo. Los demás llegarán a respetarlo más cuando usted les demuestre que se respeta a sí mismo.

Para dominar sus miedos, necesitará el coraje de comprobar sus predicciones.

▶ *Con el tiempo, será cada vez más evidente que sus miedos son infundados y disminuirá su ansiedad.*

## Compruebe la exactitud de sus suposiciones

**Compruebe sus predicciones.** En su diario personal divida una página en blanco en tres columnas. La columna de la izquierda y la de la derecha deben ser anchas; la columna central puede ser estrecha —lo suficiente como para que se puedan escribir las palabras «sí» o «no».

Titule la columna de la izquierda «Mis predicciones»; en la columna central escriba «Sí/No»; en la tercera columna escriba el título «Resultados reales».

Elija una conducta de la lista siguiente que se compromete a realizar la próxima semana:

1. Decir «no» a un pedido, una demanda, un favor, etc.
2. Delegar un trabajo o una tarea.
3. Pedir ayuda.
4. Pedir a alguien que deje de hacer algo que le molesta y sugerirle una conducta alternativa.
5. Escuchar el problema de otra persona sin ofrecer consejos ni reaccionar intentando solucionarlo; simplemente muéstrese comprensivo y devuélvale la responsabilidad de ocuparse de él.
6. Expresar una emoción negativa a alguien (por ejemplo, enfado, desilusión, críticas o desaprobación) y hacer sugerencias constructivas para modificarla.
7. Hacer una contraoferta basada en sus propias condiciones según su disponibilidad de tiempo y recursos.

La lista representa siete conductas que usted ya ha practicado y, en algunos casos, ya ha incorporado a su vida. Si aún no ha completado las sesiones de entrenamiento para delegar o decir «no», este es el momento de hacerlo.

El objetivo es simplemente que usted se comprometa con una conducta delimitada por contornos precisos y que no esté destinada a complacer a la otra persona a fin de que sea capaz de comprobar sus predicciones sobre las consecuencias de sus actos.

Cuando haya seleccionado una conducta de la lista, colóquela en un contexto específico y dirigida a una determinada persona. Por ejemplo, supongamos que usted ha seleccionado la conducta de «Pedir ayuda». Usted la sitúa en el contexto de «Le pediré a mi marido que me ayude a prepararme para la revisión de mi rendimiento en el trabajo. Necesito su apoyo para adiestrarme antes de pedirle un aumento de sueldo a mi jefe». Finalmente, usted añade la predicción «Creo que mi marido se disgustará y no deseará invertir su tiempo en solucionar mi ansiedad. Se mostrará impaciente y se enfadará si le pido que me ayude a ensayar lo que quiero decirle a mi jefe. Probablemente no acepte hacerlo».

El siguiente paso es absolutamente esencial. *Debe hacerse cargo de esa conducta a fin de comprobar sus predicciones observando las consecuencias.*

En la columna del medio escriba «sí», en el caso de que sus predicciones hayan sido correctas y exactas; escriba «no», si han sido erróneas. En la columna de la derecha apunte lo que ha sucedido realmente, reproduciendo con exactitud todo lo que se ha dicho y hecho.

Puede darse el caso de que no esté seguro de haber interpretado bien la reacción emocional de la otra persona. Por ejemplo, usted teme (y por tanto predice) que su marido se disguste y también se enfade. Sin embargo, cuando realmente le pide ayuda, él acepta colaborar de buen grado y pasa una hora con usted ayudándola a ensayar cómo pedir un aumento de sueldo a su jefe.

Evidentemente, su predicción de que él se negaría a colaborar era completamente errónea. Pero supongamos que usted todavía no sabe cuál es su reacción emocional. Como usted teme que se enfade, puede interpretar exactamente su conducta.

Si no tiene claro cuál es su respuesta emocional, pregúnteselo. En este caso, podría aprovechar la ocasión para agradecerle su colaboración y reforzar su buena disposición a ayudarla. Al mismo tiempo, podría pedirle que describa lo que sintió en ese momento. ¿Estaba realmente disgustado y enfadado? Quizá aprenda usted que, por el contrario, se sentía gratificado porque usted valoraba sus sugerencias y por haberle ofrecido la oportunidad de ser útil de un modo concreto y demostrable.

**Continúe comprobando sus predicciones.** Debería utilizar su diario para registrar las predicciones y los resultados obtenidos cada vez que establezca un límite personal o que asuma cualquier otra conducta que demuestre que se ha recuperado de su enfermedad de complacer a los demás.

Existen dos objetivos principales para continuar registrando sus predicciones y los resultados reales. En primer lugar, el ejercicio para comprobar las predicciones le ayudará a sostener su compromiso con su recientemente adquirido repertorio de conductas como persona complaciente recuperada. Por tanto, comprobar sus predicciones será una forma de obligarse a asumir las nuevas conductas repetidamente.

Una segunda razón para continuar supervisando sus predicciones y los resultados reales es desarrollar un cuerpo de evidencia real para probar que las ideas que lo impulsaban a complacer a los demás eran erróneas y autodestructivas. Durante años ha desarrollado usted dichas creencias sobre sus relaciones con los demás que llegaron a estar profundamente arraigadas. Necesitará ahora muchas experiencias que se repitan una y otra vez para comprobar que ya no está dominado por la enfermedad de complacer a los demás, mediante la cual creía usted retener el afecto y el respeto de las personas más allegadas. Todo lo que apunte en su diario destinado a comprobar las predicciones es una forma de reunir una información actual que demuestre que sus predicciones negativas son falsas.

## Tarjetas de ayuda para conservar el control

Está usted muy cerca de completar el plan de acción de 21 días. Sin embargo, cuando lo haya completado aún necesitará recordarse con frecuencia que debe controlar sus tendencias de complacer a los demás.

Los maestros suelen utilizar tarjetas pedagógicas para ayudar a los alumnos a aprender las matemáticas básicas, el reconocimiento de palabras y para introducir otras habilidades en las mentes flexibles de los niños y en su memoria semejante a una esponja. Piense en sí mismo como si estuviera en las etapas tempranas de la recuperación de la enfermedad de complacer a los demás.

Como un niño que aprende las tablas de multiplicar, usted ha estado aprendiendo las nuevas reglas para convertirse en otra persona —las palabras y las frases que le ayudan a recordar cómo ser una persona complaciente recuperada— que ya no volverá a caer en el hábito compulsivo de satisfacer las necesidades ajenas. Deberá introducirlas en su memoria para que se conviertan en una segunda naturaleza.

Para elaborar sus tarjetas de ayuda, necesitará un rotulador y tarjetas de índice de 3 x 5. Usted escribirá solamente en una cara de las tarjetas a fin de no tener que dar vuelta a la tarjeta para encontrar una respuesta.

A continuación ofrecemos una lista de cincuenta palabras y frases que debe copiar en sus tarjetas. Algunas pueden ser más significativas o tener más sentido que otras. Sin embargo, es aconsejable elaborar un conjunto completo de tarjetas que contengan los cincuenta elementos.

Puede agregar lo que desee a su conjunto de tarjetas en cualquier momento. Cuanto más personalizadas sean estas, mejor será. Puede apuntar cualquier palabra o frase que le recuerde particularmente que ha pasado de ser una persona complaciente compulsiva a ser una persona complaciente recuperada que reclama el control de su vida.

## Palabras y frases para las tarjetas de ayuda

1. Decir «no»
2. *Tiempo de descanso*
3. Delegar
4. Está muy bien *no* ser amable
5. Necesito mi propia aprobación
6. Tiempo
7. Establecer límites
8. Disminuir la ira
9. Control
10. Escuchar a mi entrenador
11. Los problemas son desafíos
12. Respeto a mí mismo
13. Mi Escudo Gardol
14. El método de siete pasos
15. Contar hasta diez
16. Tomar buena decisiones
17. Flexibilidad
18. Con *mis* condiciones en *mi* vida
19. No utilizar «debería»
20. Disco rayado
21. Relajación
22. Técnica del bocadillo
23. Actividades placenteras
24. Respirar
25. Autoaprobación
26. La prueba del tornasol
27. Lista selecta
28. Preservarme a mí mismo
29. Recuperarme mediante pequeños pasos
30. PCR (persona complaciente recuperada)
31. Actuar como si fuera un PCR
32. Respiración relajante
33. Conflicto constructivo
34. Ira adecuada
35. Mi escala de la ira
36. Mi punto de acción ante la ira
37. Interrumpir la escalada de la ira
38. Tiempo para resolver el problema
39. Detenerse y serenarse
40. *No* soy lo que hago
41. Cuidar también de mí mismo
42. No soy indispensable
43. Tener el coraje para cambiar
44. Gustarme
45. Respetarme
46. Opciones
47. Sin culpa
48. Ensayar
49. Vacuna contra el estrés
50. Es mi decisión cuidar de mí mismo

**Revisión de las tarjetas de ayuda.** Durante el próximo mes o las siguientes seis semanas se beneficiará usted al revisar sus tarjetas de ayuda al menos una vez al día. Puede llevarlas consigo y leer algunas en distintos momentos del día. Puede mantener las tarjetas en su mesa de noche y revisarlas todas antes de irse a dormir.

Es importante que recuerde los conceptos claves que han cambiado su vida en un sentido positivo. Mientras progrese en su recientemente adquirido concepto de sí mismo como persona complaciente recuperada, puede descubrir que ante determinados sucesos del día, dos o tres de las tarjetas son particularmente relevantes. En otra ocasión o cualquier otro día, acaso sean otras palabras o frases las que resulten de gran utilidad.

Si lo desea, puede tener más de un conjunto de tarjetas para que estén siempre a mano y sea posible consultarlas en el momento que lo necesite. La mejor protección contra una recaída es mantener un estado elevado de conciencia en relación con el hecho de tomar decisiones acertadas y abandonar sus antiguos hábitos complacientes.

Después de un mes o de seis semanas contando a partir de hoy, es probable que las frases y palabras de las tarjetas sean ya completamente conscientes. Sin embargo, se beneficiará usted si continúa realizando las sesiones al menos dos o tres veces por semana.

## Sesiones de refuerzo:
## Continúe aplicando su plan de acción

Es importante que continúe realizando las actividades indicadas en los días 1 a 20 del plan de acción de 21 días. Programe dos o tres sesiones de refuerzo por semana y repita los ejercicios y actividades que han sido más útiles o que le ayudan en las ocasiones que se siente más débil o vulnerable.

Realice actividades placenteras y los ejercicios de relajación con la mayor frecuencia posible. Sería ideal que los incorporara a su rutina diaria.

En este momento ya tiene usted una idea de qué actividades han sido más provechosas para sus hábitos y debilidades particulares. No cabe duda de que usted comparte determinadas conductas con otras personas complacientes, pero también tiene su propia versión de la enfermedad de complacer a los demás.

Los hábitos complacientes que más arraigados están son aquellos con los que debe trabajar más a menudo. No espere convertirse automáticamente en un experto en delegar tareas o en dar una negativa por respuesta después de haber hecho uno o dos ejercicios prácticos. La práctica continuada le ayudará a integrar sus nuevos hábitos en su estilo de vida cotidiano.

Revise los resúmenes al final de cada día del plan de acción de 21 días. En ellos se recuerdan los ejercicios que se deben realizar y las sugerencias contenidas en esa parte del programa. Será muy provechoso que repita todos los ejercicios en las sesiones de refuerzo que practicará durante varios meses.

Dichas sesiones le ayudarán a reforzar las habilidades que ha adquirido y los cambios importantes que ha afrontado. Cuanto más refuerce sus nuevas conductas, más se afirmará su nueva forma de tratar a los demás y se enriquecerán sus relaciones.

## Resumen del día 20

♦ Compruebe sus predicciones comprometiéndose a definir límites precisos, expresar sus necesidades y a realizar otras acciones para preservarse a sí mismo —por ejemplo, delegar una tarea, dar un «no» por respuesta, expresar una emoción negativa— durante los próximos siete días.

♦ Apunte lo que piensa hacer y lo que cree que va a hacer o decir la otra persona ante su solicitud.

♦ Observe los datos de su experiencia. Anote en su diario si su predicción se ha confirmado. Luego escriba detalladamente lo que ha sucedido en realidad.

♦ Confeccione un conjunto de cincuenta tarjetas de ayuda con las palabras y frases que se han ofrecido y que representan la clave para su recuperación. Agregue todas las palabras o frases que signifiquen algo para usted y que sean útiles para tomar conciencia de sus nuevas decisiones como persona complaciente recuperada.

♦ Revise sus tarjetas de ayuda al menos una vez al día durante el próximo mes o las siguientes seis semanas; luego léalas al menos dos o tres veces por semana. Tomar conciencia de cómo se ha transformado es la mejor protección para no recaer en esos antiguos hábitos.

♦ Revise los resúmenes de los días 1 al 20. Programe sesiones de refuerzo dos o tres veces por semana en las que repetirá los ejercicios y las actividades indicadas en el plan de acción de 21 días.

# DÍA 21
# Celebrar su curación

R EPITIENDO UNA FRASE CONOCIDA: Hoy es el primer día del resto de su nueva vida… como persona complaciente recuperada. *¡Enhorabuena!*

Ha trabajado usted mucho para realizar este programa y se merece celebrarlo. Elija una fecha del calendario lo más cercana posible a un plazo de un mes a partir de hoy. Decida que esa será la fecha especial en la que ha de festejar su transformación y recompensarse por haber logrado su propósito.

> *Para celebrar su cura, planifique todo un día dedicado a complacerse.*

Dedíquese un día maravilloso. Haga todo aquello que lo haga sentir relajado y feliz; organice las actividades que más le gusten. Gaste dinero en sí mismo. ¡Usted se lo merece!

Cualesquiera sean las actividades que elija hacer, dedique ese día a reflejar en qué medida se ha modificado y a expresar cuánto mérito tiene que se haya recuperado de la enfermedad de complacer a los demás. Recuerde que conseguir su propia aprobación es la afirmación más importante que ha conquistado.

## Mida los cambios que ha realizado

Responda otra vez el cuestionario «¿Padezco la enfermedad de complacer a los demás?» que ofrecimos en el capítulo 1. Compare su puntuación actual con la que obtuvo la primera vez que leyó el libro. Preste atención a la forma en que se ha modificado su conducta, sus pensamientos y sentimientos (los componentes del triángulo de la enfermedad de complacer a los demás).

Evidentemente, es bastante probable que aún se produzcan nuevos cambios. Y esto es una buena noticia porque usted conoce ahora el poder fortalecedor que tiene para su crecimiento personal ser capaz de tratar los problemas como desafíos y aplicar estrategias efectivas. Como afirmaba en cierta ocasión el industrial Henry Kaiser: «Siempre he considerado los problemas como oportunidades en ropa de trabajo».


## Organice un grupo de apoyo

La fuente más importante y poderosa para su recuperación será el apoyo de otras personas. Hable con sus amigos y compañeros de trabajo y descubra cuáles son las experiencias que ellos han vivido en relación con su enfermedad de complacer a los demás.

Existe un refrán que dice: «Se necesita uno para conocer a uno». Si conoce algunas personas que aún están atrapadas en la red de complacer a los demás, quizá desee ofrecerles su apoyo para ayudarlas a modificar sus hábitos. A su vez, ellas pueden convertirse en un grupo de apoyo para usted.

Las personas que realmente lo quieren estarán encantadas de ayudarle a conservar su salud y su felicidad. Indíqueles de qué forma pueden ofrecerle su apoyo. Estas acciones son la evidencia de que se ha recuperado de la enfermedad de complacer a los demás.

Las personas que asisten a los programas de doce pasos suelen llamar por teléfono a los miembros de su grupo de apoyo siempre que se sienten tentados a recaer. Haga un pacto con un amigo o un miembro de su familia —lo ideal es que sea alguien que también haya superado la enfermedad— para llamarlo y hablar con él/ella cuando descubra que está a punto de recaer en su viejos hábitos.

Si fuera posible, será muy provechoso que celebre reuniones con su grupo de apoyo de forma regular. El ambiente en esas reuniones ha de potenciar la posibilidad de entretenerse y sentirse cómodos. Pueden acordar encontrarse una vez al mes para comer juntos, pues eso suele ser conveniente para la mayoría de las personas. O también pueden organizar una reunión informal que se celebrará cada vez en una casa diferente.

Ser miembro de un grupo de personas que comprenden la experiencia que ha vivido y que pueden ofrecerle su apoyo resulta enormemente efectivo para ayudarle a sostener su cambio personal.

## Abrir en caso de recaída:
## Escriba una carta para sí mismo

Siéntese y escriba una carta para sí mismo que abrirá en caso de que se descubra recayendo en sus viejos hábitos.

*No se deje dominar por el pánico si se produce una recaída.* Antes de hacer este programa, ha sido usted una persona complaciente compulsiva durante muchos años, probablemente durante toda la vida. No se deje tentar por el perfeccionismo ni por los pensamientos contraproducentes. No necesita ser *perfecto* para recuperarse.

Si ha modificado usted algunos de sus pensamientos básicos, sentimientos y conductas que conforman el triángulo de la enfermedad de complacer, está en el camino indicado para conseguir la recuperación permanente. Sin embargo, es muy probable que sufra algún resbalón a lo largo del camino y se descubra diciendo «sí» cuando en realidad pretendía decir «no», o aceptando hacer demasiadas cosas para una importante organización, un familiar o un amigo.

Después de todo, ser generoso está en su naturaleza y es un rasgo *positivo*.

Pero debe mantener los límites que ha aprendido a definir. Una pequeña recaída aquí o allí durante los primeros meses de su recuperación no significará una regresión a sus viejos hábitos a menos que usted permita que eso suceda.

Ser consciente y estar por encima de lo que piensa, siente y hace significa que usted es capaz de advertir el momento en que está a punto de recaer en alguna vieja conducta. En esos momentos no cometa el error de ser negativo o excesivamente crítico consigo mismo.

En vez de hacerlo, abra la carta que está escribiendo en este momento. Dicha carta debe tener un tono firme pero amable. Debe recordarse cómo se sentía cuando estaba agobiado por sus viejos hábitos y no tenía el control de su vida porque la enfermedad de complacer a los demás consumía toda su energía.

Utilice algunos ejemplos para ilustrar que las exigencias que se imponía a sí mismo eran muy poco razonables. Haga referencia a las respuestas originales del cuestionario del capítulo 1. Describa los efectos negativos que se derivan del hecho de ser una persona complaciente compulsiva. Recuérdese que ser amable no siempre lo protegía de que los demás lo trataran de una forma hostil. Lo único que lograba era que le resultara más difícil comprender y justificar que otra persona lo maltratara. Creer que las personas amables siempre reciben un trato justo prepara el terreno para la culpa, las autoacusaciones y la depresión.

Ahora escriba un mensaje destinado a despertar su conciencia si empieza a recaer. Usted no desea reiterar el modelo contraproducente y negativo de las personas complacientes. Tampoco quiere dejarse cubrir por el manto de culpa ni experimentar esa persistente sensación de falta de adecuación que crea la enfermedad de complacer y que ha trabajado tanto para combatir.

Ha aprendido lo importante que es ganarse su propia aprobación; también ha trabajado duro para liberarse de su adicción a la aprobación de los demás y de la compulsión de intentar conseguir que todos lo quieran. Escriba en la carta que cuenta consigo mismo para sostener esta victoria que tanto le ha costado conseguir. Recuérdese que superar la enfermedad de complacer a los demás es algo que ha logrado a través de pequeños pasos —uno por vez y día tras día. Los grandes cambios y las transformaciones completas son simplemente la acumulación de los pequeños pasos.

Si en algún momento usted tiene una recaída, solo debe tomar conciencia de ello, retomar el camino de la recuperación y asumir decisiones correctas la próxima vez que un hábito complaciente se interponga en su camino. Una equivocación solo se convierte en error cuando se repite por no haber estado atento. Usted puede aprender de sus propios errores. Recuérdeselo en esta carta.

Remítase a las tarjetas de ayuda y a las sesiones de refuerzo. Si ha tenido una recaída, esto únicamente significa que necesita ser más cauto para no resbalar otra vez y retroceder a un modo de vida que lo hacía sentir desdichado, inseguro y que lo agotaba. Si se siente cómodo, puede compartir su carta «para los casos de recaída» con su grupo de apoyo y/o con otras personas. Al compartir su historia y sus propias experiencias para superar la enfermedad de complacer a los demás, puede continuar ayudando de un modo significativo a otras personas mientras no deja de cuidarse a sí mismo.

### Resumen del día 21

♦ ¡Celebre su recuperación de la enfermedad de complacer a los demás!

♦ Escoja un día —o una gran parte de un día— para divertirse, recompensarse y complacerse.

♦ Cree un grupo de apoyo con otras personas complacientes recuperadas —o que estén comenzando su recuperación— con las que pueda intercambiar historias, experiencias y ayuda y consejos mutuos.

♦ Escriba una carta para el caso de que tenga lugar una recaída. No sea perfeccionista. Puede cometer un fallo de vez en cuando incurriendo en la conducta típica de una persona complaciente. Tome nota de su fallo, aprenda de su error y comprométase nuevamente a modificar cualquiera de las partes que conforman el triángulo de complacer a los demás —pensamientos, sentimientos y conducta— y estará otra vez en el camino correcto.

# EPÍLOGO
## Algunos pensamientos finales

HA LLEGADO USTED AL FINAL de este libro, pero confío en que este sea el comienzo de una nueva forma de vida en la que se sentirá más satisfecho consigo mismo y con sus relaciones afectivas. Se ha transformado usted en *una persona complaciente recuperada,* tiene ahora un mayor control sobre su vida y mucha más conciencia del poder personal que le permite asumir cambios.

Ya conoce el proceso de identificar alguna característica de su personalidad que desee modificar o mejorar y sabe atenerse a una estrategia sistemática para abandonar malos hábitos y reemplazarlos por otros que sean mejores. Si ha logrado modificar su persistente enfermedad de complacer a los demás, usted es capaz de conseguir y reclamar el control de otros aspectos de su conducta, apariencia, hábitos de salud, relaciones, pensamientos o sentimientos con los que actualmente no se siente satisfecho.

Cuando comenzó a leer este libro, le propuse que leyera una de las tres secciones y luego el plan de acción de 21 días. Si hasta ahora no lo ha hecho, este es un buen momento para volver atrás y leer lo que ha omitido. Todas las personas complacientes se beneficiarán al leer *las tres secciones* —los esquemas mentales, los hábitos y los sentimientos de las personas complacientes— y usted no puede ser menos.

Todas las personas se fortalecen al *experimentar* —y no simplemente leer— los procesos de cambio personal. Lo felicito por demostrar que es capaz de asumir el compromiso, la disciplina y el coraje necesarios para superar su enfermedad de complacer a los demás. Y lo animo a *mimar* y *proteger* esta nueva condición recientemente adquirida, especialmente frente a algo o alguien que intente volver a hacerle recaer en sus viejos hábitos complacientes.

Practique y esté atento a sus nuevas intenciones de ocuparse de sí mismo a la hora de responder a las necesidades de los demás. Sustituya su hábito compulsivo de complacer a los demás por buenas decisiones basadas en cuidarse a sí mismo tanto como a los demás.

# Acerca de la autora

LA AUTORA de *bestsellers,* **doctora Harriet B. Braiker,** ha trabajado como psicóloga clínica y asesora de empresas durante más de 25 años. Es autora de varios libros de psicología muy conocidos y de gran éxito y también ha ofrecido gran número de conferencias a grupos de mujeres y corporaciones femeninas sobre una gran variedad de temas. Ha sido editora, colaboradora y columnista para *Working Woman* y *Lear's,* y también ha escrito en otras revistas femeninas nacionales. Además, ha ganado varios premios como autora de diversos libros de investigación y otras publicaciones. La doctora Braiker ha aparecido varias veces en programas televisivos como *Oprah, The Today Show, Larry King, Live with Regis and Kathy Lee, Hour Magazine, Sonya Live,* la *NBC Nightly News with Tom Brokaw* y CNN.

# Otros títulos de la colección

### El coraje de ser tú misma
Una guía para superar tu dependencia emocional
y crecer interiormente
Sue Patton Thoele

### Tú eres insustituible
Augusto Cury

### La enfermedad de complacer a los demás
Dra. Harriet B. Braiker